基金鸣谢

国家社科基金重大项目
"合作治理：国家治理体系现代化与国家责任研究"
（编号：15ZDA031）

"一网通办"

新时代的城市治理创新

敬乂嘉◎著

GOVERNMENT ONLINE
-OFFLINE SHANGHAI

上海人民出版社

目　录

图表、案例目录

第一章 "一网通办":
社会主义国际化大都市的实践前沿

城市治理现代化是当代政府改革与创新的关键前沿。作为改革开放所创造的中国经济奇迹的一部分，城市的繁荣和发展受益于城市治理公共产品的持续有效供给。我国城市治理是对城市现实问题的渐进回应，在适应信息化、法治化和国际化等挑战中，逐渐实现均衡与系统发展，形成中国特色社会主义城市治理方略，昂首迈向世界一流水平。

　　中国城市治理的基本逻辑源于"国家治理体系和治理能力现代化"的历史发展，体现了在西方发达资本主义体系外建成现代化治理体系的一个伟大尝试，是"中国之治"中最活跃和最富于探索性的组成部分之一。正在走向成熟的"一网通办"改革是中国城市治理的最前沿实践，也是一场城市治理的自我革命；它表明在改革进入"深水区"后，自主创新必须全面融合科技赋能与体制再造。

第一节　国家治理现代化：从发展到治理的逻辑演进

　　现代化是观察中国的发展与治理的基本视角。现代化在中国不是一个自然演化的过程，而是近代以来在民族和文明双重危机推动下的自觉与自强，成为中国人在实践与精神领域的最高追求。洋务运动以及辛亥革命的结果都证明，与国情脱节的对外学习和对内改革，实现不了国家治理的转型与发展，也没有完成民族复兴的历史任务。危机推动的现代化助长了政府中心的传统逻辑，国家主导成为回应中国近现代治理需求的必然选择；同时也造就了以"西学"为主要方法的治理知识传播路径。

新中国的发展和改革史实现了对这些基本约束条件的反思、调整和扬弃。民族危机早已过去，但文明复兴和再造仍然任重道远。20 世纪末到 21 世纪初出现了改变全球政治经济格局的两件大事。一是苏联和东欧前社会主义国家的解体或剧变，二是社会主义中国的开放和迅速崛起。这两件并不孤立的事件代表了对国家治理模式的不同选择，也导致了完全不同的后果。通常，对转型国家进行比较的重点在经济领域，中国在这方面的成功是显而易见的。中国的经济总量自 2010 年始稳居世界第二，从 1980 年占日本经济总量的 19% 上升为 2019 年的 282%，中国在 2018 年的经济增量即与澳大利亚当年的经济总量相当。[①] 中国的人均国内生产总值在 2019 年达到 10261.7 美元，[②] 并于 2020 年在中国历史上首次整体消除绝对贫困现象，为走出"中等收入陷阱"积累了雄厚的发展基础和动能，顺利达到中等发达国家的水平。2019 年广东省国内生产总值达到 1.56 万亿美元，是苏联主要继承者俄罗斯当年经济总量的 92% 和韩国当年经济总量的 95%；2020 年广东省国内生产总值为 1.71 万亿美元，正式超过韩国。[③] 在城市层面，2019 年上海在亚洲的城市经济规模中位居第二，北京与深圳也同时跻身前五。[④]

---

① 数据来源：World Bank, "GDP（current US$），" *World Bank National Accounts Data, and OECD National Accounts Data Files*。

② 数据来源：World Bank, "GDP per capita（current US$），" *World Bank National Accounts Data, and OECD National Accounts Data Files*。

③ 俄罗斯和韩国的国内生产总值数据来自：World Bank, "GDP（current US$），" *World Bank National Accounts Data, and OECD National Accounts Data Files*。广东省的国内生产总值数据根据地方公布的经济总量，并按当年的人民币对美元平均汇率换算。

④ 数据来源：据各城市 2019 年国民经济运行情况报告数据排序得出，亚洲城市经济规模前八名为：东京、上海、北京、首尔、深圳、香港、广州和新加坡。

如果把中国经济奇迹视为"表"，"里"就是以政府为核心的全面和有效的治理供给。解释中国 1978 年以来在政治、经济、社会、文化和环境等诸多领域的发展，就必然要回到以 1978 年为起点的中国治理选择。而站在当前的历史发展新阶段，中国的治理发展往哪里去，政府的主导性应该如何调适，2013 年提出的"国家治理体系和治理能力现代化"对这些重大问题进行了系统的回答。国家治理现代化是全面的现代化，是对 20 世纪 60 年代提出的"四个现代化"的回应和超越，其所依赖和展现的科学规律正在深刻改变全球治理知识图谱。

一、国家治理现代化是全面的现代化

国家治理体系和治理能力现代化是一个充满中国话语背景与元素，又紧扣了国际发展趋势和共性的命题。这样一个宏大叙事和行动方案反映了中国实践与世界经验之间的反复碰撞，体现在治理词源的复杂性上。

"治理"在中国存在两个词源。治理概念首先在中国经历了自主的演进和发展。治理一词早在 2000 多年前即出现，表达统治、管理的意义，即"治国理政"；也有处理、整修的意义。[①] 中华人民共和国成立初期对治理的使用主要是后者，例如在 1954 年、1958 年和 1978 年的中央人民政府工作报告中，均提到对河流和水患的治理。在 1970 年代末，中央文件中开始出现有关社会治安综合治理的表述。在 1981 年中共中央批转中央政法委员会的文件中，强调解决社会治安问题，必须各级党委来抓，全党动手，实行全面综合治理，在政治、经济、教育、文化等方面，由多部门多管齐下协作行动。

---

① 如《荀子·君道》提道："然后明分职，序事业，材技官能，莫不治理，则公道达而私门塞矣，公义明而私事息矣。"《孟子》中提道："君施教以治理之。"

治理的意涵随改革开放的进程而逐步丰富。1987 年党的十三大报告首次采用该概念，提出"环境污染的综合治理"；此后党的十四大报告提出"治理经济环境"。十五大报告进一步强调"依法治国，是党领导人民治理国家的基本方略"，并提及"治理好香港"，在表意上逐渐转向（有效地）统治、管理的意涵。治理在党的十八大报告中已经成为常用词，"全球治理""国家治理""城乡社区治理"等表述均首次进入报告。在中共第十八届三中全会通过的《中共中央关于全面深化改革若干重大问题的决定》中，首次明确提出国家治理体系和治理能力现代化的概念，以及政府治理、社会治理和环境治理等领域；同时提出系统治理、依法治理、综合治理和源头治理等方法。至此，治理的本土概念体系基本完善，形成了指导中国制度建设和国家发展的理论框架。

治理概念的另外一个来源则是对从西方输入的 governance 一词的翻译。在 1989 年世界银行在《撒哈拉以南非洲：从危机到可持续增长》的报告中，提出了"治理危机"的概念，反映最不发达国家面临的综合性发展问题。① 世界银行开出的药方包括保护人权、自由和平等，加速市场化改革，进行政治民主化改革，加强政府透明与问责，推进司法独立和鼓励公民社会发展等措施，并以此作为获得世界银行贷款与援助的先决条件。世界银行提出的改进措施反映了西方社会的基础价值观，也反映了 80 年代以来东西阵营与南北世界的形势变化，即在不发达国家包括转型国家推广以西方实践和经验为基础的政治经济改革。

治理概念在其后得到了发展和充实，来自不同学科的学者对治理进行了

---

① The World Bank, *Sub-Sahara Africa from Crisis to Sustainable Growth: A Long-Term Perspective Study*, Washington DC: The World Bank, 1989, p.60.

界定，治理最终成为一个全球流行但缺乏一致共识的概念。① 由于治理涵盖了广泛的价值取向，即"善治"通常不可或缺的有效、平等、问责、法治、民主、透明、回应、参与、廉洁等价值，对治理进行界定的核心是实现这些良善价值的行动机制，或者治理机制。从这个角度来看，联合国全球治理委员会对治理的概念界定得到了较为广泛的接受，该定义认为治理是各种公共的或私人的个人和机构管理其共同事务的诸多方法的总和，是使相互冲突的或不同利益得以调和，并采取联合行动的持续过程；这既包括有权迫使人们服从的正式制度和规则，也包括各种人们同意或符合其利益的非正式制度安排。② 在俞可平教授的编著《治理与善治》发表后，该概念在中国也得到快速的推广，尤其在社会科学界得到了广泛的采纳。③

"国家治理"概念的提出是对我国已有治理实践的总结和提升，反映了全球化条件下的本土探索和对外学习，与输入的"治理"概念之间既有重大差异，也存在互鉴。国家治理是中国现代国家的建设过程，政府治理是其关键构成，以形成系统完备、科学规范、运行高效的公共管理体系。西方的治理概念强调后现代社会的需求，假定政府已经相当完备，其固化需要通过多元治理来改善，通过对政府、市场与社会关系的调整和再定位，实现对现代官僚制和行政体制的超越，达到"没有政府的治理"或者"更少的政府、更多的治理"的理想状态。因此中国所提出的国家治理和政府治理的概念，与西方的治理语境是存在冲突的，这本质上反映了中国的发展阶段和面临的主要发展问题，中国的治理需要同时应对现代社会和后现代社会的治理问题，需要

① 参见［美］詹姆斯·N. 罗西瑙：《没有政府的治理》，江西人民出版社 2001 年版。
② Commission on Global Governance, *Our Global Neighborhood*, Oxford, UK: Oxford University Press, 1995.
③ 俞可平主编：《治理与善治》，社会科学文献出版社 2000 年版。

同时完善现代行政国家和发展后现代协作国家。因此尽管国家治理中越来越多地强调"共建共治共享"的理念，国家治理的大量精力仍然着眼于其基础即"善政"的体系构建和完善上。对中国这样现代化发展水平仍然有限的发展中国家而言，这是现实可取的路径，即发展完善的现代国家是治理的前提和基础，善政才能善治。

此外，"国家治理"概念与输入的"治理"概念还因中西情境差异而存在显著不同。国家治理是"治国理政"的总揽；在中国特色社会主义体制下，国家治理是党领导人民实现对国家的治理，作为治理对象的"国家"包含了政治、经济、社会、文化等众多领域和公私主体，具有泛在性。国家治理承担了比西方的治理更加宽广的功能和责任；在各治理主体中，政府尤其是党的领导地位是基本的政治律令。因此党本身的治理机制尤为关键，执政党的建设是国家治理的基础。西方的治理通常假定了以代议制为基础的政治分权和制衡体制，在政治、经济与社会领域之间存在相对明确的边界，各治理主体之间的关系是法定的，政府对其他领域事务的领导和介入是有限的，其责任也是有限的。

从"治理水患"到"治国理政"，从"四个现代化"到"国家治理现代化"，国家治理现代化的关键理论核心是对发展与治理的关系重塑：

国家治理现代化是制度体系与能力的全面现代化。中国的发展已经进入到实现全面现代化的阶段。"四个现代化"是物质文明的现代化，回应社会主义初级阶段"人民日益增长的物质文化需要同落后的社会生产之间的矛盾"；国家治理现代化是全面的现代化，回应社会主义新时代"人民日益增长的美好生活需要和不平衡不充分的发展之间的矛盾"，是制度文明的现代化。"四个现代化"与国家治理现代化之间存在经济基础与上层建筑的关系，后者要回应在我国经济基础条件大幅改善后的全面治理需要。

国家治理现代化是向价值治理的回归。改革开放以来，发展尤其经济发展是硬道理。以改革促发展，以稳定保发展，是党执政兴国的第一要务，并逐步形成了科学发展观的全面与统筹发展思想。当前坚持以人为本和全面、协调、可持续的发展，必须回归到发展的初心即人的自由和解放，将价值治理置于公共治理过程和目标的中心。这既要求在治理目标中纳入各种非基于使命的价值，例如公平、透明、环保、隐私保护等体现社会主义核心价值观的要素；① 也包括在治理方式上走向规则驱动和法治引领。价值治理和制度建设不仅是服务发展的工具，而是国家治理的核心和基础。

国家治理现代化是下一步改革框架。持续的改革是释放社会活力和激发新发展动能的关键。为谁改、改什么、怎么改，始终是改革者面临的艰难选择。长期以来展现了有效性的"摸着石头过河"的创新与试错机制、"双轨制"改革办法、"集中力量办大事"的体制优势、地方政策试点等，必须与顶层设计、统筹推进、全面协调和法治保障充分结合。深化党和国家机构改革是推进国家治理现代化的政治与组织保障。2018 年《中共中央关于深化党和国家机构改革的决定》明确提出坚持党的全面领导、坚持以人民为中心、坚持优化协同高效和坚持全面依法治国的机构改革原则，这些原则也是更大范围改革的基本原则。

国家治理现代化是问题导向的治理供给。发起、推进和检验国家治理的

---

① 罗森布鲁姆将公共行政价值区分为基于使命与非基于使命的价值，前者是直接支持公共行政组织实现其中心任务或核心组织功能的公共价值，后者是一个政府的一般性政治特征，体现为宪法、法律和政府基本政策等所设定的目标。后者由于不与公共组织绩效直接挂钩而容易被忽视。参见大卫·罗森布鲁姆著、敬乂嘉译：《论非基于使命的公共价值在当代绩效导向的公共行政中的地位》，《复旦公共行政评论》2012 年第 2 期。

基准是实践。国家治理作为公共事务中的治理供给，必须始终在回应治理需求中自我调整和定位。在宏观的层次上，国家治理现代化要求对内突破转型体制，实现中国从"转型国家"向"成熟国家"或"稳态国家"的过渡，夯实体制的有效性和稳定性；对外实现"规范认同"，成为获得广泛认可的国际行动者，以及全球治理体系的深度参与者。全面实现超大规模社会的有效治理与中国全球崛起是检验国家治理现代化成败得失的核心标准。

二、国家治理现代化是对中国改革开放史的经验总结

以 1978 年为起点的中国治理选择，由于坚持一切从实际出发的辩证唯物主义世界观，始终面向中国问题，善于多源学习，保持了发展与改革的自主性，从而确保了制度体系、认知体系与实践体系的内在衔接和相互牵引，改革张力被创新红利有效吸收，最终通过渐进改良过程获得深度革命效果，完成了体制的自我修复、创新和完善。这些改革经验可以归纳为：[1]

> ➢ 经济改革与政治改革交互推动，循序渐进；
> ➢ 在改革过程中发现问题、确定目标和解决方案；
> ➢ 始终保持改革的节奏和动力；
> ➢ 先易后难、先局部后全局、先破后立的改革顺序；
> ➢ 强调分配，做大增量，用激励带动改革；
> ➢ 把握改革时机，注重改革可行性。

这些改革经验通常被归纳为"渐进改革"。渐进改革与激进改革作为人类

---

[1] 相关文献可参见厉以宁、孟晓苏、李源潮、李克强：《走向繁荣的战略选择》，经济日报出版社 1991 年版。吴敬琏：《当代中国经济改革》，上海远东出版社 2003 年版。薛澜：《顶层设计与泥泞前行：中国国家治理现代化之路》，《公共管理学报》2014 年第 4 期。Yijia Jing, "The Transformation of Chinese Governance: Pragmatism and Incremental Adaption," *Governance*, Vol.30, No.1, 2017, pp.37—43.

社会存在的不同改变路径选项，其可用性取决于多项条件，包括改革事项的特征、改革者的能力和外部支持条件。部分苏联东欧社会主义国家采取了激进的改革，不仅急速引入西方的政治体制，而且同时在经济领域急速引入了仅仅在南美部分国家取得过有限成功的"休克疗法"。由于缺乏稳定、专业和有权威的协调中心，缺乏新体制发挥作用的共同认知基础和社会期望，更由于在设定最终改革目标上的不切实际和盲目照搬，激进改革的结果在短期内是破坏性的，也没有创造长期增长和繁荣的基础。

中国的改革开放不是理论而是实践驱动的。渐进改革的主要困难，是如何在旧的系统中植入创新。除了避免排异效应，还要确保改革持续不断地复制、推广和升级迭代——苏联也曾经在体制内进行过渐进改革尝试，但改革终于被原体制所吞噬。中国的改革在国家的强力主导下，用解放生产力所带来的红利，克服制度性交易成本的束缚，形成了有中国特色的政策实验路径，包括：[1]

> 识别改革需要并形成初步的内部共识；

> 在最有可能获得成功的地点或领域开始试点；

> 中央或上级给试点政策以尽可能的政治支持与资源保障；

> 积累信息、知识和信任，降低政策扩散的成本；

> 允许类似的政策创新，实现政策的一般化乃至法律化；

> 上下轮政策周期的嵌套和不同政策的联动。

渐进改革的效果最直接反映在中国的五年改革周期上。在渐进调整积累

---

① 相关文献可参见杨宏山：《双轨制政策试验：政策创新的中国经验》，《中国行政管理》2013年第6期。宁骚：《政策试验的制度因素——中西比较的视角》，《新视野》2014年第2期。朱亚鹏、丁淑娟：《政策属性与中国社会政策创新的扩散研究》，《社会学研究》2016年第5期。郁建兴、黄飚：《当代中国地方政府创新的新进展——兼论纵向政府间关系的重构》，《政治学研究》2017年第5期。朱旭峰、张友浪：《创新与扩散：新型行政审批制度在中国城市的兴起》，《管理世界》2015年第10期。

到了一定程度，集中的、法定的、较大幅度的、相对整体性的在顶层设计层面的调整才会出现，然后必然要求一个较为稳定的时期来适应和巩固该调整，较为完整地获取改革红利，并积累下一次调整的动能。这种调整节奏与我国基本政治制度尤其党的代表大会制度的节奏紧密结合起来，即党的代表大会的五年周期。比如我国的市场经济改革存在明显的五年周期，1982年党的十二大提出了"计划经济为主，市场经济为辅"经济改革路线，1987年十三大将其调整为"计划与市场相结合"，而1992年十四大则提出了建设"有中国特色的社会主义市场经济"，展现出有序的认知深化和政策递进过程。利用基本政治制度的节点来推动改革经验的凝练和升级，而在节点之间进行微观探索与调适，成为有中国特色的政治经济周期现象。在进入新时代以后，对顶层设计的适时调整变得更加主动和活跃。比如将国家治理现代化作为全面深化改革的总目标、对经济新常态的判断和提出、对国内国际双循环新发展格局的提出，都是在顶层设计层面对国家所面临现实问题的制度反馈，体现了国家总体协调、统筹与领导能力的增强。

如果说渐进改革是中国改革的唯一正确选项，其成功的关键则是中国共产党的转型及其不断成熟的治理供给能力。[1]党在中国体制的内嵌性和核心地位，使得任何忽略党的对中国现代化发展成就的解释，都是片面的、不充分的甚至错误的。以1978年为起点的中国治理选择，其根本逻辑不是否定党与国家、与人民利益的一致性，而是调整、改善和优化党的领导方式，实现党对市场经济和开放社会的驾驭，同时推进对党和国家权力的制度性规范和约束。[2]在这个过程中，共产党逐步完成了从革命党向执政党的转变，逐渐摸索

---

[1] 参见林尚立：《有序民主化：论政党在中国政治发展中的重要作用》，《吉林大学社会科学学报》2004年第6期。林尚立：《政党、政党制度与现代国家——对中国政党制度的理论反思》，《中国延安干部学院学报》2009年第5期。

[2] 参见马骏：《实现政治问责的三条道路》，《中国社会科学》2010年第5期。

和掌握了对复杂经济社会的治理之道；同时保持了马克思主义政党的人民性，始终将国家和人民的利益作为党的最高宗旨。

因此，中国的治理变革一开始就不是以西方模式为参照系和坐标。改革是问题驱动和经验验证的过程，也是多向和动态的学习过程。一个强大的、善于学习和自省的、独立于利益集团的人民政党，是带领一个庞大的发展基础薄弱的多民族国家向前持续发展的基本条件。党始终是各项改革的协调中心和平衡力量，是制度的创制者和维护者，这对渐进改革的有序推进及活力释放是至关重要的。

进入到 21 世纪以来，尤其中国经济进入新常态以后，改革也步入了深水区。深水区并非是简单地表明推进改革的难度更大了；在改革的每一个重要关口，涉及高度的不确定性，触及深层次利益关系和矛盾，都会对改革者带来巨大的考验和压力，需要改革魄力和智慧。习近平总书记亲自提出改革进入深水区的概念，表明在当前阶段，改革的可参照物减少、已有改革的边际效益下滑、既得利益的束缚增加、进一步改革的复杂性和协调性要求越来越高。[①] 要在深水区推动改革，既要有壮士断腕的勇气和凤凰涅槃的决心，也必须继续坚持解放思想、实事求是的辩证思维。深水区的改革并不否定渐进改革的基本逻辑，但对已有改革路径提出了更高要求：

➤ 改革应该在法治的框架下开展；

➤ 改革要在体制层面持续推进和升级；

➤ 改革的科学性和协调性要求更高；

➤ 顶层设计的调整要更主动和积极；

① 2012 年 12 月初，习近平在广东考察工作时，指出我国改革已经进入攻坚期和深水区，要求要坚持改革开放正确方向，敢于啃硬骨头，敢于涉险滩，既勇于冲破思想观念的障碍，又勇于突破利益固化的藩篱。

> 用创新尤其科技创新来创造改革新动能；

> 更多发挥市场、社会等非国家主体的作用。

国家治理现代化是对 1978 年以来改革实践的总结，是一个活的、不断创新的实践和理论体系。中国国家治理现代化是在西方发达资本主义体系外建成现代化治理体系的一个伟大尝试，展现了在有效发展与治理基础上，中国共产党与人民所建立起来的道路自信、理论自信、制度自信和文化自信。"中国之治"的基因，既包括中国的传统治理智慧，[①] 也包括新中国成立后的社会主义建设实践，还包括在改革开放以来对全球实践的学习借鉴，因此其天然包含了人类社会发展的规律性和普遍性，提供了一个有别于西方的治理知识体系。随着中国全球影响力的进一步扩大，以及"一带一路"建设的深入开展，中国治理模式也将日益完善。

第二节　人民城市：中国城市治理的新坐标

城市自诞生以来始终是经济社会活动的中心。我国改革开放的起点在农村，主战场在城市。中国自 1978 年以来实现了人类历史上最大规模的城镇化转型，也在该过程中完成了工业化的历史任务。2019 年中国人口城镇化比率首次达到 60%，比 1978 年提高了 42 个百分点，超大规模城市和城市群不断出现。城市持续繁荣与稳定成为国家持续繁荣与稳定的基础。

与农村工作相比，城市工作因为其涉及层面与事务的广泛性和复杂性，在政策实践和理论探索上缺乏对城市改革的集中关注，而一般是分解在不同

---

① 有关中国传统治理智慧的当代治理价值，参见［加］贝淡宁：《贤能政治》，中信出版社 2016 年版。Daniel A. Bell and Pei Wang, *Just Hierarchy*: *Why Social Hierarchies Matter in China and the Rest of the World*, Princeton, New Jersey: Princeton University Press, 2020.

的领域和部门的改革议程上。城市治理的定位也因此取决于城市工作的千针万线与统揽协调之间的平衡。在时隔 37 年后，中央城市工作会议于 2015 年 12 月下旬在北京召开，首次提出"城市治理体系和治理能力现代化"；表明在新的形势下，城市工作的整体性需要越来越重要，城市工作对其他各项工作的牵动和集合作用需要全面加强。

城市治理是国家治理中承上启下的承重层。良善的城市治理，既要有效衔接国家的顶层治理结构和基层治理动态，还要形成城市发展的自我动能和特色取向，尊重城市发展规律，提高城市工作的全局性、系统性和持续性，有效回应城市层面的治理问题。沿着国家治理的内在逻辑和城市治理的实践路径，以人民为中心的城市治理正在逐步形成我国城市治理的新坐标，代表了城市治理体系在价值、制度和技术层面的三位一体有机统一，凸显以人为本的发展理念和将城市作为社会生态体系的观点。图 1-1 总结城市治理体系的基本框架。

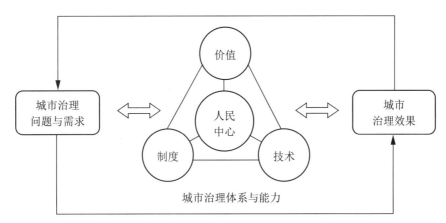

图 1-1 以人民为中心的城市治理框架

来源：作者自制①

---

① 声明：本书中所有图表及其数据信息，如未特别注明来源，则图形图表均为作者自制，数据均来自作者的课题调研。相关数据主要包括课题组在 2020 年 11—12 月进行的问卷调查，以及在调研和访谈中所获得的大量二手资料。

一、以人民为中心实现城市治理的价值重塑

以人民为中心对城市治理进行价值重塑是城市治理现代化的规范前提。城市治理首先要明确依靠谁、服务谁的价值归宿问题，才能对城市治理中存在的复杂问题做出经得起历史考验的决策。在中外城市发展历史上，城市始终是各种政治力量角逐的中心地带，城市治理是权力、资本、观念、历史和传统等各种因素交相作用的结果。城市现代化为人民主权创造了更好的条件，但人民作为城市最终所有者的地位，在形式上和实质上还需要得到充分体现。改革开放以来，我国城市发展过程中也出现经济增长主导、发展不均衡、城市过载、社会矛盾积累、城市病等情况，都制约了城市品质和功能的发挥，限制了人民对城市的获得感和满意度。

以人民为中心的城市治理，必须在价值层面把握三个定位。第一，人民是集合的个体，个人是人民中心的起点。在个人之间的区别外，对人民需求和利益的判断，既要有全生命周期的观点，平衡人在不同生命阶段的需求；也要有全面需求的观点，平衡人在同一阶段的不同需求；还要有需求层次的观点，平衡人的不同层次需求及其演进。第二，人民是个体的集合，集体是人民中心的依托。这种集体的单位，从空间上可以从社区居民往上延伸到城市居民的层面，从时间上可以从当前的人民延伸到未来世代的人民。从集体角度看人民需求和利益，并不是简单地看均值和全量，还要看结构、层次和趋势，形成有区别有层次的公共产品供给，既实现对较大面上需求的回应，又形成对人民整体发展态势的回应和引导。第三，人民的中间层是其组织化的载体，包括政治、经济、社会和其他类型的组织。这些组织对人民的政治、经济与社会等多种需求进行组织化的表达，也是以人民为中心的城市治理的

当然主体和客体。

在西方的治理理论中，治理价值通过政治势力在一个分权与制衡的制度框架下的竞争、结盟和妥协来平衡与实现。大卫·罗森布鲁姆构建了相对周延的公共治理价值分析框架。该框架将公共治理价值区分为管理价值、政治价值与法律价值，具有不同的内涵、治理结构和公民视角。[①] 这些价值及其一般形态反映了现代社会的进步和发展，具有一般性；但是在价值实现和平衡上，西方主要借鉴三权分立的体系。与之相对应，以人民为中心的思想提供了一个新的价值平衡路径。治理价值的内容与中西平衡路径如表1-1所示：

表1-1 治理价值的平衡路径：中西范式比较

价值域	内涵	治理结构	对个人的看法	制度保障	
				西方	中国
管理	经济、效率、有效性等	理想型科层制	标准的个体	行政部门	党领导人民治理国家，实现党委领导下的人大、一府一委两院和政协之间的分工协作
政治	回应性、代表性、问责性等	治理体系的多元性	集体的一部分	立法部门	
法律	程序法定、平等、个人权利等	对抗性的结构	完整的特殊的个体	司法部门	

资料来源：改编自敬义嘉等（2014）[②]

因此，以人民为中心的城市治理价值重塑本质上是国家治理的基本逻辑在城市层面的落实。我国城市治理在尊重民意、汇集民力、凝聚民智和改善

---

① David Rosenbloom, "Public Administrative Theory and the Separation of Powers," *Public Administration Review*, Vol. 43, No. 3, May—Jun.1983, pp.219—227.

② 敬义嘉、胡业飞：《中国公共行政学科价值：对罗森布鲁姆价值框架的借鉴》，《江苏行政学院学报》2014年第1期。

民生等方面有丰富的实践和发展，特别体现在三种机制的建设上：

人民需求的发现与整合机制。当前城市治理中形成了多渠道多层次的民意发现和整合机制。第一是党群关系继续巩固和完善，在城市治理中贯彻党的群众路线，完善党员、干部联系群众制度；健全联系广泛、服务群众的群团工作体系。第二是人民通过人民代表大会制度行使国家权力得到充分保障，地方人大及其常委会依法履职和监督"一府一委两院"，人大代表同人民群众的联系进一步增强。第三是社会主义协商民主继续完善，政党协商、人大协商、政府协商、政协协商、人民团体协商、基层协商以及社会组织协商在城市治理中的作用进一步发挥。第四是基层群众自治与共治制度发展。在城乡社区治理、基层公共事务和公益事业中，居民自治和社区共治有效推动了基层直接民主制度化、规范化和程序化。

人民利益的实现与调适机制。在城市民意有效表达基础上，行政主导和多元协助的人民利益实现与调适机制是"执行力"的关键。"执行力"的基础是城市行政管理体系的完备，在城市政府层级之间、条线之间和区块之间形成面向公共事务的整体性治理结构和过程，在明确的发展规划、清晰的考核指标体系、有效的问责机制下，推动各项城市工作平稳落实。高素质的公务员、清晰合理的流程设计和责任范围、对科学技术的广泛采用，是城市政府公共管理能力的核心。同时，人民的多元参与是改善和提高行政能力的重要机遇。通过伙伴关系、战略合作、购买服务等多种方式，将外部资源引入到城市治理过程中，有助于拓宽人民利益的实现渠道。

人民满意度的评估与反馈机制。人民是否满意是评价以人民为中心的城市治理效果的最终依据，反映在城市居民对政府和城市整体运行的满意度上。人民满意度存在主观与客观的评估机制。主观的机制包括当前一些城市采用的人民满意度调查，比如珠海市从 1999 年开始实施的"万人评政府"年度考核；也包括专业机构发布的城市幸福指数排行榜等。客观的方式则反应在城市的人口流入和流出的变化趋势上，即人民对城市的治理水平"用脚投票"。[①]这些主客观机制所揭示的满意度信息以多种方式进入到官员和部门的考核中，以及城市规划和发展的决策中。

二、以人民为中心推进城市治理的制度完善

以人民为中心的城市治理要求形成有利于"共建共治共享"的城市治理制度环境，不断从人民的需求出发对治理体系进行再设计，并在城市治理过程中充分纳入人民及其组织。由于城市经济社会资源的丰富性和可得性，政府可以通过与外部组织合作的方式，极大扩展公共事务的治理能力，也一定程度减少自身的治理责任，形成将政府治理、合作治理、自治理兼容并包的复合型城市事务治理体系。因此城市治理的制度完善，首先需要明晰政府、市场与社会的各自的以及共同的公共事务治理权利与义务，进而发展基于共同目标的可问责的各种合作关系。

城市公共事务治理中存在备选的形态（见图 1-2）。当治理权威来自政府或其他具有国家属性的公共主体时，属于政府治理；当该治理权威主要来自非国家的治理主体例如企业、非营利组织或社区团体时，属于自治理；而当治理权威来自上述两种主体或其混合体，并存在相互交换、结合与共享时，属于合作治理。治理形态应该根据治理事务的性质来选择和运用。通常在所

---

① Tiebout 提出公民通过迁徙来满足其对地方公共产品供给的偏好，认为这类似于在私人市场上的购物选择。参见 Charles M. Tiebout, "A Pure Theory of Local Expenditures," *Journal of Political Economy*, Vol.64, No.5, 1956, pp.416—424。

有的公共事务治理过程中都几乎不可避免地存在不同权威的注入，因此所有的治理形态都在事实上是相对的。这些治理形态在城市治理实践中都普遍存在。

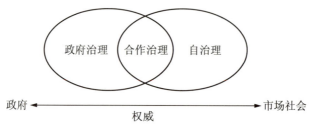

图 1-2　公共治理的权威来源与治理形态

政府治理。城市治理中的主体仍然是政府，但政府治理的方式正在发生重大的转变，即在治理理念上从管理走向服务，在方式上从部门中心走向整体性政府。[1] 这些转变首先体现在对直接行政治理的再造。城市中大量的传统公共行政过程正因循善治的价值而进行调整，比如将高效、循证、结果导向、透明和问责等融入公共组织的运作过程中，实施政务公开、绩效审计、告知承诺等改革事项。这些治理事务通常有明确的牵头单位和责任单位。其次是各种缺乏直接等级关系的政府间合作。当前城市发展越来越依托于各种跨部门、层级和区域的政府间合作，这些合作中上级权威的支配性程度不一，存在从外部驱动为主到内部驱动为主的变化，例如普遍存在的议事协调机构、区域发展联盟和城市联盟等。这些合作相应地将网络治理不同程度引入到政府治理中，扩展了后者的范围。

合作治理。当其他类型的治理主体和政府以正式或非正式的制度化合作

---

[1]　本文较多提及整体性政府的概念，意指政府体系内部的协调和一致行动。本文中还会出现"整体性治理"的概念，这个概念是在整体性政府基础上，将协调范围扩大到非国家非政府的行动者。有关"整体性治理"概念，参见竺乾威：《从新公共管理到整体性治理》，《中国行政管理》2008 年第 10 期。

来提供城市公共产品时，就形成了以交换治理权威为基础的共治形态。这方面的实践非常广泛，例如参与式预算、价格听证会等公民参与决策；通过公私伙伴关系或其他战略伙伴关系实现的重大基础设施和项目的建设与运营；通过购买服务实现对各类城市管理和民生事务的治理；城市居委会、社区委员会在居民小区和社区层面实现的共同治理等。[①]合作治理所需的信息、资源、生产力与合法性来自合作方的共同注入，政府与合作者在最大化公共利益的共识下，实现各自的组织目标。由于合作以实现公共治理为基础，尽管合作者的关系在理论上是平等的，通常政府仍然扮演主导者的角色，以确保合作的公共性特征。由于现代城市政府能力的有限性和公共服务需要的无限性，合作治理是政府扩大其能力范围的关键手段，对合作关系的管理也成为考验政府能力的重要方面。

自治理。城市中的经济、社会和其他主体通过制定和执行有一定约束力的规则，可以在政府以外实现在特定范围内对某些公共产品的供给，例如相对独立的行会组织、社会组织、社区组织、同学会等，也包括一些大型的企业。此外，城市生活共同体所承载的大量非正式规则，也在塑造个人、家庭、组织和社会行为上发挥了重要作用。自治理不是对政府治理的替代而是补充，必须遵循法治的边界，其效力依赖于传统、共识、信任和外部期望等社会资本。城市社会越发达，社会资本越丰富，则自治理的空间就可以越大。自治理是成本最低的治理形式，也是我国城市当前亟须增强的治理形态，以应对城市生活复杂化后所出现的政府治理真空。

---

① 城市居委会具有居民自治组织和政府基层工作抓手的双重属性。参见林尚立：《社区民主与治理：案例研究》，中国社会科学出版社2002年版。敬乂嘉、刘春荣：《居委会直选与城市基层治理：对2006年上海市居委会直接选举的分析》，《复旦学报》2007年第1期。

三、以人民为中心设定城市治理的技术路线

城市治理的技术路线代表了一种工具的观点，即在价值和制度框架下，利用技术最大程度实现其所设定的目标。技术包含相对软性的制度技术，即通常所讲的治理工具，以及相对硬性的科学技术包括在第四次产业革命中突飞猛进的新兴科学技术。通常技术本身并不先验地包含特定的价值取向，而主要是在制度嵌入的过程中完成其对政策目标的靶向设定，并在实际运行中不断优化调整。以人民为中心的城市治理，要求在技术采纳上给人民以最大的便利度、参与度和满意度。

治理工具。治理工具是为影响市民行为和实现特定政策目标的一系列备选机制，这些工具促使市民遵循、利用或参与政策实施。治理工具在传递信息、塑造激励、影响价值和施加控制上存在不同的机制和杠杆，精细化城市治理要求对这些工具进行有针对性的选择与组合，以最好地回应特定事务的治理需要。对治理工具的分类存在很多不同方法，本书主要借鉴施耐德和英格拉姆从作用机制角度进行的划分，将治理工具分为权威性工具、激励性工具、赋能性工具、象征与劝导性工具和学习性工具。[①]

权威性工具利用政府的合法性权威来对特定行为实施允许或禁止。这在中国的城市治理中是最常见的技巧，比如烟花禁放、车辆限行、禁烟、房屋限购等，也包括逐步放开生育限制、放宽落户要求等。激励性工具通过施加正面或负面的收益来影响人的行为，比如购买新能源车的财政补贴和免费上牌、开办养老院的一次性和年度性补贴、梯度电价和水费等。赋能性工具通

---

① Anne Iarason Schneider and Helen Ingram，"Behavioral assumptions of policy tools，" *The Journal of Politics*，Vol.52，No.2，1990，pp.510—529.

过提供信息、训练、教育和资源使得市民能够采取某种决策或行动，比如提供助学贷款、为新生社会组织或科技企业提供孵化服务、为失业人员提供再就业培训等。象征与劝导性工具通过对形象、符号和标签的宣传来影响人们的价值判断和偏好，从而改变行为，比如对环保意识、隐私权力、公共规范等的宣传。最后，学习性工具在问题及其解决方案不可知或不确定时，通过政府机构和政策受众之间的互动来形成解决方案，例如听证会、咨询委员会、恳谈会、征集群众意见等方式。很多政策目标往往需要多种治理工具的组合才能成功或最大限度成功，例如吸烟控制就需要将公共场所禁烟、未成年人禁烟、罚款、高税收、烟草包装上的健康警告标志、学校教育中的烟草有害宣传等方式结合起来。

当前城市治理中的创新主要体现为治理工具的创新，尤其表现为较少依赖权威而较多依赖激励和共识的创新。例如北京大学城市治理研究院 2019 年发起的首届"中国城市治理创新奖"所评选的 10 个优胜项目，主要采用了激励、赋能和教化等手段，清晰反映出了在人民城市建设中治理工具的发展趋势。

技术工具。技术工具是城市治理过程中所采纳的技术方法。与私人部门类似，公共部门的生产力也直接受到其技术应用的影响。政府的技术采纳既包括其内部技术体系，也包括其与政策对象互动时的技术界面，二者具有相辅相成的关系。在第四次产业革命的大背景下，政府的技术升级与再造关乎公共部门在整个社会生态系统中的竞争力，全球领先城市的公共部门均在利用新技术来提高自身效能。在这种情况下，技术采纳的路径非常关键，以人民为中心的城市治理要求在技术采纳上体现民主、民治和民享的取向，体现出对市民个人和群体的人本关照。

以人民为中心的城市治理技术工具体系建设应该体现出易得性、简单性、参与性、主动性和互动性的特征。易得性是技术的低门槛，即使用城市治理技术体系对市民而言简便易行，可以通过多种方式接入，比如通过电脑、手机和其他终端设备，通过电话，以及通过实体大厅办事的方式。简单性是技术的普适性，让不同阶层、专业和受教育水平的民众都可以理解和操作；类似木桶原理，要让技术能力较低的人也能够使用。参与性是指民众可以有机会参与技术体系的采纳、更新和完善的决策，同时通过技术创造公民参与的平台，体现技术赋能民主的价值。主动性是指技术在朝向智能化发展过程中，要主动发现和满足民众的需求，使城市治理更有预见性。互动性是指技术体系的运作应该是双向的，政府与市民在多重互动中解决问题，也在互动中构建信任和情感联系。

技术工具的运用不仅仅是城市治理价值与制度的体现和延伸，它也可以反过来成为撬动城市治理颠覆性发展的技术动因。当前城市治理中对新技术的采纳和应用，正在成为推动城市治理制度体系乃至价值体系深刻转型的关键动力。

第三节　上海超大城市治理：集成创新的演进

上海是中国最早的现代城市之一，是中国工人阶级的发源地和中国共产党的诞生地。自 1949 年以来，上海经历了从远东大都市向计划经济工业中心的转变，在改革开放以后阔步走向社会主义现代化国际大都市。作为改革开放排头兵和创新发展先行者，上海在城市治理上通过集成创新，形成了全面现代化的发展态势，形成了中国特色城市治理的体系和能力，成为国家治理现代化在城市层面的优秀代表。

上海的城市治理转型发生在巨幅人口引入、高度老龄化、产业结构大幅转型、社会结构剧变和对外开放持续深入的时期。通过对内对外学习，立足自主创新突破改革瓶颈，上海不断攻坚克难，经济与社会活力持续释放，人民的幸福感、获得感和安全感不断上升，人与人、人与自然和谐相处的城市生态不断形成。上海正在成为令人向往的创新之城、人文之城和生态之城。

集成创新是上海城市治理的基本经验。城市是存在高度内部相互依赖的复合共同体，城市工作必须在系统思维指导下对城市治理的要素、结构和功能进行协调，对重大事项进行深入研究、周密部署和系统推进。集成创新第一是要求在各城市治理领域的持续和深入的创新和发展，形成各领域的创新活力和发展动能；第二是要求在不同领域的创新与发展之间，形成相互联动与衔接关系，即朝向整体性发展，形成领域间合力与整体发展势能；第三是在城市治理的不同层面，即价值、制度与工具之间形成有效衔接和相互支撑。集成创新是试错演进和治理设计共同发力的结果，是对城市生命体的有机性和进化性的回应。

一、集成创新：上海超大城市治理的再出发

自 1990 年浦东开发开放以来，上海的经济社会进入到跨越式发展的新阶段。2001 年，国务院批复《上海市城市总体规划（1999—2020 年）》，明确上海要建设国际经济、金融、贸易和航运中心。到 2006 年，上海市生产总值首次突破 1 万亿元。随着上海经济社会的持续发展，城市发展和治理各领域和各事项的关联性、互嵌性和共生性越来越强，原有的局部尝试、单点突进再线面带动的改革创新模式面临越来越大的制约，单项改革的效益很容易被缺

乏配套的系统所稀释，因此城市治理中的变革与创新更多地需要在纵向和横向上予以顶层设计和有序推进，增加系统性和整体性。这无疑意味着更多地协调需要和改革难度，也意味着在创新模式上的调整。传统的历史文化底蕴、长期的城市治理经验和雄厚的经济技术发展水平，以及正确的城市发展定位，为上海在 21 世纪走向集成创新的发展模式创造了基础。

集成创新的起步与探索阶段（2005—2010 年）。2005 年 6 月，国务院常务会议批准《上海浦东综合改革试验区框架方案》，浦东成为全国首个综合配套改革试验区，这是继浦东开发开放以来又一次始于浦东的重大国家战略。综合配套改革的推出反映了中国在 2001 年加入世界贸易组织后取得井喷式经济增长后的主动反思。尽管中国经济在 2000 年以来快速增长，2000—2005 年间国家年财政收入平均增速为 19%，[①] 但原来行之有效的增量改革的边际效益和改革带动效果显著下降。在经济体制、行政管理体制、社会管理体制之间的改革与发展缺乏平衡与配套，相互制约的情况比较明显。在缺乏制度创新情况下，地方的发展竞争会导向以向中央争取优惠政策为主要办法，以资源扩张、牺牲环境和压低成本为主要抓手的低质量发展道路，无法带动资源配置和经济社会运行的升级发展。

上海更直接地感受到缺乏制度创新所带来的发展天花板。在 90 年代浦东开发开放的政策红利逐步释放后，上海在长三角区域发展的"龙头"作用和全国经济发展的"四个中心"作用并未显著形成，反而受到了其他地区的低成本加工优势的挑战。同时，上海传统的"大政府"体制并没有得到根本扭转，政府的行政审批事项繁多，充满活力的市场与社会体制有待建立，进一

---

① 数据来源为国家统计局：《中国统计年鉴 2006》，中国统计出版社 2006 年版。

步限制了城市的综合竞争力。

浦东的综合配套改革代表了上海城市治理理念和思路从追求"政策红利"向追求"制度红利"的转变,也代表了从单项改革向系统改革的转变。在争取国家综合配套改革试点的过程中,上海主动提出了"三不"原则:即一不要(优惠)政策,二不要项目,三不要资金;要求中央支持的主要是配套改革的自主权。在关键的配套改革领域,上海提出了"六化一体"的方案,即经济运行市场化、商务环境国际化、功能开发区域化、增长方式集约化、公共事务社会化和政府管理法治化的改革思路,推动把浦东新区建设为全国行政效率最高、行政透明度最高和行政收费最少的行政区之一,加快推进政府职能转变和政府管理创新。

浦东的综合配套改革迅速撬动了上海全市范围内的整体改革推进。上海的经济发展方式转变迈出实质性步伐,2010 年第三产业增加值占全市生产总值的比重达到 57.3%。"四个中心"建设取得重要突破,城市建设管理和发展布局明显优化,在将南汇区划入浦东新区和实施黄浦区和卢湾区"撤二建一"后,区域功能明显提升。智慧城市建设加快推进,初步建成枢纽型、功能性、网络化基础设施体系。文化大都市建设取得新进展,公共文化服务体系持续完善。以民生改善为重点的社会建设全面推进。廉租住房、公共租赁住房、共有产权保障房、动迁安置房"四位一体"的住房保障体系基本形成,并稳步开展个人住房房产税试点。党的建设不断加强,基层党组织党务公开全面推开,"公推直选"积极推进。区域化党建充分展开,"两新"组织党建、"楼宇党建"全面实施。惩治和预防腐败体系基本框架初步建成,"制度加科技"预防腐败工作成效明显。政府的职能和履职方式转变取得显著进展,"十一五"期间调整和取消行政审批事项 952 项,取消和停止征收行政事业性收费 312 项。城市的信息化、市场化、法治化水平不断提高。

2010 年上海举办了一届成功、精彩、难忘的世博会，生动诠释了"城市，让生活更美好"的主题。世博会使得上海市容市貌焕然一新，城市管理水平和市民素质明显提高，城市精神内涵更加丰富，城市国际化程度显著提升，有力带动了上海市城市能级的跃迁，走上科学发展的可持续道路。

集成创新的发展与成熟阶段（2011—2015 年）。在 2010 年上海世博会刚刚结束之际，11 月初召开的中共上海市委九届十三次全会强调上海在"十二五"期间要下决心走"创新驱动、转型发展"的道路，为上海走集成创新路线树立了新旗帜。2012 年中共上海市第十次代表大会报告对"创新驱动、转型发展"进行了全面理论总结，即"把促进人的全面发展作为创新转型的根本目的，把深化改革开放作为创新转型的强大动力，把培养、集聚和用好人才作为创新转型的关键所在，把改革完善党的领导方式、执政方式和保持党的先进性、纯洁性作为创新转型的政治保证，以制度创新保障和推动观念、科技和文化创新，以创新驱动发展，在发展中加快转型，在转型中提升发展质量和效益"。在该年底的中共第十八次全国代表大会报告中，"创新驱动发展"上升成为国家战略。

上海提出"创新驱动、转型发展"战略较早地预示了中国经济新常态阶段的到来，并对之提出了城市对应之策。随着入世效应的释放、人口红利的消失，以及中国产业结构在整体上走向服务业化，劳动生产率和经济的快速增长难以为继，新的增长必须走高质量和可持续发展的道路。就上海来看，2011 年常住人口达到 2347 万，超过《上海市城市总体规划（1999—2020年）》中对 2020 年总人口 2000 万左右的规划，继续通过人口增长拉动经济增长的空间几乎完全消失。同时，上海在 1979 年即进入老龄社会，并逐步走向高龄化。上海产业结构的服务化更是走在全国前列。在 2008 年，上海经济增长率首次进入到个位数时代。经济新常态的到来也使得社会、环境、文化等多个领域的问题变得更加复杂和尖锐，城市可持续发展的任务愈发艰巨。[①]

以改革创新统领全局，上海在稳增长、调结构、转方式、惠民生等方面同时取得重要阶段性进展。经济转型升级取得积极成效，2015 年人均生产总值突破 10 万元，第三产业增加值占全市生产总值的比重超过 67%。经济发展的质量和效益不断提高，全社会研发经费支出占全市生产总值的比例达到 3.7%。2013 年 9 月 29 日，中国（上海）自由贸易试验区正式成立，成为推进政府职能转变、促进贸易投资便利化和营造国际化市场化法治化营商环境的加速器。上海在营业税改征增值税、国资国企改革、教育综合改革、司法体制改革试点、文化体制改革等领域取得全面突破。"四个中心"建设步伐明显加快，中心城市功能进一步强化。生态文明建设取得明显成效。深入推进节能低碳发展，全面实施大气污染防治，大力推进污水厂网建设和污染源截污纳管，全市森林覆盖率达到 15%。同时，基本社会保障制度实现全覆盖，城乡居民养老保险制度实现统一；社会治理创新和基层建设不断夯实，基本公共服务体系全面完善，社会养老服务体系基本建立，住房保障体系逐步健全。智慧城市建设稳步向前，城市科学化、精细化、智能化、法治化管理水平不断提高。

2015 年，上海建设具有全球影响力的科技创新中心的新定位代表了上海在实现集成创新上的新起点。上海出台的《关于加快建设具有全球影响力的科技创新中心的意见》，要求把上海"建设成为世界创新人才、科技要素和高新科技企业集聚度高，创新创造创意成果多，科技创新基础设施和服务体系完善的综合性开放型科技创新中心，成为全球创新网络的重要枢纽和国际性

---

① 诸大建、何芳、霍震佳：《中国城市可持续发展绿皮书》，同济大学出版社 2013 年版。

重大科学发展、原创技术和高新科技产业的重要策源地之一，跻身全球重要的创新城市行列"。《意见》的 22 条涉及创新生态的全链和全域，本身就直接体现了集成创新的理念。与上海已有的"四个中心"建设所存在的较强的全球转移效应相比，全球科创中心具有更强的以内涵发展为基础的创造效应，具有更为深厚的发展空间；并且与"四个中心"存在全面的技术支持和业务融合，为推进上海城市治理进入新阶段创造了条件。

集成创新的提升与加速阶段（2016—2020 年）。"五大中心"的新定位和"创新城市"的新方向，将上海推进到了"没有改革创新就不能前进的阶段"。[1]2017 年国务院正式批复了《上海市城市总体规划（2017—2035 年）》，规划提出将"上海建设成为创新之城、人文之城、生态之城，卓越的全球城市和社会主义现代化国际大都市"。上海的城市发展定位进一步拔高，要对标国际最高标准和最好水平，即对标纽约、伦敦和东京等全球城市，到 2035 年实现在重要发展指标上达到国际领先水平，打造以上海为核心城市的长三角世界级城市群；展望 2050 年，上海都市圈的各项发展指标要全面达到国际领先水平。同时，城市发展定位也在全球治理体系中再确定，要争做推进全球经济再平衡的排头兵、凝聚创新知识全球化的桥头堡和参与全球贸易投资规则重构的先行者。[2]简言之，上海始终是中国的上海，但上海也必须是世界的上海。

上海建设卓越的全球城市是国内国际发展形势的新要求。从 2010 年起，中国的经济总量稳居世界第二，进出口贸易总额从 2013 年开始也经常处于世界第一。中国的崛起带来全球的进一步反应，既包含摩擦和压力的增大，也

---

① 参见中国共产党上海市第十一次代表大会报告，2017 年 5 月 8 日。
② 参见王新奎：《长三角一体化深入发展的战略思考》，《浦东时报》2018 年 2 月 2 日。

包括期望的增加。随着全球民粹主义的抬头，逆全球化苗头扩大，美国对中国的贸易战和科技战越演越烈，试图建立跨太平洋伙伴关系协定（TPP）这样的将中国排斥于外的区域贸易集团。这要求中国必须主动回应，主动开放市场，主动向高水平国际化迈进，不仅要自主创新，而且要形成本土创新的全球引领效应。在国家层面，中国提出了新的全球理念，包括"一带一路"倡议和人类命运共同体倡议。宏观形势对上海提出了新的要求。2013年成立的中国（上海）自由贸易试验区，就是自主创新和开放的一个重要战略。2014年新成立的新发展银行（金砖银行）总部落户上海，2018年首届中国国际进口博览会在上海举办，都充分展示了中国开放市场、包容竞争和积极主动提供全球公共产品的发展方向。

在这种形势下的上海城市治理集成创新展现了更高的系统性。在中共上海市第十一次代表大会的报告中，强调"加强改革系统集成"，"系统推进全面创新改革试验"。"创新"一词在该报告中出现了102次，与中共上海市第九次和第十次代表大会的52次和65次相比，展现出持续和快速增长的关注度，创新已经成为上海制度文化的一部分，获得了广泛的共识。

新时代上海的创新将"五位一体""四个全面"和"创新、协调、绿色、开放、共享"新发展理念有机结合起来，具有了更广和更深的拓展空间。在2016年以来，上海城市治理取得了重要进展。城市经济保持较高增速，2019年人均国内生产总值突破15万元；中国（上海）自由贸易试验区建设总体实现三年预期目标，外商投资管理、境外投资管理和商事制度改革得到深化，确立了以负面清单管理为核心的投资管理制度，证照分离等改革试点顺利推进。五大中心建设取得重大进展，全社会研发经费支出在2019年首次达到全市生产总值的4%。基层社会治理进一步加强，街道招商引资职能全面取消，工作重点聚焦公共服务、公共管理和公共安全；网格化管理进一步夯实，启动建设城市运行管理平台系统，推动城市运行"一网统管"；民生保障工作全面推进。生态环境持续改善，"五违四必"区域环境综合整治等工作坚实推进。由于上海多年集成创新所创造的发展平台，在 2018 年首届中国国际进口博览会上，习近平总书记宣布党中央交给上海三项新的重大任务，包括增设中国（上海）自由贸易试验区新片区、在上海证券交易所设立科创板并试点注册制，以及支持长江三角洲区域一体化发展等三项新的国家战略。

2018 年 3 月，全国"两会"期间上海市率先提出的"一网通办"改革，代表了上海城市治理集成创新的提升和加速，即开始系统运用先进科学技术来实现制度集成创新。"一网通办"着眼于"进一网，能通办"，通过运用数据技术，深化业务流程革命性再造，推动政务服务从部门管理为中心向用户服务为中心转变，逐步使群众和企业到政府办事像网购一样方便。通过开通运行"一网通办"总门户和多个服务接入移动端，实现统一身份认证、统一总客服、统一公共支付平台、统一物流快递，推进审批服务事项全程通办、全网通办、全市通办，一个全新的政民与政企服务界面正在形成。"一网通办"正在成为重塑上海城市政府和城市治理的策源性和牵引性力量，成为上海走向全球城市的关键整合性力量。

二、上海超大城市治理集成创新的基本经验总结

人民性是统摄上海超大城市治理的关键内核。在 2019 年习近平总书记考察上海期间，提出了"人民城市人民建，人民城市为人民"的理念，深刻说明了上海在改革开放以来完成城市转型和发展的关键就在于坚持和贯彻了人

民城市的发展路线，实现了城市治理在价值、制度和工具上的同步协调发展。

以价值引领锚定城市发展的社会主义方向。上海作为中国工人阶级和中国共产党的发源地，城市治理始终遵循"社会主义"发展方向，继承和发扬上海的人民城市传统。这首先反映在党依法领导人民治理城市的实践上。上海始终坚持和加强党对城市工作的全面领导，健全党委统一领导、党政齐抓共管、全社会共同参与的城市工作格局；形成了党委一届接着一届干，不断将改革与发展推向深入的奋斗局面。在改革开放过程中，不断锐意探索符合超大城市特点和规律的基层党建新路，始终保持党心民意的同频共振，最迅速地感知和回应人民的需要。通过法治推进城市治理，完善科学决策、民主决策和依法决策机制，坚持公众参与、专家论证、风险评估、合法性审查和集体讨论决定等重大决策法定程序。同时，不断加强干部和公务员队伍建设，铸就了有上海特色的"不需要高薪也能养廉"的高效清明的干部队伍，在面对复杂的经济与社会形势时保持了社会主义的本色和定力。2020年6月，中国共产党上海市第十一届委员会第九次全体会议通过了《中共上海市委关于深入贯彻落实"人民城市人民建，人民城市为人民"重要理念，谱写新时代人民城市新篇章的意见》，成为上海在新时代建设人民城市的政治宣言和基本方略。

善于平衡改革、发展与稳定的关系。决策尤其宏观决策是事关城市发展方向和成败的关键。从1990年浦东启动开发开放，到1992年确定上海"一个龙头，三个中心"的发展目标；到2001年国务院批准《上海市城市总体规划（1999—2020年）》，明确上海建设社会主义现代化国际大都市和国际经济、金融、贸易与航运中心的目标；到2005年浦东首发综合配套改革；到2013年设立中国（上海）自由贸易试验区；到2015年提出建设具有全球影响力的科技创新中心；到 2017 年在《上海市城市总体规划（2017—2035年）》中提出建设"卓越的全球城市和社会主义现代化国际大都市"，上海对城市功能、发展取向和目标定位的认识不断提升，政策调整的加速度不断提高。除了反映城市实力和自信的增强，每一项宏观战略目标的确定和落实都取决于治城者以综合协调推进中心工作的统筹能力。这种能力尤其体现在对上海的改革、发展和稳定三个大局的平衡把握上。在 80 年代，上海的改革与发展曾经因为中央对稳定的考虑而一定程度滞后。90 年代以来上海改革开放的实践表明，在中央的正确领导和全国的支持下，上海是有能力以改革求发展，以发展促改革和保稳定，同时以稳定来创造改革和发展的最佳环境。上海的公共部门文化与上海在 2007 年正式提出的"海纳百川、追求卓越、开明睿智、大气谦和"城市精神一脉相承，充分体现了在党委集中领导下，一个开放、包容、责任和进取的政府所具有的决断力和领导力。

正确处理地方与全国的关系。上海是全国人民的上海，必须始终谨记自身在全国整体发展中的中枢和牵头作用，增强大局意识和全局观念，在坚持全国一盘棋的大格局下谋求自身的发展，不断扩大城市发展的外溢效应和联动效果。在抗战以前，上海的工业产值曾经占全国工业产值的一半左右；新中国成立后，上海的经济技术优势对整个计划经济体系的发展做出了重大贡献。在整个计划经济时代，上海创造的财政收入经常占全国财政收入的 15%以上，其中绝大多数部分都贡献给中央财政。这种模式在改革开放以后仍然得到延续，1980 年上海公共财政收入 174.73 亿元，占全国的 15.06%；同期公共财政支出仅 19.18 亿元，即财政总收入里中央支配部分占 89%。2019 年上海创造财政收入 14646.79 亿元（不含关税及海关代征税），中央支配部分占

51.1%。[①] 在重要的涉及央地关系的改革例如 1994 年分税制的实施中，上海都发挥了表率作用。上海作为中央试点和自主创新的前沿政策实验场，为一系列全国性制度变革和政策创新的落地提供了关键经验和实施标准，使得"上海创造"具有了与计划经济时代"上海制造"相媲美的声誉。上海不断发挥中心城市的示范和带动作用，并在长江三角洲区域高质量一体化发展中发挥龙头带动作用。全国支持上海和上海反哺全国的模式，是在全国范围内对上海开展共建共享的生动体现；坚持服从大局、服务国家，在全国发展一盘棋里面找准自身发展方向和责任，也是上海始终能够得到中央信任、活跃在改革第一线的根本保证。

始终把民生改善放在城市治理的首位。人民是城市的主人，也是上海在谋划和推进改革时的依托和归宿。自 80 年代以来，上海的民生事业沿着底线民生、基本民生和质量民生的层面不断创新发展，建成了普惠均衡的社会保障网和公共服务网，并进一步朝着满足多层次、个性化和高品质的民生需求方向迈进。上海始终直面群众生活的"急、难、愁"问题，以壮士断腕的魄力和敢为人先的勇气，建立起制度化的响应机制和解决方案。上海于 1991 年在全国率先建立了具有中国特色的住房公积金制度，在 1993 年率先探索实施城乡居民最低生活保障制度，并在 90 年代末首创"4050"工程破解城市再就业难题，在 2005 年率先提出构建"9073"养老服务格局的发展思路。同时，在民生事业发展上，应对人口结构复杂多元的情况，上海城市公共服务正朝向服务最大比例的群众、具有最广的覆盖面和体现最大公约数的原则发展。[②]

---

① 数据来源为国家统计局：《中国统计年鉴 1980》，中国统计出版社 1980 年版；上海市统计局：《2019 年上海市国民经济和社会发展统计公报》；上海市税务局：《上海市 2019 年税收收入统计情况》。

② 彭勃：《"人民城市"重要理念引领中国特色城市发展道路》，《文汇报》2020 年 11 月 11 日。

作为上海城市发展里程碑的中国 2010 年上海世界博览会，其主题"城市，让生活更美好"，反映了上海在更高层次上以民为本和谋取内涵式发展的方向定位。

将制度优势转化为城市治理活力和效能。城市是各种资源、诉求、信息和矛盾汇聚的场所，应对复杂城市治理的关键是要形成与城市治理事务相对应的治理方案，完善公共治理的供给侧。在集中统一的城市治理领导体制下，上海的城市治理体现了差别化治理和整体性治理协同并进的发展格局。在不断推进公共管理体系现代化建设同时，上海的城市治理不断引入外部治理资源，形成多种治理方式并存的复合治理格局，有力推动上海的城市治理从大政府走向大治理，从强政府走向强治理。

第一，政府治理的体系和能力不断升级。经历了高度繁荣计划经济时代的上海，天然地具有"大政府"传统，政府在经济社会发展中事无巨细，一管到底。改革开放以来，上海着力实现从"大政府"向"强政府"的转型。这集中体现在上海在城市管理和建设中所探索的"两级政府、三级管理"新体制，以下放事权为核心，推动城市管理力量下沉、重心下移，提升城市管理的精细化水平。面对日益复杂的城市管理事务，上海政府治理体系的变革方向主要体现在以下方面。一是城市治理的整体化程度和服务化水平不断提高。针对重点事务，加强部门协同，解决条块分割、多头管理的弊病，并逐渐形成体制突破。早在 1988 年，上海就成立了由市长任主任的"上海市外国投资工作委员会"，该机构被称为"一个图章"机构，目标是实现外商投资审批中的"一个机构、一个窗口、一个图章"，为外商提供全方位服务，开创了审批制度改革和建设服务型政府的先河。二是城市政府的职能不断转型。1981 年，全民所有制和集体所有制工业企业产值占上海市工业总产值的

98.3%；到 2018 年，上海市国有控股企业工业总产值占全市工业总产值的比例下降到了 39%。[①] 与之相适应，上海城市治理经历了从管理国有企业向管理市场，从管理市场向服务市场的迅速转型。政府从经济领域的裁判和运动员，逐渐转为协调者和助推者，通过简政放权、健全事中事后监管体系等，不断优化营商环境，建设市场友好型的、熟悉了解市场规律的政府，甘当服务企业的"店小二"。三是政府的国际化水平不断提高。尊重国际惯例、学习国际最优实践、引入国际先进管理办法，始终是上海城市治理的鲜明特色。四是重视干部队伍建设。在党管人才的原则下，不断提高党政部门人才培养、引入、使用、培训、评价、激励和保障的科学化和专业化，切实加强党风廉政建设和拉紧反腐高压线，确保始终拥有一支政治素质过硬、专业能力可靠、执行力强的干部队伍。五是坚持法治城市发展路线。法治既是城市发展的外在约束框架，也是推动城市发展的内在推动力量。上海的发展是懂规则、守规则和用规则的政府和市民之间的良性互动，推动规则社会的形成是上海法治建设可持续发展的根本保障。

第二，合作治理的范围和能级循序扩大。再强的政府都不可能独力满足上海这样的大都市所面对的多样化需求。改革开放以来，随着市场与社会主体的不断成长和能力的增强，上海的城市治理中逐步引入外部组织，形成公共事务合作治理的新格局。早在 20 世纪 80 年代，上海就通过"九四专项"，利用国际多边金融机构资金建设了南浦大桥、地铁一号线等市政基础设施项目。从 20 世纪 90 年代以来，上海通过特许经营和公私伙伴关系等多种方式，有力推进了重大公共基础设施和公益事业项目的融资、建设和运营。

[①] 数据来源为国家统计局：《中国统计年鉴 1981》，中国统计出版社 1981 年版；上海市统计局：《2019 上海统计年鉴》，中国统计出版社 2019 年版。

在 2001 年，上海高速公路全长 91 公里；在 2001 年和 2005 年间，上海通过"建设—经营—转交"模式（BOT）吸引了 231 亿人民币的社会投资，高速公路里程增加了 430 公里。[①] 在 2010 年上海世博会期间，上海市世博局与西门子公司、东航、上汽等十几个企业签约成为全球合作伙伴，由后者负责跨国经营网络宣传和服务，提供资金、信息和物资支持；世博会后，世博文化中心更名为梅赛德斯-奔驰文化中心，由有外资背景的东方明珠安舒茨文化体育发展（上海）有限公司进行商业运营，实现了有效盈利。随着互联网经济的发展和"互联网+"国家战略的实施，上海在城市运营、电子政务、公共服务等多个领域与互联网龙头企业如百度、阿里巴巴和腾讯等签订了战略合作协议。

在城市社会治理和民生发展领域，政府购买服务和政社共治逐渐走向成熟和制度化。1996 年，上海市浦东新区政府通过购买服务，由上海基督教青年会运营"罗山会馆"，开创了"政府主导、各方协作、社团管理、市民参与"的社区服务新模式。2000 年，上海率先在机构养老方面鼓励社会力量进入，对民办养老院给予开办和运营补贴。2003 年，由上海市政法委牵头成立了三个社会组织—新航社区服务总站、阳光社区青少年事务中心和自强社会服务总社，通过政府购买服务形式，由这些机构为社区矫正人员、"失学、失业、失管"社区青少年和药物滥用人员提供专业社会工作服务。2009 年，上海进一步推出了"社区公益服务招投标项目"，拨出 3500 万福彩公益金，在安老、扶幼、济困、助残等社会服务领域，以公开、透明和竞争的方式进行招投标试点，该项目一直持续至今。政府购买服务不仅促进有效提高社会服

---

① 敬义嘉：《合作治理：历史与现实的路径》，《南京社会科学》2015 年第 5 期。

务的效率、专业性和服务范围，而且起到了培养社会组织成长的积极作用。在社会组织有效发展的基础上，以引入社会组织为主要内容之一的社区共治在上海得到了较为扎实的发展，在社区委员会运作和居民小区管理中都得到广泛采纳。

第三，自治理的力量不断增强。在社会属性强而行政属性弱的领域，上海选择了政府主动退出直接干预而由社会力量发挥更大作用。这主要体现在基层社区的居民自治以及在社会事务中的社会组织治理。上海在 2000 年开始试点居委会直选，到 2009 年居委会换届时，直选比例达到了 80%，在黄浦、卢湾两区直选比例达 100%；同时，始自上海的"三会"制度进一步完善，基层的群众民主参与和民主自治得到更好保障。同时，上海也走出有本地特色的社会组织参与社会治理之路，社会组织在社区纠纷调解、公益慈善、社区治安、健康干预、环境保护等一系列社会事务领域发挥积极作用，成为政府治理的重要补充。在 2012 年，静安区有 409 个专业性社会组织，平均每万名居民有 14 个，而上海市该数值是 7 个，全国平均水平是 3 个。一些社会组织在全国都享有很高的知名度，例如柏万青志愿者工作室。上海的枢纽型社会组织建设也取得全国瞩目的成功，例如静安区社会组织联合会和恩派非营利组织发展中心等支持性社会组织。此外，上海的社区基金会蓬勃发展。2012 年，上海成立首家非公募社区基金会"上海美丽心灵社区基金会"；2013 年，全国首家社区公募基金会"上海洋泾社区公益基金会"成立。截至 2018 年底，在全国 100 多家注册的社区基金会中，有 74 家在上海，覆盖了上海 1/3 的街镇。社区基金会为社区自我发现问题和解决问题提供了重要的财务和专业能力。

经济领域的自治理也得到一定发展。在完善的市场制度下，政府可以更大程度扮演"守夜人"角色，而让经济主体及其联合组织来发挥自我管理的功能。通过树立行业权威、创新市场机制，一系列的市场规则的制定和实施都可以交由行业协会和商会等组织来完成。上海市经信委系统的行业协会有100多家，在协助规划产业发展、开展行业活动、加强行业自律、推进诚信体系建设、维护市场秩序和提高企业竞争力方面开展了卓有成效的工作。

以科学治理创造最大的执行力。"工欲善其事，必先利其器。"上海在城市治理中充分运用了新型的治理工具和技术工具，公共事务治理取得事半功倍的效果，形成良性循环的长效机制。在上海城市治理中运用的大量新型治理机制，一部分是在上海首创并在全国推广，一部分则是对国内外先进实践的快速学习。对有效治理工具与技术的采纳反映了现代城市的运行规律和需要，使得城市运行越来越走向精细化治理。

首先，在城市治理中更加细密地复合运用多项治理工具。第一，善用治理的组合拳，形成全方位推动机制，不留死角。比如在营商环境建设上，在准入机制上推动审批制度改革，通过简政放权、放宽准入，形成证照分离、一业一证、容缺审批等创新；在监管体制上率先推动大监管体制形成，通过机构整合，构建起覆盖生产、流通、消费全过程的监督体系；在管理机制上，加强事中事后管理，充分运用信用机制和市场反馈机制。第二，更多运用激励、赋能、劝导和学习等机制，降低政策适用成本，提高政策响应的主动性。在城市旧改上成效良好的阳光动迁政策、在社会组织培养上的"公益创投"项目、在解决"最后一公里"的共享单车政策等上面，城市治理展现出对市场与社会机制、人的认知和行为规律的尊重和运用，使得政府权威也逐渐走向公信力和专业性，走向寻求合作而非简单施加约束和限制。第三，更大程度利用第三方治理。在治理机制的实施上，更多纳入具有专业能力的经济与社会组织，在价值共享的合作框架下，由这些组织来直接进行有关的治理工作。例如在环境污染治理领域，上海逐步从"谁污染，谁负责"向"排污者负责、第三方治理、政府监管、社会监督"的污染治理市场运行机制转变。第四，更加注重治理绩效评价和反馈。将可评估、可衡量、可归因作为对治理工具效能进行检验的基本条件，强调工具运用的实际效果。

其次，将现代科学技术充分运用到公共治理过程中。上海是中国近代工业科技的发源地，是中国最早使用电灯、电报、电话、自来水和有轨电车的地方。科技是上海发展的最大内生资源，在传统上就是上海高效市政服务的基本支撑。当前上海市着力建设具有全球影响力的科技创新中心，这既要求公共治理为科技创新和产业发展创造良好条件，也要求政府本身对科技的运用能够达到现代城市的要求。长期以来，上海在公共治理实践中形成了现代科学技术的系统性嵌入，这包括：

> 即时发布政策和信息，促进政府透明。比如上海市政务微博"上海发布"于2011年11月28日在新浪网、腾讯网、东方网、新民网同时上线，成为市民获取政府信息的重要渠道，并在2017年荣获"2017中国应用新闻传播十大创新案例"。

> 提升政府组织内部协同，建设整体性政府。上海在21世纪初即建成统一的政务外网网络平台，不断推进政务一体化、管理科学化、办事高效化和服务规范化，形成高效、便捷和精准的电子政府服务体系。在《2020联合国电子政务调查报告》对全球城市电子政务评估排名中，上海首次进入前十，位列第九，达到"非常高"水平。

➤ 发现和回应市民需求和问题，加强服务响应。以市民服务热线 12345
为例，自 2012 年开通以来，围绕"市民至上，倾心服务"的工作宗
旨，全天候向社会提供优质服务，并实现从以市民为主向市民与企业
并重转变。包含了市民服务热线的上海"一网通办"政务服务创新在
2020 年入选为联合国城市电子政务的经典案例。"一网通办"系统在
新冠肺炎疫情期间开发出来的"随申码"在疫情防控上起到了重要作
用，其应用场景也迅速扩展。

➤ 推进城市管理与社会治理的智慧化水平，建设智慧城市。在 2005 年
初，上海开始依托信息化手段实施城市网格化管理系统建设，管理内
容逐渐从市政基础设施扩大到各项社会治理事务，与上海基层治理的
街居体制结合起来，逐渐形成上海城市网格化综合管理体系，发展到
城市运行"一网统管"新阶段。

第四节　上海"一网通办"改革：数字时代的城市治理创新

城市发展在步入深水区以后怎么走？当前复杂的国际国内形势下如何
继续推进城市治理集成创新？上海如何能够实现与东京、伦敦和纽约等全
球城市的并跑与赶超？这些上海在目前发展阶段所无法回避的问题，也是
中国的国家治理所面临的共性问题，即在前沿领域的问题和需要越来越缺
乏现成经验，实现自主创新的文化氛围、制度保障和推进能力亟待形成和
巩固。

"一网通办"改革是上海在城市治理新时代做出的坚定选择。2018 年 3 月

上海率先提出"一网通办"政务服务新模式，启动了一场在公共治理领域的刀刃向内的自我革命，并迅速在全国得到推广和采纳。与以往的改革相比，"一网通办"改革具有两个鲜明的特点，即"人民赋权"与"科技赋能"，通过对先进科学技术的系统应用来最好地回应人民的需求，让政务服务"像网购一样方便"，推动城市走上理性、人性和智性的高质量发展路径。

上海"一网通办"改革反映了当前全球城市所共同面临的数字化转型挑战。传统的城市治理体制改革路径，如果无法与数字化手段全面结合，已经不能满足城市的发展需要。同时，数字化本身提供了集成创新的最好工具基础；善用信息科技手段，可以"使互联网这个最大变量变成事业发展的最大增量"。[①]"一网通办"改革体现了制度改革的新路径，即通过价值端和技术端的两头变革和压挤，迫使制度中间层完成调整，最终实现"三体合一"。改革无疑是城市治理体制的更加紧促和深刻的否定之否定过程，必然触及城市治理的"利益"和"灵魂"，正在展现其对现有城市政府模式的颠覆性改革效应。

一、数字时代的全球卓越城市竞赛

1993 年，美国政府提出了"国家信息基础设施（National Information Infrastructure）"工程计划，即"信息高速公路"计划，引发了全球数字政府时代的到来。数字技术对政府功能、结构与运行、以及政府与企业和公民的互动方式都带来了革命性的变化。这些变化在 21 世纪以来，随着人工智能、大数据、云计算、物联网等技术的迅速进步而加速。联合国在 2002 年发布了

---

① 参见习近平在 2018 年全国宣传思想工作会议上的讲话。

首份联合国电子政务报告，即《电子政务标杆：一个全球视角》，并开始发布全球各国的电子政务发展指数。① 这份报告将电子政务界定为"利用互联网和万维网来为公民提供政府信息和服务"。报告认为："电子政务将最终实现对政府过程和结构的转型，以创造一个等级更少、为公务员赋权从而更好地服务公民、以及对他们的需要更具回应性的公共行政。"电子政务作为数字政府的核心部分，迅速成为全球各国政府发展的重要领域。

全球城市的治理走在了数字政府建设的前列。通常，全球城市的公共管理能力强、企业和市民服务需求更前沿、技术能力来源广泛，同时财政丰裕、视野广阔、竞争意识浓厚，因此能够更为主动地在城市治理中引入数字技术，实现更加便捷、高效和优质的公共服务。城市政府以及城市经济社会的数字转型，成为重塑城市营商环境和宜居环境的关键要素，是当前全球城市竞争的焦点之一。

发达国家全球城市的政府数字转型起点较早。本节对纽约、伦敦、巴黎、新加坡、东京和首尔六个全球城市的数字政府建设进行了汇总和总结。这些城市的数字政府建设各有特点，但也存在一贯的趋势。

纽约。纽约是最早启动电子政府建设的全球城市之一。 20 世纪 90 年代，纽约市政府的许多机构就开发过一些为居民和企业服务的信息系统。1998 年纽约提出了电子政务倡议，构建了名为 CityNet 的政务网络。2000 年首次推出了纽约市政府门户网站，作为纽约市政府对外发布信息的窗口，是对传统线下事务办理的补充，以提高公共服务的效率、效益和责任。2002 年，纽约市信息技术和电信部负责实施开通了纽约 311 热线服务系统，成为纽约市民

---

① 参见 U.N. Division for Public Economics and Public Administration and American Society for Public Administration, *Benchmarking E-government*: *A Global Perspective*（*UNDESA/ASPA*）*2001*, 2002。

获得全方位公共服务的最便捷方式。2011年纽约市市长宣布全面建设数字城市的综合计划，①中心工作涉及数字政府、数字教育、数字生活和数字经济等。在数字政府建设方面，纽约市首先制定了政务数据和信息公开的法律和技术标准，并完善了纽约市开放数据平台和纽约市政府门户网站。②2015年纽约市推出了数字剧本计划，计划坚持以人为本的设计原则，强调了六项策略，即欢迎所有纽约人、简化政府、倾听和回应、接触民众所在的地方、保护纽约人的信任和建立合作。该计划通过倡导政府透明度和促进真正的公民参与，使纽约成为世界上最人性化和富于创新的城市。在此基础上，纽约2019年推出了名为"一个纽约城2050战略"的智慧城市建设计划，要建设一个强大而公平的城市。③

伦敦。伦敦市政府从2001年起先后提出了"电子伦敦"和"伦敦连接"计划，正式开始推进电子政务建设；同年伦敦发布了电子政务战略草案，为推行电子政务的整体策略提供一个共享的架构和议程，使整个首都能协调一致地推行电子政务。2012年，英国政府用"数字政府"代替传统的"电子政务"，提出"数字政府战略"；伦敦市政府也相应在2013年提出"智慧伦敦规划"，旨在利用先进技术的创造力来服务伦敦，改善市民的生活质量。用户导向、服务整合、数据与技术利用是该规划的核心目标之一。④伦敦数字化政务服务的建设重点是针对个人和企业提供优质的公共服务，在长期实践过程中形成了明确的"以用户为中心"的导向。

---

① Michael R.Bloomberg，et al.，*Road Map for the Digital City：Achieving New York City's Digital Future*，New York：NYC Digital，2011.

② 王新才、黄兰：《数字城市背景下纽约市政务信息服务模式及其借鉴研究》，《电子政务》2014年第6期。

③ Bill De Blasio，et al.，*One NYC 2050：The Strategy*，Vol.1 of 9，April 2019.

④ "智慧伦敦规划"，http：//www.china-up.com：8080/international/case/showcase.asp?id=1728。

　　巴黎。巴黎的数字化政务服务大致经历数字巴黎、数据开放和智慧区域三个发展阶段。在 2006 年，市政府推出"数字巴黎"计划，快速发展光纤网络和推广无线网络，并成立各地方工作小组进社区和企业进行宣传，提高互联网的覆盖面，增加人群中使用信息技术的比例。[①] 2011 年，巴黎推出了开放数据平台，是法国第一批建立开放公共数据网站的城市之一。在 2011—2016 年间，巴黎发起和领导一场"开放数据"运动，呼吁和邀请各类组织机构向所有人免费开放电子数据访问权限，将数据集添加到开放数据平台的目录里。2017 年，法兰西岛大区主席提倡"使法兰西岛成为欧洲第一个'智慧地区'"，开启了新一阶段的巴黎智能服务建设。该倡议聚焦三个方面，一是推出智能服务平台，服务内容扩展到生态、环境与能源，强调对未来智慧城市和市民生活方式的规划；二是更加重视与公民、企业、协会和学术机构的合作，强调"共享"；三是加强创新，发展"智慧工业"，利用高新企业和高等教育资源的集聚效应，加速巴黎的数字化转型。

　　新加坡。新加坡在 20 世纪 90 年代启动了旨在打通信息孤岛，促进数据交换、共享和互联互通的国家科技计划。2000 年，新加坡启动了电子政务行动计划，打造网络化政府和实现数字化业务系统的全覆盖。新加坡提出"信息与应用整合平台"计划，推进信息、通信和科技在新加坡经济领域的应用。2006 年，新加坡提出"智慧国 2015"计划，旨在以信息通信技术应用为动力，建设高度国际化的城市。2015 年进而提出了"智慧国 2025"计划，倡导建设数字政府、数字经济和数字社会；通过对大数据的处理和分析，准确

---

① 王晓丹：《从战略到应用：国外"智慧城市"概览》，《上海信息化》2012 年第 1 期。

预测公民需求, 优化公共服务供给, 使公民享受到更加及时和优质的公共服务。

东京。1997 年, 日本内阁制定《行政信息化推进基本计划》, 是最早出台的日本电子政务建设方案。2000 年 12 月东京都政府颁布《都厅改革行动计划》, "东京政府的信息化"是改革核心之一, 强调通过电子化来重构高效的行政事务执行体系。2006 年, 东京新十年规划推出"东京无所不在计划", 通过发展物联网和采用身份识别技术, 将真实世界的信息进行数字化处理后与虚拟现实空间结合, 开启智慧城市建设。2015 年, 东京都政府利用"国家战略特区"计划, 推动东京成为世界上营商环境最好的城市。东京一站式商务建立中心于 2015 年 4 月 1 日开业, 首次统一了外国公司和初创企业完成业务所需的程序, 提供公司章程认证、公司注册、公告、税收和社会责任、安全和移民等综合服务。2016 年, 东京都政府提出《建设"新东京"》方案, 力争将日本打造成"安全城市""多样城市"和"智慧城市"。2017 年 12 月, 东京都政府颁布《公私数据利用推进基本法》, 要求都道府县制定"公私数据利用推进计划"; 并制定了"东京都 ICT 战略", 促进公共和私营部门数据的使用。[①] 依此战略, 东京都政府整合原有机构成立了"东京都战略政策情报推进总部", 通过利用信息技术促进业务改革, 对信息系统基础架构进行维护、运营管理和支持。

首尔。首尔于 1999 年制定了《信息化基本战略计划》, 正式启动电子政务化建设, 以创建"指尖上的开放式信息城市", 促进行政、城市基础设施、生活和工业四个领域的发展, 并增强信息系统的竞争优势。2003 年, 首尔制

---

① Tokyo Metropolitan Government, *Tokyo Metropolitan ICT Strategy*, Dec.2016.

定了首尔 ICT 总体规划，以创建"人们喜爱的信息城市"为目标，重点是升级和整合已经单独开发的信息服务和资源，并升级电子政务基础设施。2004年 2 月，首尔数据中心成立，以推动政府组织间信息资源和 IT 基础架构的整合。2005 年，首尔制定了第三个基本战略计划，其愿景是创建"世界上最好的无处不在的电子政务"，向市民提供定制和安全的服务，强调互动式的公民参与。2010 年，首尔制定了《智慧首尔总体规划 2015》，以与居民创建"智慧首尔"为愿景，改革信息服务，向开放和参与的行政服务范式转变，创建一个"人人享有、人人创造的智慧首尔"。"智慧、可沟通的政府"是其中的重点。2012 年，首尔市政府推行了"开放、共享和参与"的城市政府 2.0 规划，而后升级为"开放、共享、沟通与协作"的城市政府 3.0 规划，大幅提升公共信息和数据的开放。同时，通过公私合作方式收集大数据来加强与居民的沟通并解决服务问题，"夜间猫头鹰巴士"政策就是典型案例。2016 年首尔制定"全球数字首尔 2020 计划"，致力于将首尔打造为"全球数字首都"，在数字社会、数字经济、数字创新和数字全球化方面保持全球引领者的地位。在联合国赞助的由罗格斯大学（Rutgers University）开展的两年度国际城市电子治理调查中，首尔在 2003 年至 2016 年间连续七次保持总分第一。[1]

表 1-2 对以上六个全球城市以及上海在联合国的城市电子政务排名进行了整理，同时汇总这些城市在国际经济、贸易、金融、航运和科创等五大领域的当前地位。

---

[1] 注：该研究将 104 种措施分为隐私、可用性、服务、内容以及公民和社会参与度五类来计算电子政务绩效综合指数。参见 Rutgers University，"Rutgers SPAA Global E-Governance Survey Highlights Innovative Practices，"Oct.2016。

表 1-2 全球城市的国际中心排名与电子政务发展排名

	人口（2019年，万人）	GDP①（2019年，亿美元）	进出口贸易额（2019年，亿美元）	国际金融中心排名（2020年）②	国际航运中心排名（2020年）③	国际科创中心排名（2020年）④	电子政务排名	
							2018年	2020年
纽 约	834	8836	—	1	9	8	14	2
伦 敦	896	6204	1499	2	2	15	4	12
巴 黎	1228	7601	2612	18	—	10	4	4
新加坡	570	3732	7517	6	1	28	11	7
东 京	1374	10318	4005	4	10	1	19	24
首 尔	1005	3814	2148	25		3	7	9
上 海	2428	5531	4539	3	3	9	11	9
参与评估城市数	—	—	—	111	—	100	40	100

注：新加坡的电子政务排名是其作为国家的电子政务发展指数（EGDI）排名

对主要全球城市数字政府建设的分析表明，这些城市在推进数字政府建设上存在以下重要的共通方面：

数字政府建设随市民需求逐步升级迭代。作为前沿的发展领域，全球城市政府对数字化的认识始终处在一个不断学习和更新的过程中。早期的数字政府主要集中于电子政务体系的建设和相应通信与数据基础设施的完善，重点在政务公开和政府内的数据共享，基本目标是政务服务的效率倍增。在此

---

① 各城市人口数量、经济总量与进出口贸易额数据采集自各国统计局与政府数据公开网站，经济数据以所在国货币对美元的年平均汇率计算：首尔市人口与经济总量、东京进出口贸易额均为2018年数据，纽约市经济总量由下辖五区（布朗克斯区、布鲁克林区、曼哈顿区、皇后区、斯塔滕岛）经济总量加总计算得出。纽约市的进出口贸易额无法获得。

② 根据英国智库 Z/Yen 集团和中国（深圳）综合开发研究院共同编制的《全球金融中心指数第 28 期》，参见 Z/Yen, China Development Institute: The Global Financial Centres Index 28。

③ 中国经济信息社、波罗的海交易所：《2020 年新华·波罗的海国际航运中心发展指数报告》。

④ 参见 Cornell University, INSEAD, and the World Intellectual Property Organization（WIPO）: Global Innovation Index 2020 "Top 100 cluster rankings"。

基础上，参与式、互动式和智能化的在线服务、整体性的政策回应、公共数据开放与应用成为发展主流，数字政府的范围走向各项公共服务，并成为智慧城市建设的一部分。在最近的阶段，数字政府凸显价值治理，在对数字化的运用和对其所产生挑战的回应中，走向数字治理的新阶段，更加强调公平、参与、法治、包容性和可持续发展。面向问题、以人为本、国际借鉴和适时升级，将重点放在满足市民公共服务需求和城市公共事务治理上，是城市数字政府发展的基本取向。城市治理与信息通信技术之间的互嵌是一个动态过程，这其中技术升级常常扮演了更为主动和活跃的角色。

完备的法律与政策框架。数字政府建设涉及大量的公民、组织与政府的权利和相互关系，必须在信息的采集、处理、贮存、交换、使用、保护和获益等领域建立一系列共识和规则。完善的数字规则是数字政府建设的前提条件。从全球城市的数字规则建设看，单一制国家的全球城市通常依赖中央政府提供基础性的数字立法，在全国性法律框架下建立地方的数字政府发展规划，通过前沿的政策实施，带动全国性立法的发展。比如英国政府 2000 年颁布了《信息自由法》和《电子通信法》，2003 年发布《隐私与电子通信条例》，2005 年发布《重用公共部门信息法规》，2010 年颁布《数字经济法》等，形成了较为完备的数字法律体系。联邦制国家下的全球城市则具有较多的自主立法空间，比如 2012 年纽约颁布了《纽约市开放数据法案》，构成纽约市数据开放的法律基础，是美国地方政府首次将政府数据大规模开放纳入立法。当年，纽约市信息技术与电信部发布了《开放数据政策和技术标准手册》，规定到 2018 年，除涉及安全和隐私的数据，纽约市政府及其分支机构所拥有的数据都必须对公众开放。

数字变革的领导力和执行力。数字政府建设存在数字嵌入和数字变革两个同步过程，即一方面数字技术适应政府结构和过程，实现对政府工作的优化和改善；另一方面，数字技术的有效采用需要政府结构和过程进行必要调整，因此最终带来政府内部以及政府与外界的关系重塑。在这个过程中，有效的数字领导力和执行力能够化解在思想观念、利益、权力和工作协调等方面存在的阻碍数字变革推进的因素。全球城市通常都形成了强有力的数字推进体系。第一是在共识基础上形成城市数字化发展的整体战略，例如纽约市2019年推出的"一个纽约城2050战略"、新加坡2014年提出的"智慧国2025"计划和伦敦2013年提出的"智慧伦敦规划"。第二是建立跨部门的数字发展协调委员会和设立首席信息官。数字技术应用的一般性和联动性使得数字化工作的推进是跨越组织、层级、部门和领域的同步过程，要求集中的协调和推进能力。为此，新加坡设立了"智慧国及数码政府小组"、伦敦成立了"智慧伦敦委员会"；纽约、新加坡、首尔和伦敦等都设置了首席信息官、数字官或技术官，在行政首长领导下推进数字化工作。第三是建立推进数字政府建设的专门机构。这些机构或者是市政府直属的办公室，或者是下属的委办局，例如纽约的市长数据分析办公室、新加坡的智慧国及数码政府署和东京的战略政策情报推进总部等。这些机构与政府部门体系中的科技与产业发展管理部门往往建立协同关系，例如纽约的信息技术与通讯部和新加坡的政府科技局。第四是建立了标志性的数字化服务项目，例如纽约2002年建立的311非紧急政府服务平台，以及新加坡的个人和企业可以一站式登陆访问政府所有在线服务的"SingPass"和"CorpPass"服务体系。

多渠道整合的数字技术能力。2020年全球十大科技企业均为私有企业，数字技术能力的尖端和前沿被掌握在私人科技企业手里。科技企业在提供数据基础设施、数据全生命周期运营、应用产品开发和市场运作上面具有政府无法比拟的优势。所有有志于实现数字化转型的政府都必须处理好政府与数字企业的关系，而这意味着必须有效平衡政府的数字产业发展推动者、数字市场监管者和数字企业合作者之间的关系。当前全球城市在引入其数字能力时，存在一些共同的特色。第一，努力构建必要的自有技术队伍和能力。这为政府的产业发展、监管和市场合作提供了必要的技术知识和能力，这既包括各城市已有的科技与产业发展管理部门，也包含新组建的数字政府推进机构。第二，各城市政府重视与各种类型的大学、科研机构和专业机构等非营利组织的合作。这些机构在城市数字发展远景规划、数字战略设定和数字方案实施上都发挥了积极作用。第三，与数字科技企业通力合作。六个全球城市均制定了鼓励信息科技企业集聚和发展的地方产业政策，与科技企业建立战略伙伴关系，探索新的合作模式；在培育和发展科技企业总部经济的同时，也注意在地方政府数字服务市场上保持必要的开放性和多元性，以促进竞争和避免垄断。

数字政府发展中的有效公民参与。数字化发展易于导致的一个问题是技术理性对人性的忽视，技术冷漠和专家治理都可能导致目标与手段错位，造成一个效率高但是远离群众的"高冷"政府；为此全球城市均注意避免由数字化带来城市治理的"异化"现象，注重通过确保数字发展中的公民参与来实现以人为本的数字发展理念。公民参与的渠道除了一般性的政治与行政参与渠道外，还包括在数字政府建设中的直接参与。第一，通过公民数字参与来实现政策议题的设置和决策。这成为当前直接民主的前沿尝试。比如首尔市政府通过政策建议平台"民主首尔"、移动投票系统"mVoting"、行政投诉平台"首尔在线民事投诉"等项目设计，将公民纳入政策决策过程中，提升其在城市治理中的参与度。自 2017 年 10 月"民主首尔"开放运行以来，截至 2020 年 9 月 17 日, 共登记了 7734 条公民建议, 其中 59 条被采纳为首尔市的实际政策。① 第二, 通过公民数字参与来完善服务事项和流程。伦敦市政府根据用户网上反馈所设计的 "In my area" 网站功能, 是伦敦市政府门户网站内最受欢迎的部分之一。纽约的 311 服务热线每天都会收到成千上万条来自各个渠道的投诉和咨询, 每一条记录都会被保存, 并标注在地图上供进一步分析; 信息技术部门将数据进行匿名处理后在政府数据公开平台上整理发布, 并且向市议会报告每月统计数据; 所有人都能够在数据公开平台查询到匿名的 311 投诉记录, 信息透明公开。第三, 通过公民数字参与来实施数字服务绩效评价。比如, 新加坡每年由智慧国及数码政府署及其下辖的新加坡政府技术局开展 "数字政府客户感知调查", 以评估市民和企业对主要数字政府服务的满意度, 确定需要进一步改善的地方。

二、"一网通办": 上海数字政府转型的历程与特色

上海的政府数字转型从 20 世纪 80 年代就随着经济现代化的进程而逐步启动, 经历了四十年的发展和积累, 走到了当前的 "一网通办" 改革。图 1-3 显示了上海市数字政府转型的阶段和关键事件。

信息化建设的启动期 (21 世纪前)。上海信息化建设起始于经济信息化, 可以追溯到 1986 年成立的上海市经济信息管理领导小组。上海市经济信息中心于 1987 年 1 月 27 日经市政府批准正式成立, 后更名为上海市信息中心。上海市经济信息系统总体规划建设目标在 1995 年提前实现, 在第二、第三期日元贷款支持下, 完成了 25 个子项目, 实现了人大、政协、人事、劳动、统

---

① 民主首尔: 根据该平台设计, 如果一个市民的建议收到了超过 100 个赞, 将开放公开的辩论; 如果有 1000 名市民参加辩论, 首尔市长将直接回答该问题。

计、财税、城建、外贸、工商、海关、交运、港务等信息系统的建设。[①]1993
年12月10日，国家经济信息化联席会议成立，正式启动了国民经济信息化
的起步工程——"三金工程"。上海市作为"三金工程"的首批工程试点城市，
率先通过了国家级工程验收。

在"九五规划"中，上海重点推动"信息港"建设，提出要"集中力量
建设航空港、信息港和航运中心"，"加快信息港建设，建成公共主干信息传
送网、上海卫星传送网以及一批信息应用系统，并先行与长江三角洲地区实
现信息联网"。1996年7月，上海市召开上海市信息港建设动员大会，宣布
到2010年建成国际信息港，使上海信息化应用能力和总体水平接近发达国家
城市水平，并成立上海市信息港领导小组，开启信息港建设工程。上海信息
港五项关键性骨干应用工程包括上海信息交互网（链接经济、科技、教育等
各种信息网）、上海社会保障网（社会保险制度运作电子化）、上海国际经贸
电子数据交换网、社会服务网（连接两级政府、各街道社区，面向市民）和
金卡与商业增值网。信息港主体工程、大规模集成电路生产线（"909"工程）
等多个信息化建设工程被列入市政府重大工程，社会保障卡建设、个人信用
联合征信、"百万家庭网上行"、公交"一卡通"、公用事业"付费通"、市民
电子信箱、800兆数字集群政务共网、"校校通"等一大批信息化应用项目被
列入市政府实事工程。

信息化建设的领导和管理机制在实践中逐步整合并得到规范化和制度化。
在1998年6月，上海撤销了与信息化建设相关的9个领导小组和办事机构，
成立上海市国民经济和社会信息化领导小组及其办公室，作为全市统一的信

---

① 参见《上海年鉴1996》第二十三章第十二节"信息管理与服务"。

息产业和信息化推进领导机构。2000 年，上海在全国率先成立了列入政府序列的信息化管理机构——上海市信息化办公室。上海还陆续成立了市无线电管理局和市互联网经济咨询中心、信息化合作交流中心、超级计算中心、社会保障卡服务中心、计算机病毒防范服务中心、信息安全测评认证中心、无线电监测站、宽带信息交互中心等一批功能性服务机构，以及 16 个信息化领域的行业或专业协会。为形成合力，保障信息化重要领域和重大工程建设，上海还先后成立了网络和信息安全、无线电管理、社会诚信体系建设、社会保障和市民服务系统建设、"金卡"工程、计算机 2000 年问题、软件正版化工作、政府信息公开、文化创意产业发展等多个相关各方参与的议事协调机构，这些工作机制在全面推进信息化建设中发挥了积极作用。①

总体来看，21 世纪以前上海的信息化工作的核心是在原有的政府行政管理和业务体系尤其是经济管理部门引入信息管理系统，通过对业务数据的归集和使用，提高政府机构的管理效率和能力。信息化工作主要属于政府的内部能力建设，聚焦在硬件电子信息设施的完善上，以较快速度形成了城市管理的基本信息化架构和能力，适应了上海 90 年代以来全面开发开放的需要。同时，以部门为中心的信息系统建设也不可避免地带来了"信息孤岛"和"数据烟囱"的现象，各单位竞相建立独立的信息系统，各系统相互共享和兼容性差，数据的流通性严重受阻于部门边界，成为后续改革需要克服的主要问题。

电子政务的快速发展期（2001—2010 年）。在该阶段，上海逐步形成和完善了电子政务建设的思路和规划，电子政务基础设施和管理架构基本形成，以电子政务来转变政府职能和实施政务公开的理念得到广泛接受。随着政府

---

① 贺寿昌：《上海信息化建设和发展回顾》，载中国上海市委老干部局网站。

网站建设的迅速推进，网上政府成为公共生活的常态。

上海以政务公开与发展电子政务为核心，制订了《上海市电子政务2003—2005年建设和发展规划》。在2003—2006年，在上海市政务公开办《关于当年本市政务公开工作的意见》中，均要求"推进电子政务建设，提高政务信息透明度，扩大网上办事、网上查询和网上投诉的工作范围。做好市民网上点击评议工作，规范政务公开上网内容，推动政务信息公开工作不断取得新进展、新成效。"2002年1月1日，"中国上海"门户网站开通。2005年度和2006年度，在国务院有关部门的评比中，上海市政府网站连续两年获得省级政府网站绩效排名第一名。2008年，上海和支付宝合作，成为全国首个实现公共事业互联网缴费的城市，引发全国网上办事热潮，拉开全国网上办事序幕。2010年起，"中国上海"门户网站开通市级网上政务大厅。

电子政务相关标准规范和市、区县两级统一的电子政务安全认证平台均逐步建立起来。为贯彻落实国家网络与信息安全协调小组和上海市网络与信息安全协调小组相关会议精神，在2005年区县电子政务数字证书应用试点的基础上，上海市于2006年开始推广电子政务数字证书应用，以实现电子政务网络应用中的身份认证、授权管理和责任认定，保障电子政务系统安全可靠运行，初步建立起市、区县两级统一的电子政务安全认证平台。[①]

2007年7月16日，上海市人民政府印发了《上海市国民经济和社会信息化"十一五"规划》，规划将电子政务作为发展重点和主要任务的第一条，提出上海的电子政务已经步入深化应用、集约共享的阶段，要求"把电子政务的工作重心从建设网络、数据库和单一部门业务系统转移到完善利用网络、

---

① 上海市网络与信息安全协调小组办公室：《关于启动实施上海市电子政务数字证书应用示范项目的通知》，2006年7月11日。

推动信息共享和跨部门业务协同，加快完善电子政务公共基础设施，着力推进政府网上服务和业务协同，提升政府的执行力和公信力，让全社会普遍享受电子政务带来的便捷和实惠"。①

2003年，上海市信息化办公室更名为上海市信息化委员会，是国内省级政府中唯一以委员会建制的信息化综合管理部门，这既有助于对政府本身的信息化工作进行统筹协调，也有助于推动对信息产业发展和经济社会信息化发展的协调。随着市级管理体制的理顺，全市行政机关各部门都设立了信息化工作机构，各区县相继成立了信息化委员会和信息化服务机构。2008年，上海市信息化委员会与上海市经济委员会整合，成立了上海市经济和信息化委员会。

本阶段上海的电子政务建设开始学习和追赶国外先进大都市的实践。从信息化取向看，信息公开和便民惠民成为技术应用和体系建设的指导思想，因此技术采纳也从内部业务信息系统转向基于互联网技术的政府网络建设，政务内网、政务专网和政务外网同步发展。电子政务的主要进展体现在政务公开上，同时网上办事的范围也逐渐扩大，但应用的深度和广度仍然非常有限。这个时期提出的"深化应用、集约共享"原则，是上海数字政府建设一以贯之的原则，反映了电子政务的发展从部门内部管理进一步走向对企业和居民的政务服务提供上；也反映了在前一阶段的大规模信息系统建设过程中出现的"信息孤岛"和"数据烟囱"的破碎化现象，开始促使政府转向集约、共享和统一的平台建设。但是部门中心的现象并没有得到有效遏制，技术对政府体制的再造性功能没有充分发挥，这一时期仍然产生了大量的基于单个部门、业务或事项的政务外网和信息系统。

---

① 上海市人民政府：《上海市国民经济和社会信息化"十一五"规划》。

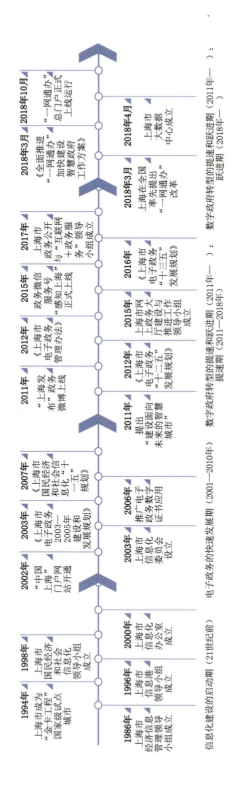

图 1-3 上海市数字政府转型的阶段和关键事件

数字政府转型的提速和跃进期（2011—2020 年）

1. 提速期（2011—2018 年）

上海在 2011 年初批准通过的《上海市国民经济和社会发展第十二个五年规划纲要》，首次提出"建设面向未来的智慧城市"，标志着上海进入到智慧城市发展阶段。该《纲要》提出推动信息技术与城市发展全面深入融合，建设以数字化、网络化、智能化为主要特征的智慧城市。重点是建设国际水平的信息基础设施、推进城市智能化管理、提升产业信息化水平和优化信息化发展环境。电子政务是智慧城市的重要部分，《纲要》要求实施电子政务行动，加快推进以信息共享、业务协同、应用集成为重点的电子政务建设，让全社会共享电子政务成效。加强重要信息系统建设，推进跨部门协同平台应用集成。建立集中与分布相结合的政务信息资源体系，强化基础信息的资源开发利用，促进政务信息资源的规范管理、快速查询和按需共享，为各类应用服务提供支撑。

2012 年初，上海市发布《上海市电子政务"十二五"发展规划》，基于电子政务前期建设基础，按照"创新驱动、转型发展"的理念，将"转变公共服务理念、创新社会管理方式、促进行政管理体制改革"作为电子政务深化应用的出发点和落脚点；将"加强单一部门资源整合利用、推进跨部门协同共享、完善服务方式和内容"作为电子政务发展的重点和方向。目标是构建"建设集约、资源共享、应用深化、环境完善"的电子政务发展框架，重点形成电子政务的"四大体系"，即科学、合理的监管评估体系；统一、规范的业务协同体系；高效、便民的服务体系；安全、创新的支撑保障体系。

新的信息平台和数字技术的发展大大拓宽了智慧城市的建设渠道。2011年 11 月，"上海发布"政务微博上线，以新形式向公众开放信息。2015 年 4

月，蚂蚁金服、阿里巴巴集团和新浪微博共同启动"互联网＋城市服务"战略，在上海等 12 个城市首批上线。上海成为首批实现互联网结婚登记预约的城市。2015 年 8 月，上海首个政务微信服务号"感知上海"正式上线。新媒体成为政企和政民交流互动的重要渠道。2015 年 12 月，上海与众安保险、支付宝和法加加合作，面向上海地区支付宝用户推出"指尖上的法律服务窗口"。2016 年 9 月，上海市税务局个人网上办税平台正式进驻支付宝城市服务，成为全国首个在支付宝上线"12 万"个税自行申报的税务机构。

随着新的数据技术的成熟和应用，上海市电子政务的重点工作逐步转向推进网上政务大厅建设、推动政务信息资源有序共享、深化信用信息服务平台应用、推动电子政务云建设等。到 2016 年，上海电子政务年度重点工作调整为政务服务"单一窗口"建设，资源统筹与集约高效政府建设，社会治理、经济管理和公共服务能力建设；并在该年 3 月通过了《上海市政务数据资源共享管理办法》，对行政机构之间的各类政务数据资源共享行为及其相关管理活动进行了规定。

在 2016 年 10 月出台的《上海市电子政务"十三五"发展规划》，将电子政务发展的总体思路确定为"建设集约化、服务多元化、治理协同化、决策科学化"，按照"理念创新、统筹协调、共享开放、绿色安全"的原则，把主要建设任务设定为：深化政务协同应用，提升政府行政效能；加快资源共享开放，加强数据决策支撑；拓展多元服务渠道，构建创新服务体系；创新城市管理模式，提升社会治理能力；优化基础设施能级，推动共享集约建设。[1]2017 年 1 月，上海市根据《国务院关于加快推进"互联网＋政务服务"工作的指导意见》，将发展的重点调整为线上线下服务一体化联动，建成全市联动、部门协同、一网办理的"互联网＋政务服务"体系。

---

① 上海市人民政府：《上海市政府电子政务"十三五"发展规划》。

在该阶段，政府数字化发展的领导体制进行了调整。2012 年 5 月，上海市政府印发《上海市电子政务管理办法》，明确了电子政务工作推进的机构体制为"市政府办公厅负责，相关部门支撑，业务单位配合……市政府办公厅电子政务办公室为日常工作和管理机构"。这代表政府本身数据治理开始独立成为专门事项，而不再由经济与信息产业管理部门来承担。在 2015 年，上海市网上政务大厅建设与推进工作领导小组成立，市长杨雄任小组组长。2017年 8 月，为全面推进上海市政务公开与"互联网 + 政务服务"工作，上海市政务公开与"互联网 + 政务服务"领导小组成立，市长应勇任小组组长。

2. 跃进期（2018—2020 年）

2018 年 3 月，上海在全国率先提出"一网通办"改革，标志着上海城市公共服务体系进入全面数字化、网络化和智能化时代。2018 年 3 月 30 日上海印发《全面推进"一网通办"加快建设智慧政府工作方案》，作为"一网通办"三年实施行动的总纲领，提出到 2020 年，形成整体协同、高效运行、精准服务、科学管理的智慧政府基本框架。随后在 4 月 12 日成立了隶属市政府办公厅的上海市大数据中心。10 月 17 日"一网通办"总门户正式上线运行，"一网通办"的"一梁四柱"平台架构初步成形。经过 2018 年创建年、2019 年攻坚年和 2020 年攻坚提升年，"一网通办"改革取得重大成果，上海的城市电子政务发展水平在 2020 年上升到全球第 9 位，首次进入全球前 10，达到"非常高"水平，与柏林和首尔并列；而在单项排名中，上海在技术排名上并列第 2 位。《2020 联合国电子政务调查报告》将上海"一网通办"经验作为经典案例写入，认为"一网通办"是提供一站式公共服务的最优地方实践之一，同时指出上海不仅实施了一体化的大数据政策，而且建立了支持性的制度机制。[①]"一网通办"开启了上海数字政府转型的"跃进期"，改革的具体内容详见本书后续章节。

---

① 联合国经济和社会事务部：《2020 联合国电子政务调查报告》，载联合国经济和社会事务部官网。

　　该阶段上海数字政府的发展进入到后电子政务时代，体现为建设目标转向以城市治理现代化为方向的公共服务体系现代化，发展宗旨明确为以人民为中心，建设手段是构建平台型的整体性政府，机构推进是依靠专业的政府大数据管理部门，而技术支撑则是人工智能、大数据、5G、区块链和云计算等在第四次产业革命中成熟的智能化新技术。数字政府与公共服务体系无缝衔接，成为政民、政企互动的直接界面。技术应用不仅赋能政府，而且成为设计和推动政府改革的关键因素。"一网通办"代表了上海当前"智慧政府"建设的最新前沿和最高水平。

　　表1-3总结了上海自20世纪80年代以来三个阶段的数字政府改革与发展的特征。

表 1-3　上海市数字政府建设的阶段特征

	信息化建设的启动期（21世纪前）	电子政务的快速发展期（2001—2010年）	数字政府转型的提速和跃进期（2011年— ）
工作重点	信息硬件设施	政府上网、数字惠民	智能化发展
核心技术	电子信息技术，包括光纤、卫星通信、无线移动等	互联网技术	人工智能、大数据、5G、区块链和云计算等
直接政策目标	建立业务信息电子化系统	集约化的电子政务体系	全方位一体化公共服务体系
改革整体目标	提高政府机构的管理效率和能力	政务公开和政务事项网上处理	城市治理现代化和公共服务体系现代化
理想政府形态	以部门为中心的传统行政管理	朝向扁平化政府的发展	以人民为中心的整体性政府
技术与政府关系	技术嵌入政府（工具思维）	技术展现政府（工具思维）	技术改造政府（互联网思维下的平台型政府）
代表性事件	"白玉兰"工程（市政府政务信息系统），"三金"工程试点	"中国上海"门户网站开通	"一网通办"改革
数据治理的核心	数据归集、整理和交换	网上业务的后台支撑	决策应用、共享和开放
推进领域	经济与社会管理、政府机构运行	政务公开与政务服务	全方位公共服务
推进机构	市领导小组＋市政府办公厅	市领导小组＋市政府办公厅＋市信息化委员会	市领导小组＋市政府办公厅＋市大数据中心

第二章　上海"一网通办"改革：城市治理现代化的探索

"一网通办"改革是城市治理的系统性再造。从2018年到2020年三年间，上海"一网通办"改革通过逐步引入先进技术推进数字政府转型，以服务流程与政府组织再造推进服务型政府建设，以法治政府建设推进规则社会形成，正在强有力地缔造面向未来的智慧城市治理新形态。

　　"一网通办"改革致力于在新的发展条件下去解决许多城市治理中长期想解决而没有解决的难题。改革回应了全球公共治理变革中的永恒主题，即正确认识和把握政府与人民、政府与市场的关系，优化国家、社会和市场之间的分工和协调合作，形成可持续的城市治理发展体系。上海的改革表明，以人民为中心集聚强大的政治领导力和执行力，始终是突破改革瓶颈、实现自我革命的最终决定力量。

第一节　"一网通办"：走向"政府即网络"的治理试验

　　竞争压力是开放条件下的城市政府面临的常态，也是发展的动力。在中央引导和监督下的地方政府竞争是解释我国经济发展和政府治理效能提高的一个关键视角。[①] 这种竞争不仅存在于同级政府之间，还存在于不同层级政

---

① 20世纪80年代以来的政府间分权、自上而下的目标考核、产权保护和国内统一市场的出现推动了激烈的地方竞争。相关文献参见：周黎安：《中国地方官员的晋升锦标赛模式研究》，《经济研究》2007年第7期。Jean Oi, "Fiscal Reform and the Economic Foundations of Local State Corporatism in China," *World Politics* Vol.45, No.1, 1992, pp.99—126. Gabriella Montinola, Yingyi Qian, and Barry R. Weingast, "Federalism, Chinese Style: The Political Basis for Economic Success in China," *World Politics*, Vol.48, No.1, 1995, pp.50—81.

府和不同政府系统之间，并且也存在于政府与企业和社会组织之间，构成了公共组织学习、调适和进化的生态体系。构建城市政府的核心竞争力，本质在于政府要维持与经济和社会领域行动者可比的甚至更高的效率，有效服务经济与社会发展，从而巩固政府的合法性，获得持续的资源注入和发展。

城市政府提高其竞争力存在三种路径，即等级、市场和网络。传统的等级路径是增强城市政府的行政管理能力，通过优化政府内部的分工协调，深化政府内的科技运用，提高公务员队伍的素质和能力，从而提高城市政府的决策力与执行力。这是在二战后福利国家发展模式中得到广泛采纳的"大政府"模式。市场路径是在 20 世纪 70 年代以后勃兴的"小政府"模式，通过否定等级体制的封闭、垄断和自上而下管理模式，政府灵活引入经济部门的管理手段和资源能力，在公共体系内创造新的激励和压力，构建多种形式的公私合作关系，以发展与企业同等的服务"顾客"的能力。网络路径是一种新的路径，追求在政府体系内形成内嵌的决策与执行网络，在政府与市场和社会之间形成互嵌的服务与治理网络，同时在公共网络与其他经济社会网络之间形成共生关系。网络路径在试图糅合等级制和市场制的优点同时，也试图克服等级制下的垄断和无效率，以及市场制下的破碎化和利益冲突。网络路径高度依赖先进的信息与数据技术，在网络规则的激励和约束下，形成新的政府、市场与社会的互动方式，优化社会需求的揭示、反馈和评价机制，推动完善城市的整体性治理格局。

上海"一网通办"改革反映了提升城市政府竞争力的网络路径。改革不是在"大政府"或"小政府"之间进行选择，也不是在"政府"与"治理"之间进行取舍，而是按照"政府即网络"的新思路，在经济社会事务的多维空间里，通过运用网络治理和网络技术，实现实体政府与虚拟政府对城市的多重多次介入，最终达到"有效政府"的结果。城市治理的网络路径不仅要克服已有制度、程序和利益的障碍，更要突破这些障碍背后的思维、行为和知识定势。

一、上海"一网通办"改革的缘起与内涵

上海"一网通办"改革肇始于浦东新区的"互联网 + 政务服务"改革。[①]浦东在 2015 年开始建设网上服务大厅，2017 年提出"三全工程"，即企业市场准入"全网通办"、个人社区事务"全区通办"、政府政务信息"全域共享"。在浦东新区和上海市实践基础上，2018 年 3 月全国"两会"期间，上海率先提出"一网通办"改革理念，随后在 3 月 20 日成为李克强总理在中外记者会上提出的当年深化"放管服"改革的"六个一"之一。2018 年 11 月，习近平总书记考察上海时指出，上海要优化政务服务，推进"一网通办"，在全市通办、全网通办、只跑一次、一次办成上取得实实在在的成效。"一网通办"成为上海落实"互联网 + 政务服务"，深化"放管服"改革，推进"以人民为中心"城市发展理念的核心创新，也成为当前全国落实"互联网 + 政务服务"的一个实践前沿。

"一网通办"改革三年实现三个跨越。[②] 2018 年是创建年。该年 3 月 30 日上海市委、市政府印发《全面推进"一网通办"加快建设智慧政府工作方案》，作为"一网通办"三年实施行动的总纲领，提出到 2020 年建成整体协同、高效运行、精准服务、科学管理的智慧政府基本框架。4 月 12 日成立了上海市大数据中心，10 月 17 日"一网通办"总门户正式上线运行，"一网通

---

① 赵勇、叶岚、李平：《"一网通办"的上海实践》，上海人民出版社 2020 年版。
② "一网通办"改革过程中的重要工作节点，参见本书附录一。

办"的"一梁四柱"平台架构初步成形。"一梁"即统一受理平台，包括总门户网站和"随申办市民云"移动端 APP；"四柱"包括"统一身份认证、统一总客服、统一公共支付、统一物流快递"。"一梁四柱"构成政务服务的"网购"平台。

2019 年是攻坚年。上海先后出台了《上海市公共数据和"一网通办"管理办法》和《上海市公共数据开放暂行办法》等政策办法，以高效办成一件事为目标，以"双减半"（行政审批事项办理时限减少一半、提交材料减少一半）和"双 100"（推进 100 个业务流程优化再造事项落地、新增实现 100 项个人事项全市通办）为抓手，全力推进业务流程再造，切实提升企业群众办事的获得感和满意度。"减环节、减时间、减材料、减跑动"取得显著成效，微信和支付宝的随申办小程序投入使用并迅速推广，政务服务的线上线下融合进一步增强，"进一网，能通办"的能力大幅提升。

2020 年是攻坚提升年。上海聚焦实行"两个免于提交"、推动"两转变"，提升群众和企业的获得感。"两个免于提交"，即"凡是本市政府部门核发的材料，原则上一律免于提交；凡是能够提供电子证照的，原则上一律免于提交实体证照"。"两转变"，即"一网通办"从"侧重行政权力事项"向"行政权力和公共服务事项并重"转变，从"能办"向"好办"转变，切实提升用户的获得感和满意度。全年新增接入 500 项公共服务事项，新增 100 项个人事项"全市通办"。

"一网通办"改革的内涵。"一网通办"改革是城市治理在公共服务领域的整体性变革，其目标是构建城市全方位服务体系。简单概括"一网通办"的内涵，"一"就是一个入口，服务事项一口进出；"网"就是线上线下融合，服务事项全覆盖；"通"就是全市通办、全网通办、单窗通办；"办"就是只跑一次，一次办成。"一网通办"服务体系的框架如图 2-1 所示，它的关键内涵包括五个方面。

1. "一网通办"以人民为出发点和归宿。人民是"一网通办"的服务对象。人民的满意度、获得感和幸福感是检验"一网通办"改革成效的最终标准。在"一网通办"服务体系下，人民的需求是激活整个"一网通办"服务体系运行的触发点。这个触发点不仅仅是人民向政府主动提出需求，也包括政府通过先进技术系统来预测人民的服务需求，或确定人民的应得福利，进而主动设计和提供服务。人民的需求决定了庞大和繁复的政府供给侧的再造目标和方向，通过制度与技术的赋能来实现"人人都有人生出彩机会、人人都能有序参与治理、人人都能享有品质生活、人人都能切实感受城市温度"的人民城市理念。[①]

2. "一网通办"以网络治理为基本形态。"一网"实际包含两张子网，一个子网是线上一张网，包括上海市"一网通办"总门户网站、手机"随申办"APP、支付宝和微信的"随申办"小程序、12345 市民服务热线、以及各种形式的移动端；一个子网是实体办事大厅网，包括各区行政服务中心、街镇社区事务受理服务中心和部门政务服务中心等。"一网"的建设目标是在线上和线下服务网络之间实现数据共通、程序一致、标准统一和进程同步，实现服务随时随地可办，群众无论选择进"一网"还是进"一窗"都能实现"通办"。网络形态服务供给模式的最大特点是用户界面的单一性，即一个入口，不论用户选择哪一个具体的公共服务办理渠道，都将获得整体性的政府回应。因此"一网通办"的工作核心和难点是供给侧的改革，要在单一公共

[①] 参见 2020 年 6 月中国共产党上海市第十一届委员会第九次全体会议通过的《中共上海市委关于深入贯彻落实"人民城市人民建，人民城市为人民"重要理念，谱写新时代人民城市新篇章的意见》。

服务界面后侧，通过流程与制度再造，依靠科技赋能，将公共服务事项按照"一件事"的办理理念进行重新设计，将原有行政管理体系中的办事端口前移和集聚，从而能够对来自需求侧的信号进行快速、精准和主动的回应，在离市场、群众最近的地方提供服务。

3. "一网通办"以科技赋能为工具依托。"一网通办"全面应用在第四次产业革命中成熟起来的大数据、人工智能、区块链、物联网、5G 等技术。通过公共数据平台汇集、整理、共享、运用和开放数据，形成对前台服务界面、后台支撑体系、公私服务部门、决策部门和用户的全面智能化支持。公共数据平台是以公共产品提供为目的的平台，将不同层级、系统和地域的公共部门联结起来，为跨层级、跨系统和跨地域的公共服务提供创造数据基础；同时通过数据开放，为市场和社会提供优质数据，实现市场与社会服务的再优化与再增值。公共数据平台的数字能力除来自公共机构自身的研发能力外，还大幅引入市场领域内的数据科技资源，以购买服务和公私伙伴关系等方式形成良性的公私合作格局，确保政府在数据科技产业发展、数据安全监管和数据技术合作三重需要上的平衡。

4. "一网通办"以规则遵循为基本保障。"一网通办"服务体系本身是一个理性化的规则体系，体系内技术、程序、管理、运行、审批、处置等多个领域和环节的标准和规则必须具备一致性和相容性，这是实现"一网通办"的"通"的关键，也是"一网通办"体系持续和高效运行的基本条件。"一网通办"要求全方位的规则意识，即所有主体包括政府、市民和企业都要遵循相应规则；也要求在规则遵循上的事前、事中与事后相结合。"一网通办"服务体系一方面利用技术刚性减少不必要的制度柔性，一方面利用信用体系来放大有益的制度弹性，从而可以最大限度运用基于人工智能技术的无干预自主审批，大幅减少公共服务过程中的制度性交易成本。法治政府与规则社会既是"一网通办"有效运转的保障，也是后者必然导向的结果。为此，上海出台了一系列涉及"一网通办"的规章和政策文件（见表5-3）。

5."一网通办"以构建全方位服务体系为政策目标。"一网通办"的政策目标是建成现代化城市公共服务体系，形成更高效、更便捷、更精准和更主动的公共服务供给，充分满足上海作为社会主义国际化大都市对高质量公共服务的需求。"全方位"有多重含义，在服务内容上，既包含公共服务，也包含市场和社会服务；既包含基本公共服务，也包含发展型和享受型的公共服务。在服务主体上，既包括不同层级、系统和地域的政府部门，也包括经济

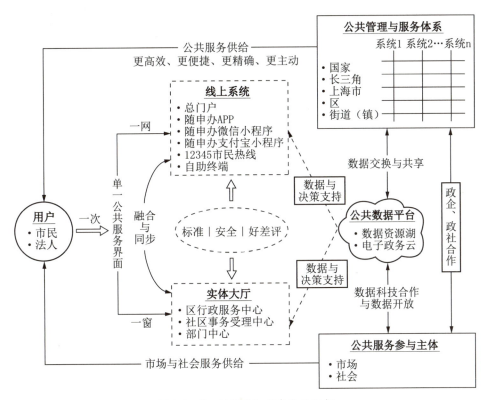

图 2-1　"一网通办"服务体系框架

和社会领域的不同所有制的服务生产者；在服务客体上，涵盖居民、企业和其他各类组织。在服务方式上，既包括在线上或在实体大厅申请获得，也包括公共服务部门依法依规主动提供；既包括政府单一主体的服务提供，也包括政府与其他各种主体形成的合作服务提供。全方位服务体系要求在服务内容、主体、客体和方式上形成相互联动和协调的发展格局，形成对服务需求的全方位回应。

二、上海"一网通办"改革的推进办法

在 2018 年 3 月上海提出"一网通办"改革后，"一网通办"成为上海推进"放管服"改革、建设智慧政府和实现城市公共服务现代化的核心抓手。按照图 1-1 的分析框架，改革在理念、制度和技术等城市治理关键方面均大幅推进。

推进价值与理念创新和转变。按照习近平总书记 2019 年考察上海期间提出的"人民城市人民建，人民城市为人民"要求，上海将"以人民为中心"的发展理念充分贯彻到"一网通办"的改革目标和实践过程中，着力实现人民在"一网通办"改革中的共建、共治和共享角色，以之为统领取得全方位的理念创新。

以顾客为中心的服务型政府理念。在 2017 年底上海市召开的优化营商环境推进大会上，上海市委书记李强提出"政府公务员要强化服务意识，当好服务企业的'店小二'，做到有求必应、无事不扰"。"店小二"精神成为建设高质量公共服务体系的流行语，也成为"一网通办"改革的显眼标签。上海"一网通办"改革始终坚持推动"以部门为中心"向"以用户为中心"转变，提倡"将复杂与困难留在后台，将便利与高效留在前台"，提倡"用我们的辛

苦指数换取群众的幸福指数"，通过围绕"高效办成一件事"来实现以顾客为中心的服务设计，聚焦政务服务的"堵点"和"痛点"，在新的历史条件下再次彰显"全心全意为人民服务"的城市政府红色基因和文化本色。

科技赋能政府的理念。"群众办事像'网购'一样方便"是上海市推动"一网通办"改革的直接目标，其基本依托是"数据多跑路，群众少跑路"的技术应用路线，即利用技术提高公共生产力，实现"互联网＋政府"的技术升级和转型。科技赋能政府的理念，是将"科学技术是第一生产力"的观点从国民经济的领域应用到公共管理的领域，也即转移到一个通常被认为是劳动密集型的服务领域。与典型的生产产品的制造业不同，"一网通办"所依赖的科技要实现以人为中心的服务提供，科技赋能体现在对服务需求的快速和精确预计、对服务供给的准确决策和生产以及对服务的高效和便捷的提供上。因此科技应用必然导致政府过程、制度和结构的调整，赋能过程不仅是科技嵌入政府体系的过程，也是政府体系适应科技的过程。

城市是生命体、有机体的理念。超大城市是一个既复杂又脆弱的庞大系统，城市本质上是相互依赖的个人、组织和系统依据规则和习惯所建立起来的关系和活动的总和，存在自身的发展规律和惯性，存在记忆和体验，类似于一个生命体或有机体。公共服务体系是这个生命体中的一个重要子系统，"一网通办"改革为这个子系统"清淤""提速"和"增能"，进而全面提升其他子系统的能级，最大程度激发城市生命体的活力。上海提出对城市要有"敬畏之心"，善待城市，用"一网通办"改革来传递城市生活的温度，实现"城市，让生活更美好"的发展初衷。

全面推进服务流程再造和服务网升级。"以人民为中心"的理念要求公共服务体系乃至政府体系的重新设计，从"以部门为中心"走向整体性政府，从

"政府本位"走向"人民中心"。"一网通办"改革的特征是以供给侧改革适应需求侧要求，改革首先体现在需求与供给的交汇面，由此带动供给侧的深刻变革。

业务流程革命性再造。从群众和企业"高效办成一件事"出发，围绕"减环节、减时间、减材料、减跑动"，进一步加大行政审批制度改革创新力度，系统重构部门内部操作流程和跨部门跨层级跨区域协同办事流程，最大限度避免重复和不必要的办事流程。为确保推进力度，上海在2019年实施"双减半"工作，要求行政审批事项办理时限减少一半，提交材料减少一半；实际时限总体减少59.8%，提交材料总量减少52.9%。同时推进"双100"工作，即推进100个业务流程优化再造事项落地，新增实现100项个人事项全市通办。2020年，在总结实践经验基础上，出台《关于以企业和群众高效办成"一件事"为目标全面推进业务流程革命性再造的指导意见》，明确"一件事"申请条件、申报方式、受理模式、审核程序、发证方式和管理架构"六个再造"的实施标准。同时，在全市层面滚动选择若干办件量大、涉及面广、办理难度大的"一件事"进行优化改革。当年为落实市级层面重点推进的"14件事"改革，采取每件"一件事"由一名市政府分管领导负责推进，明确一个牵头单位，明确配合单位和事项再造时间节点，明确任务分工，确保工作有序推进和落实。2020年9月底，"14件事"均已上线试运行（见附录二）。当年底，医疗付费"一件事"实现全市公立医院全覆盖，信用就医签约超过12万人，支付费用8万余笔；医疗费报销"一件事"累计办理2万余件。

全面建成全流程一体化在线服务平台。依托上海市大数据中心，上海首先建立"一网通办"的"一梁四柱"平台结构，即总门户和与之配套的"统一身份认证、统一总客服、统一公共支付、统一物流快递"。在此基础上，逐步扩大一体化在线受理平台，纳入"随申办"超级应用、在微信和支付宝平台上的应用、以及其他移动端。对照最高标准和最好水平，逐步接入行政权力事项和公共服务事项，同时逐步接入各业务系统和移动端政务服务，不断提高事项的网办率；提升网上办事深度和全程网办率，实现一批事项"零跑动"。通过建立和做优市民主页和企业专属网页，加强用户个性化信息收集，逐步实现个人和企业高频常用档案信息全覆盖；通过完善用户画像，提升服务的个性化、精确化、主动化和智能化水平。2020年2月，上海市创新性地推出了"随申码"服务，除疫情防控之外，不断接入对市民与企业的服务功能，充分实现数据赋能城市治理。

上海从用户需求和体验角度出发，对"一网通办"总门户、"随申办"超级应用、以及支付宝、微信小程序四端进行持续升级改版，对视觉体验、栏目设置、通用功能等进行精心设计，既充分体现上海城市特点，又尽量适应各类人群的使用习惯。同时，进一步拓展服务人群，完善特殊群体及境外人员的实名注册认证机制，增设老年人、未成年人亲属码功能。2020年11月6日，"一网通办"国际版（english.shanghai.gov.cn）正式上线运行，进一步实现了"一网通办"全人群覆盖的目标。

简化和优化服务前台。复杂和艰巨的业务流程再造发生在服务后台，直接目标是建设一个用户友好的服务前台，实现服务"一表申请、一口受理、一次办理"，用户"进一网、进一窗，能通办"，事项可以全天候、全地域和全流程办理。对线上服务，重点推进服务事项的不断接入，原则上各区、各部门以及运行经费由上海市各级财政保障的其他单位对外提供的服务事项"应进必进"，各项服务逐步提高网办率。对实体大厅的线下服务，推进企业服务事项向各区行政服务中心集中、个人服务事项向社区事务受理服务中心集中；深化一窗受理和集成服务改革，推进各区、各市级部门政务服务大厅和社区事务受理服务中心设立跨部门综合窗口，形成以综合窗口为主、部门专业窗口为辅的综合服务模式，建立一窗受理、分类审批、一口发证的政务服务机制，逐步实现全市政务服务窗口"单窗通办"、事项限时办结。

推进线上线下服务体系深度融合。线上与线下体系并存既能给办事带来方便，也可能因为其不能充分兼容而导致相互冲突乃至系统紊乱。上海首先推动线下服务的规范化和精准化建设，出台政务服务中心标准化建设与管理的意见、政务服务自助终端建设指导意见，修订政务服务大厅地方标准，细化量化线下窗口标准化管理，对所有窗口单位接入的政务服务事项实行精准管理和实时监督。对线上服务体系，各服务接口保持统一的服务标准和流程。在此基础上，推动服务事项线上线下办理一套业务标准、一个办理平台，确保同一事项、同一办事情形的线上办事指南和线下窗口业务流程一致、办理标准一致。实现线上赋能线下、线下反哺线上，推动政务服务整体联动、全流程在线。在实体大厅办件量仍然占主体地位的情况下，逐步增加线上办件量和线上业务的网办程度，逐步实现线上业务对线下业务的全覆盖。

全面实施服务"好差评"制度。上海作为"好差评"工作的首批试点省市之一，在2019年8月5日正式上线运行"一网通办"政务服务"好差评"制度。"一网通办"总门户、"随申办"客户端和其他在线客户端的所有办理事项设置了"好差评"标识；全市线下的1560余个实体中心的近2万个工位也均印上了"好差评"二维码，用户扫码就能评价并"吐槽"，能就具体服务事项发表意见。"好差评"工作实现服务事项、服务渠道与承办单位全覆盖，评价与办事人、办理事项和承办人"三对应"，评价内容与部门反馈"双公开"，"好差评"工作情况纳入年度党政领导班子绩效考核。通过用企业和群众的评价倒逼政府部门不断提高服务质量，"好差评"制度有力推进了"一网通办"朝向高质量发展。

加速推进数据治理。数据治理是"一网通办"体系建立和运营的技术基础，上海通过持续深化政府数据生态建设和数据治理攻坚，形成了对"一网通办"改革的有效数据支撑。

建立公共数据治理的推进机制。市政府办公厅是上海市公共数据和电子政务工作的主管部门，负责统筹规划、协调推进、指导监督市公共数据和"一网通办"工作。2018 年 4 月新成立的市大数据中心负责组织实施"一网通办"工作，具体承担公共数据的归集、整合、共享、开放和应用管理。此外，市经济信息化部门负责指导、协调和推进公共数据开放、数据开发应用和产业发展。

上海市大数据中心成为"一网通办"的技术与运营体系的"中枢"或"大脑"。市大数据中心是市政府办公厅管理的副局级事业单位，内设政策法规部、数据资源部、技术发展部、应用开发部、运维服务部、基础设施部和门户网站管理部等部门。中心的职责包括贯彻执行国家大数据发展方针政策，做好市大数据发展战略、地方性法规、规章草案和政策建议的基础性研究工作；承担政务数据、行业数据、社会数据等各方数据归集和应用融合工作，开展大数据应用研究工作，为市政府各部门管理、服务、决策提供数据支撑；研究数据采集、传输、存储、挖掘、展现等技术，拟定数据资源归集、互联、共享、应用等技术标准和管理办法；承担市政务信息系统整合相关工作，建设全市统一政务数据共享交换平台，开展跨地区、跨层级、跨部门的数据共享交换和应用；承担上海"一网通办"总门户、政务云、政务外网、大数据平台、电子政务灾难备份中心等建设和运维管理。

完善公共数据治理政策体系。为推动数据治理工作依法依规推行，上海在现行法律和政策框架下，出台了一系列地方政府规章和政策文件，包括《上海市公共数据和一网通办管理办法》《上海市加快推进数据治理促进公共数据应用实施方案》《上海市公共数据开放暂行办法》《上海市"一网通办"电子档案管理暂行办法》《上海市电子印章管理暂行办法》《上海市电子证照管理暂行办法》等，起到了用法治保障改革、以规则赋能改革的效果。

建立统一的公共数据信息体系。针对政府内部存在的"数据烟囱""信息孤岛"和碎片化应用的现象，推进信息系统上云"应迁尽迁"、业务专网和信息系统"应并尽并"以及公共数据"应归尽归"。市大数据中心建设电子政务云，完善管理技术规范，实现市级云分中心、区电子政务云统一管理，推进全市党政机关新建信息系统及其他具备上云迁移条件的信息系统全面上云。截至2020年底，初步建成电信、移动和联通3家云服务商共同参与，6个高品质数据中心联合支撑，华为、阿里2种技术架构"双核驱动"的市级电子政务云，累计完成1737个系统迁移上云，归集进入"数据湖"的有效公共数据近300亿条。

建设统一的电子政务外网。原则上市级部门专网撤销并入政务外网或与政务外网联通，升级改造市、区两级电子政务外网，将分散、独立的信息系统整合为互联互通、业务协同、信息共享的大系统。截至2020年底，共撤销8个市级部门专网，实现6个市级部门专网与政务外网联通，推动67个市级部门移动端应用整合至"随申办"，包括"公交""地铁"和"医保"等常用功能。到2020年底，全市2317个信息系统整合为1600个，2021年底预计整合为900个左右。此外，建设大数据资源平台，完善全市公共数据分层采集体系，各区开展基层业务数据、视频数据和物联数据的统一规范采集和结构化处理，各市级部门实现公共数据全量归集和整合。

提升公共数据治理能力。按照《上海市公共数据和一网通办管理办法》，公共管理和服务机构在履职过程中获取的公共数据，由市大数据中心按照应用需求，实行集中统一管理。上海对公共数据实行统一目录管理，推动各市级部门完成 6800 多个数据资源目录编制，明确公共数据的范围、数据提供单位和共享开放属性等要素。市大数据中心通过深化人口、法人、空间地理、电子证照等基础数据库和若干主题数据库建设与应用，全面开展数据关联和数据治理工作，同时加强公共数据质量实时跟踪监测，完善公共数据质量监管制度，建立数据资产评测和问题数据反馈机制。2020 年 1 月 8 日，上海市成立了市公共数据标准化技术委员会，进一步加强全市公共数据管理的专业化和标准化，开展公共数据地方标准或团体标准的预研制。① 市大数据中心强化基础数据建设，包括电子证照归集与应用、电子印章电子签名应用以及电子档案归档。其中，电子证照归集基本覆盖全市党政机关签发的证件、执（牌）照、证明文件、批文、鉴定报告等，并推动民生领域的实名制卡全量归集，鼓励上海市行业协会、评估咨询机构向电子证照库归集其出具的文件报告的摘要、目录等信息。目标是实现已归集电子证照应用覆盖 100% 政务服务事项，电子证照类目 100% 关联办事材料清单，各级政府办事窗口 100% 接入电子证照库。以此为基础大力推行"凡是本市政府部门核发的材料，原则上一律免于提交；凡是能够提供电子证照的，原则上一律免于提交实体证照"。截至 2020 年底，1.2 万份上海市政府部门核发材料中，通过电子证照、数据核验、告知承诺和行政协助等方式，96% 的材料已实现"免于提交"。

推进公共数据共享、开放和应用。数据"通"是"一网通办"的关键要素。上海公共数据共享实施"以共享为原则，不共享为例外，无偿共享公

---

① 2020 年，上海市公共数据标准化技术委员会已发布、送审和在研的标准文件达到 47 份，其中包括已发布的《政务服务"一网通办"业务规范》《公共数据运营绩效评估指南》等地方标准。

共数据"；公共数据也按照共享原则分为无条件共享、授权共享和非共享三类，后两者必须说明理由并提供法律、法规和规章依据。市大数据中心依托大数据资源平台，建设统一的数据共享交换子平台；按照关联和最小够用原则，建立以应用场景为基础的授权共享机制，实现直接授权。截至 2020 年 9 月底，实现跨部门数据共享 24.79 亿条，跨层级数据交换 98 亿条，与国家共享数据 9400 多万条。数据"通"也包括公共数据的社会应用。上海将公共数据按照开放类型分为无条件开发、有条件开放和非开放三类，由市经济信息化部门制定政策方向，市大数据中心建设公共数据开放子平台，在普惠金融、交通出行、卫生健康和文化体育旅游等领域重点推进数据开放应用，建立数据开放机制和服务生态，更好地服务数字经济发展。

构建全方位数据安全防护体系。上海按照最高安全标准，加强制度保障，建立健全公共数据分类分级管理制度，严防数据泄露、数据污染、数据事故和数据安全事件。按照"谁提供、谁负责，谁使用、谁负责"的原则，明确数据采集、传输、存储、使用、共享等各环节的管理责任。加强"云、网、数"安全保障，优化上云系统、网络链路容灾备份，在数据传输的关键节点完善加密、脱敏、防攻击、防篡改等技术手段，同时采取访问控制、授权管理、安全审计等管理措施。建立公共数据安全监管平台，加强监测预警。完善应急预案，定期开展应急演练，完善电子政务灾难备案中心的应急保障托底功能。

三、上海"一网通办"改革的建设成效

上海"一网通办"改革存在不同层面的政策目标。短期的目标是城市公共服务体系的现代化再造；中长期目标则是城市治理的范式变迁。本书将着力分析"一网通办"所推动的城市治理的范式变迁，本节主要从服务体系再

造和市民与企业的服务满意度角度对改革成效进行归纳。

"一网通办"服务和功能体系基本建成。经过三年的系统性推进，上海"一网通办"改革已经基本实现了以"一网"为核心的统摄各部门、各层级和各事项的城市现代公共服务体系，形成了要素完备、配置合理、运行有力、安全保障的城市公共服务结构载体，为下一步朝向高质量全方位城市服务体系的发展创造了优质条件。

在基础能力配置上面，如表2-1所示，"一网通办"体系不断接入各公共服务部门及其事项。按照政务服务全覆盖原则，截至2020年底，共接入59个市级部门和16个区共计3071个事项，"随申办"APP接入服务1162个，微信小程序接入服务804个，支付宝小程序接入服务1004个。同时，主题式服务数不断增长，主题总数达到902个。

表2-1　"一网通办"服务体系的能力拓展情况

接入情况		2018年	2019年	2020年
"一网通办"总门户	接入市级部门	41个	53个	59个
	接入事项	1274项	2261项	3071项
"随申办"接入服务	"随申办"APP	191项	830项	1162项
	微信小程序	—	500项	804项
	支付宝小程序	—	701项	1004项
主题式服务	主题总数	76个	325个	902个
	个人主题	43个	167个	350个
	法人主题	33个	158个	552个

"一网通办"的"四个统一"，即"统一身份认证、统一总客服、统一公共支付、统一物流快递"，三年来也取得长足进展。其中，市民注册个人用户在2020年达到4416万人，说明大量非上海常住人口也在使用"一网通办"服务。从办件量看，2020年度个人办事热门事项前5位分别为年度职工工资

性收入申报（社会保险）、企业职工就业参保登记、企业职工停止缴费、交通罚没款，以及新版社保卡开通；法人办事热门事项前 5 位分别为发票验（交）旧、代开增值税专用发票、发票领用、各类企业及其分支机构营业的许可（内资公司及分公司）以及一照一码户信息变更。

表 2-2　"一网通办"服务体系的"四个统一"运营情况

运营内容	统计口径	2018 年	2019 年	2020 年
统一身份认证	个人实名用户注册量	753 万	1024 万	4416 万
	法人用户注册量	189 万	201 万	214.7 万
统一总客服	"一网通办"相关来电	37581 个	59483 个	179637 个
	解决率	100%	99.70%	98.84%
	满意率	86.55%	86.12%	85.84%
统一公共支付	接入收费事项	38 项	49 项	55 项
	缴费笔数	119 万笔	1374 万笔	4444 万笔
	缴费金额	2 亿元	17 亿元	52 亿元
统一物流快递	接入事项数	670 项	1583 项	2017 项
	寄送量	21 万件	112 万件	277 万件

三年来，"一网通办"的服务人次大幅增长。2018 年"一网通办"总共服务 0.26 亿人次，2019 年达 1.8 亿人次，2020 年达 46.27 亿人次（其中随申码使用 20.8 亿人次）。2020 年总共办件 6274 万件，办件的网络办理深度和效率大幅上升（见图 2-2）。

"一网通办"显著提升企业和群众的获得感和满意度。"一网通办"以人民为中心，人民的获得感和满意度是检验"一网通办"改革成功与否的试金石。通过有效推动政务服务更高效、更便捷和更精准，上海"一网通办"既成为上海优化营商环境的一块"金字招牌"，也成为竭诚服务老百姓的一个"口碑"。

针对上海"一网通办"改革的实施效果，复旦大学课题组在 2020 年

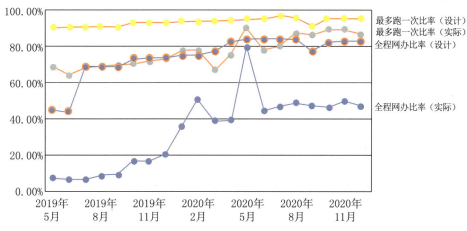

图 2-2 "一网通办"服务体系的网络办件深度和效率，2019 年 5 月至 2020 年 12 月

11—12 月期间，在上海就市民、企业和"一网通办"窗口工作人员对"一网通办"的满意度进行了问卷调研。研究人员随机选取了上海的 5 个中心城区和 5 个郊区的区行政服务中心，以及各区内随机选取的 1 个社区事务受理服务中心，形成总共 20 个政务服务中心样本。调研对象是在这 20 个政务服务大厅内办事的市民或企业办事人员（现场随机拦访，自愿接受调研），以及这些大厅的窗口工作人员。调研问卷也根据受访对象的类别而分为四类：市民问卷、企业问卷、区行政服务中心窗口工作人员问卷和社区事务受理服务中心窗口工作人员问卷。调研最后获得有效问卷 2268 份，结构如表 2-3。

表 2-3　上海"一网通办"满意度调研的问卷样本分布

区	市民	工作人员（社区事务受理服务中心）	企业	工作人员（区行政服务中心）	总计
杨浦区	53	30	71	46	200
浦东新区	74	45	72	84	275
宝山区	53	28	72	45	198
徐汇区	61	33	73	42	209

续表

区	市民	工作人员 （社区事务受理服务中心）	企业	工作人员 （区行政服务中心）	总计
黄浦区	58	32	57	48	195
静安区	52	25	73	48	198
闵行区	67	39	61	62	229
松江区	67	32	62	44	205
嘉定区	57	29	76	149	311
奉贤区	70	30	74	74	248
总　计	612	323	691	642	2268

1. 市民的知晓、使用情况和整体满意度

调研获得了总计 612 份有效的市民问卷。调研结果显示，上海市民对"一网通办"的六个主要办事渠道（包括总门户网站、手机"随申办"APP、支付宝"随申办"小程序、微信"随申办"小程序、12345 市民服务热线和街镇社区事务受理服务中心）的知晓度和使用度都非常高。图 2-3 显示，市民对"一网通办"服务体系的知晓和使用存在几个特点。

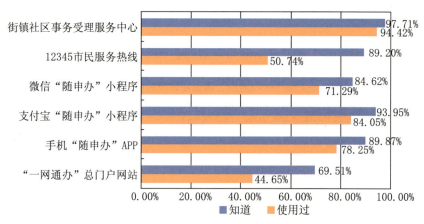

图 2-3　市民对"一网通办"服务体系的知晓度和使用度

第一，知晓度高于使用度，因为通过多个渠道可以办成同样的业务；第二，对实体大厅的知晓和使用程度是最高的，说明市民还是倾向于去社区事务受理服务中心办事，更喜欢在"有人"的环境下办理业务，同时也说明线上服务还需要进一步宣传和提升体验；第三，在线上业务之间，市民知晓和使用得更多的是微信和支付宝小程序以及"随申办"APP，说明"指尖办""掌上办"对市民来说更方便。

由于"一网通办"服务体系是一个多渠道的体系，其普及和使用程度还可以反映在使用者对多渠道的累计知晓和使用程度上。图 2-4 反映了市民在知晓和使用"一网通办"各渠道的累计情况，大多数市民（55.43%）都知道所有 6 个渠道，并且 18.93% 的市民都使用过这 6 个渠道。所有市民均知道至少 1 个渠道，而仅有 0.34% 的市民从未使用过任何渠道。

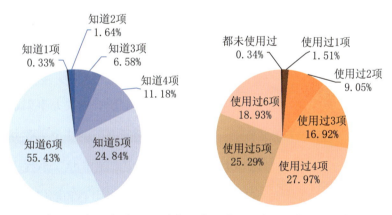

图 2-4 市民对"一网通办"服务体系的累计知晓度和使用度

图 2-5 反映了市民对"一网通办"整体和各渠道的满意度。满意度测量采用了 5 阶莱克尔特尺度，5 代表很满意，4 代表满意，3 代表有些满意，2 代表一般，1 代表不太好。市民的整体满意度为 4.53，处于较高水平。6 个渠道中满意度最高的是支付宝小程序（4.71），最低的是 12345 市民热

线（4.47）。绝大多数渠道的单项满意度均高于对"一网通办"的整体评价（4.53），主要原因是"一网通办"是一个相对抽象的集合概念，对市民来说不像每个具体渠道那么直观和易于理解。这也说明，"一网通办"在服务市民上比宣传上要做得更加到位。

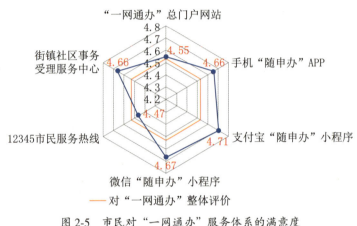

图2-5　市民对"一网通办"服务体系的满意度

2.企业的使用情况和整体满意度

调研获得了总计691份有效的企业办事人员填写的问卷，涉及691家企业。从知晓角度，企业作为一个群体，一般均知道所有相关办事渠道，因此问卷仅调研使用情况。结果显示，企业对"一网通办"的7个主要办事渠道（包括总门户网站、手机"随申办"APP、支付宝"随申办"小程序、微信"随申办"小程序、12345市民服务热线、区行政服务中心和部门设立的服务中心）的使用度都比较高。图2-6显示，企业对"一网通办"体系主要渠道的使用情况与市民的使用情况不完全一致。第一，与市民一样，企业使用度最高的仍然是实体服务大厅（区行政服务中心），但是与线上渠道的差异没有市民这么显著；第二，与市民不同，在线上渠道中，总门户网站的使用程度是最高的，超过各种手机小程序，这一方面受企业办事人员的工作环境影响，通常是在白天工作时间在办公室办理网上业务，使用电脑的方便度大大高于使用手机；另一方面反映了总门户网站接入服务的数量要大大高于各移动端（见表2-1）。

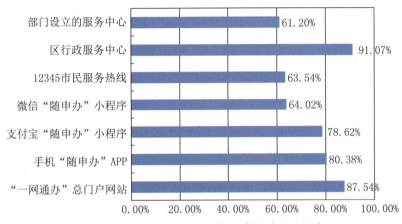

图 2-6　企业对"一网通办"服务体系的使用度

图 2-7 显示了企业在使用"一网通办"的 7 个渠道的累计情况。使用过 5 个及以上渠道的企业占 69.11%，说明多数企业能够根据业务需要灵活选择办理渠道，获得使用"一网通办"体系的最大化效能。

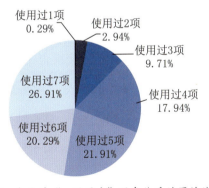

图 2-7　企业对"一网通办"服务体系的累计使用度

图 2-8 反映了企业对"一网通办"整体和各渠道的满意度。满意度测量采用了 5 阶莱克尔特尺度，5 代表很满意，4 代表满意，3 代表有些满意，2

代表一般，1代表不太好。企业的整体满意度为4.44，处于较高水平。7个渠道中满意度最高的是微信小程序（4.68），最低的是12345市民热线（4.43）。与对市民的调研结果一致，绝大多数渠道的单项满意度均高于对"一网通办"的整体评价（4.44），原因也是一样的，即"一网通办"是一个相对抽象的集合概念，对企业办事人员来说不像每个具体渠道那么直观和易于理解。这也同样说明，"一网通办"在服务企业上比宣传上要做得更加到位。

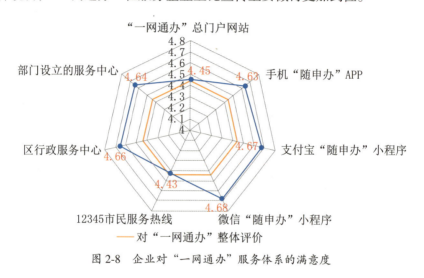

图2-8　企业对"一网通办"服务体系的满意度

在问卷调查之外，"好差评"实践也提供了"一网通办"体系运行效果的一个测评。"好差评"制度将政务服务绩效交给企业和群众来评判，切实保障企业和群众的自主评价权。该制度要求接入"一网通办"的政务服务事项、评价对象和服务渠道全覆盖，评价结果公开，整改结果公开。2020年（截至9月底）累计收到评价648.9万余条，好评率99.92%。对于每条差评，各被评单位均及时分析研判，回访核实，并整改反馈。

"一网通办"的全国性政策影响。上海在2018年3月全国"两会"期间率先提出"一网通办"改革以后，迅速得到中央采纳，成为全国"放管服"

改革和推进"互联网+政务服务"工作的一个重要创新和亮点。"一网通办"得到党中央和国务院的高度重视，在全国相关工作部署中不断得到倡导、推进和落实，相关重要节点包括：

- ➤ 2018年3月20日，李克强总理在中外记者会上提出，"在放宽市场准入方面，今年要在六个方面下硬功夫"，其中之一是"政务服务一网办通"。

- ➤ 2018年4月10日，李克强总理考察中国（上海）自由贸易试验区张江片区企业服务中心，指出"一网通办"表面看似小，实质是转变政府职能的大举措。我们就是要变"群众跑腿"为"数据跑路"。政府改革说一千道一万，关键是要办好两件事：更大限度激发市场活力，更大力度方便群众办事。

- ➤ 2018年4月24日，《国务院办公厅关于印发2018年政务公开工作要点的通知》，要求加快各地区各部门政府网站和中国政府网等信息系统互联互通，推动政务服务"一网通办""全国漫游"。

- ➤ 2018年5月16日，国务院常务会议部署推进政务服务"一网通办"和企业群众办事"只进一扇门""最多跑一次"，指出"一网通办"是加快转变政府职能的一个关键举措，是对"放管服"改革的一次提档升级。

- ➤ 2018年6月22日，《国务院办公厅关于印发进一步深化"互联网+政务服务"推进政务服务"一网、一门、一次"改革实施方案的通知》，要求推动企业和群众办事线上"一网通办"（一网），线下"只进一扇门"（一门），现场办理"最多跑一次"（一次），让企业和群众到政府办事像"网购"一样方便。

➢ 2018 年 7 月 31 日，《国务院关于加快推进全国一体化在线政务服务平台建设的指导意见》，要求全面实现全国"一网通办"。

➢ 2018 年 11 月，习近平总书记考察上海时指出，上海要优化政务服务，推进"一网通办"，在全市通办、全网通办、只跑一次、一次办成上取得实实在在的成效。

➢ 2019 年 3 月 5 日，《2019 年国务院政府工作报告》，要求抓紧建成全国一体化在线政务服务平台，加快实现"一网通办"。

➢ 2019 年 3 月，国务院办公厅发布《长三角地区政务服务"一网通办"试点工作方案》，要求长三角地区强化政务服务跨区域通办和数据互通共享，率先实现全国一体化在线政务服务平台公共支撑功能的落地，通过区域先行积累经验，推动实现全国政务服务"一网通办"。

➢ 2019 年 4 月 10 日，《国务院关于修改部分行政法规的决定》发布，国务院对与政务服务"一网通办"不相适应的有关行政法规进行了清理，对 6 部行政法规的部分条款予以修改。

➢ 2019 年 6 月 25 日，全国深化"放管服"改革优化营商环境电视电话会议要求打造全国政务服务"一张网"，在更大范围内实现"一网通办"、异地可办。

➢ 2019 年 7 月 23 日，李克强总理在考察上海市大数据中心时强调，大数据里有民意有民心，要依托互联网、大数据优化再造政府办事流程，进一步利企便民，同时也要加强数据安全保护。

➢ 2019 年 10 月 23 日，《优化营商环境条例》颁布，提出国家加快建设全国一体化在线政务服务平台，推动政务服务事项在全国范围内实现"一网通办"。

> 2019 年 11 月 3 日，习近平总书记在考察上海时强调，抓一些"牛鼻子"工作，抓好"政务服务一网通办""城市运行一网统管"，坚持从群众需求和城市治理突出问题出发，把分散式信息系统整合起来，做到实战中管用、基层干部爱用、群众感到受用。

> 2020 年 5 月 22 日，《2020 年国务院政府工作报告》，要求推动更多服务事项"一网通办"，做到企业开办全程网上办理。

> 2020 年 6 月 24 日，国务院常务会议确定进一步优化企业开办服务，年底前各省份全部开通"一网通办"平台。

> 2020 年 9 月 11 日，全国深化"放管服"改革优化营商环境电视电话会议，要求提升政务服务功能，完善全国一体化平台，年底前地方和部门平台要与国家平台完成对接，在更大范围实现"一网通办"。

在上海"一网通办"改革的示范效应和中央的大力推广下，"一网通办"改革在全国各地得到迅速推广和采纳。根据互联网上获得的信息，图 2-9 汇总了全国各省级行政单位（不含港澳台）在 2018 年 4 月以后首次发布以"一网通办"为核心内容的政策文件的日期及其累计频率，显示 2019 年年初，全国所有省级行政单位（不含港澳台）均对"一网通办"进行了工作部署。

"一网通办"成为城市数字政府建设的中国品牌。上海"一网通办"在全球城市的数字政府建设中实现了弯道超车，形成与全球领先城市并跑的格局，也成为全球在观察中国数字政府建设时的关注焦点。"一网通办"有响亮的英文名称"Government Online-Offline Shanghai"，彰显了上海国际化大都市的开放品格，正成为全世界认识上海，乃至了解中国最新发展的一张名片。

从 2018 年起，联合国每两年发布的《联合国电子政务调查报告》开始评

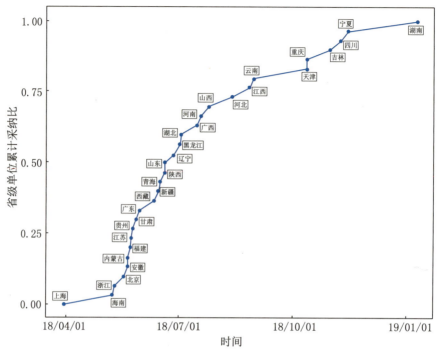

图 2-9　全国各省级行政单位（不含港澳台）对“一网通办”的采纳情况

估部分城市的电子政务发展水平。上海的城市电子政务发展水平在 2018 年为全球第 11 位（报告当年涵盖 47 个城市），2020 年上升到全球第 9 位（报告当年涵盖 100 个城市），首次进入全球前 10，且均达到"非常高"水平。在 2020 年主要全球城市的城市电子政务发展水平排名中，上海的排名仅低于纽约和巴黎，与柏林和首尔并列；而在单项排名中，上海在技术排名上并列第 2 位。2020 年的联合国报告指出，中国 2020 年电子政务发展指数（EGDI）排名位居全球第 45 位，首次进入到"高发展水平"类别，这一发展要部分归因于在全国和地方层面的数字政府发展。《2020 联合国电子政务调查报告》将上海"一网通办"经验作为经典案例写入，认为"一网通办"是提供一站式公共服务的最优地方实践之一，同时指出上海不仅实施了一体化的大数据政策，而且建立了支持性的制度机制。①

　　2020 年，上海还获得了全球智慧城市大会颁发的"智慧城市大奖"，这是智慧城市领域的世界最高奖励，也是中国城市首次获得该奖项。

　　2020 年 7 月，世界银行发布了《中国优化营商环境的成功经验：改革驱动力与未来改革机遇》专题报告。报告显示在过去两年里，中国在世界银行《营商环境报告》中的排名从 2018 年的第 78 位跃升至 2020 年的第 31 位，连续两年跻身全球改革步伐最快的十个经济体之列。上海是中国参与测评的城市之一，权重为 55%。这份报告指出，上海建立了全国第一个"一网通办"总门户，通过数字技术和电子政务服务的广泛运用，极大地提高了行政效率，并提升了上海的营商便利度，使得上海正越来越多地与世界上营商环境最优秀的城市如东京、首尔、新加坡和旧金山展开竞争。

　　2020 年 11 月 6 日，上海"一网通办"国际版正式上线运行；同时，"随申办"作为"一网通办"国际版的移动端入口，同步推出国际频道。本次上线的国际版是上海"一网通办"服务体系的再完善和再深化；也是对 2020 年初推出的"涉外服务"一件事的再提高。"一网通办"国际版采用英文界面，整体主色调为金色，展现上海城市的现代时尚感。国际版针对外资企业和境外人士，提供企业开办、企业经营、投资促进服务、政策汇编等办事服务指引功能和出入境和停居留（含来沪工作）、海外人才居住证、职业发展和政策汇编等办事指引服务，服务内容涵盖 25 个委办的 61 类涉外服务事项、150 多项办事内容；公开各部门涉外政策法规类信息；推介自贸区、临港新片区的营商环境、投资政策及产业园区信息；向外资企业、境外人士提供内容权威、

---

　　①　联合国经济和社会事务部：《2020 联合国电子政务调查报告》，载联合国经济和社会事务部官网。

形式多样、种类丰富的本市政治、经济、文化等新闻信息；主动公开市领导、政策文件、政府公报等政务信息；发布区情风采、生活休闲等服务信息；并围绕政府重点工作，发布介绍各类专题信息。①

第二节　办好"一件事"：推进民生的公共服务设计

上海"一网通办"改革通过对公共服务体系的革命性再造，探索建立全方位城市服务体系，形成新时代的城市服务型政府升级版。全方位服务体系意味着高效、便捷、精准和主动地回应市民和企业的服务需求，形成一个以人民为中心的供给侧与需求侧均衡适配和同步演进的服务体系。新服务体系的建立很难完全按照渐进调适的方式实现，势必引入"零基预算"的思路，对现有公共服务体系进行彻底反思和强势干预，运用创新来克服路径依赖，实现对公共服务体系的"换轨"并进入高质量发展的新道路。

本节引入"公共服务设计"概念，分析"一网通办"改革推进城市公共服务体系现代化建设中的基本理论和实践问题。"公共服务设计"既是一个实践工具，也是一个改革理念；它既要求从"商品逻辑"到"服务逻辑"的转变，也要求正视市场服务与公共服务的关键差异。在上海的改革中，用"设计思维"来推动公共服务体系建设，展示了以人民为中心的思想对公共服务及其所依托的机构和制度体系的重塑。

一、公共服务设计：优化公共服务的新视角

服务设计的思想可以追溯到 20 世纪 70 年代末兴起的市场营销学和运营

---

① 《上海"一网通办"国际版正式上线运行》，载央广网 http://www.cnr.cn，2020 年 11 月 7 日。

管理学研究，服务业的发展与商业化趋势促使人们对服务设计进行思考。①
其后服务设计得到多学科的关注，主要从设计管理的角度研究设计在商业服
务领域中的应用。在过去十年间，公共服务领域的研究者和实践者也开始注
重对公共服务进行设计，高等教育提供和政府公共服务供给方面的研究蓬勃
发展。②公共服务设计缺乏统一的界定，在本书中指公共服务供给者、生产者
和使用者以协作方式实现的对公共服务内容和过程的调整，以最优化使用者
的服务体验。公共服务设计思想的关键要素如下：

公共服务是"服务"而非"商品"。对公共服务本质的认知决定了公共服
务的优化方案。20 世纪末兴起的新公共管理运动，其优化公共服务的基本取
向是以竞争为基础的"制造还是购买"的选择，关注的核心是内部管理、成
本与生产效率，其思维范式仍然是机器化大生产条件下的商品逻辑。在新公
共治理的研究范式下，③借鉴市场部门的服务管理实践，斯蒂芬·奥斯本提出
公共服务逻辑，认为有效的公共服务管理必须将这些服务视为服务而非商品，
要将关注点放到服务的使用而非生产上，因此也必须将使用者的价值及其创
造作为公共服务基本原则。④

设计思维。以设计为主导的公共服务提供理念被称为设计思维。全球顶
尖的设计公司 IDEO 的首席执行官兼总裁蒂姆·布朗将设计思维定义为："设

① Qian Sun, "Towards a New Agenda for Service Design Research," *The Design Journal*, Vol.23, No.1, 2020, pp.49—70.

② Kelli Wolfe, "Service design in higher education: a literature review," *Perspectives: Policy and Practice in Higher Education*, Vol.24, No.4, 2020, pp.121—125.

③ Stephen P. Osborne, "The new public governance?," *Public Management Review* Vol.8, No.3, 2006, pp.377—388.

④ Stephen P. Osborne. *Public Service Logic: Creating Value for Public Service Users, Citizens, and Society Through Public Service Delivery*, Routledge, 2020.

计师凭借其能力（艺术鉴赏力与艺术敏感度）去实现在技术上可行的需求，或实现可转化为顾客价值与市场机会的商业战略"。① 设计思维综合了心理学、管理学、社会科学和工程学等多学科的成就，核心是构思、阐释、制定和展示新的解决方案，使服务用户获得价值提升，其与公共服务的结合有望最终改变传统的公共服务供给模式。② 通常，公共服务设计可以用流程进行表现，比如特瑞斯勒提出公共服务设计模式包括七个步骤：资源配置、规划、征聘、动员、促进、反思和变革。③

以用户为中心。以往的公共服务设计更多关注服务设计者即专家的职责。当前，用户作为公共服务的直接对象和使用者，其对公共服务提供流程的主观体验和感受受到重视，用户也被视为"经验专家"。公共服务设计的思想是以民为本的，认为服务的最终受益者即用户决定服务的价值。为确保服务使用者在公共服务设计过程中拥有发言权，避免服务设计者的主观判断，参与式设计的理念被提出。④ 事实上，来自不同知识和行业背景的用户可以产生集体创造力，应当被纳入公共服务设计团队以帮助评估服务效果并提供意见反馈。将用户体验转化为服务标准，是公共服务设计的一个重要步骤；为了有效实现服务设计中的公众参与，就必须提高人们对公共反馈系统的信任。⑤

---

① Adam Jabłoński, "Public Service Design and Public Trust: Conceptualizing the Sustainability," *Managing Public Trust*, Palgrave Macmillan, Cham, 2018, pp.153—171.

② Edward J. Luca E. and Yulia Ulyannikova, "Towards a User-Centred Systematic Review Service: The Transformative Power of Service Design Thinking," *Journal of the Australian Library and Information Association*, Vol.69, No.3, 2020, pp.357—374.

③ Jakob Trischler, Timo Dietrich, and Sharyn Rundle-Thiele, "Co-design: from expert-to user-driven ideas in public service design," *Public Management Review*, Vol.21, No.11, 2019, pp.1595—1619.

④ Pelle Ehn, "Participation in design things," *Tenth Anniversary Conference on Participatory Design 2008*, Bloomington: Indiana University, 2008, pp.92—101.

⑤ Busayawan Lam, Yuping Chen, Jon Whittle, Jane Binner, and Therese Lawlor-Wright, "Better service design for greater civic engagement," *The Design Journal*, Vol.18, No.1, 2015, pp.31—56.

多部门的协同。公共服务设计需要鼓励不同专业背景的成员共同参与，也需要协调众多利益相关者的资源。当服务转向以用户而非服务机构为中心后，用户单一服务需求中存在的多个要素供给源、用户同时存在的多个不同服务需求、用户在不同生命周期存在的不同服务需求，以及不同用户群体的以上需求在时空上的交织，都要求在服务设计中将不同组织、不同部门和不同跨域的机构引入，也要求将需求方和供给方同时引入，形成共同设计格局。因此服务设计天然地需要纳入协同治理的思想，需要确立共同目标，有效调动各方参与，并对绩效进行测量和问责。

公共服务设计的思想当前主要是围绕具体服务进行微观层面的设计。公共服务设计尽管正确地凸显了"服务逻辑"和"用户导向"，注意引入多元参与和运用信息技术，但也存在若干不切实际的、不当忽略的和有待解决的问题：

> 对资源约束缺乏足够关注。服务设计通常是高成本的，设计越精细则成本越高。公共服务设计的资源来源和成本分担机制与市场服务设计有明显差异。

> 对组织协同能力缺乏足够认知。全球市场的灵活和有效分工为市场服务设计提供了坚实支撑，而公共服务设计的能力支撑结构受到组织边界、国界和文化意识形态因素的影响，设计的可实施性有较多限制。服务设计对组织边界的淡化，使得其面临当前以部门为核心的绩效评价和问责体系的束缚。

> 对中观与宏观的制度与价值结构缺乏重视。公共服务设计是公共服务体系中的一个环节或侧面，谁来设计、为谁设计、怎样设计等基本问题都无法脱离公共服务体系的基本结构、属性和发展动态。这其中一个核心问题是服务对象究竟是"顾客"还是"人民"。公共服务市场

是一个虚拟市场，不存在直接交换行为，则如何衡量"顾客价值"并做出"设计回应"？① 这将在根本上触及公共服务的公共性问题。

二、办好"一件事"："一网通办"改革的公共服务设计实践

在上海市 2018 年 3 月通过的《全面推进"一网通办"加快建设智慧政府工作方案》中，已经在"一网通办"改革的顶层设计中融入了服务设计思维，体现在改革的基本原则上，要求"坚持整体协同、用户导向"，注重服务的系统性和整体性，推动"以部门为中心"向"以用户为中心"管理模式转变，以用户视角和需求有效整合各方资源，提升协同服务水平。从工作方式上，要求全面调研、系统梳理群众和企业办事的"难点"、政务服务的"堵点"和"痛点"，通过变革与再造切实提高改革的针对性和精准度。

上海的公共服务设计发生在构建智慧政府的大框架内。图 2-10 按照城市治理的框架图展现了公共服务设计的要素和关系。该图显示了上海"一网通办"改革的价值导向、制度特征、覆盖层面和基础条件对公共服务设计的形塑，体现为：1) 用户既是使用者也是人民，包含了顾客的拟市场身份和人民的政治身份，这决定了公共服务价值创造的综合性；2) 服务设计从微观的"一件事"开始，根据用户需求、场景特点和技术能力进行事项归并和优化，以"办成"（实现目标）为导向；3) 服务设计始终处在与公共组织和制度的相互反思和互动过程中，即面向办好"一件事"和同时办好"多件事"，对公共组织与制度的优化和改革提出要求和方向，推进形成更优的公共服务体系资源投入和发展策略。

---

① 公共服务在使用者缺乏服务备选项也不可能选择退出的情况下，不存在真正意义上的市场，也就不可能产生市场上的顾客导向或使用者中心。

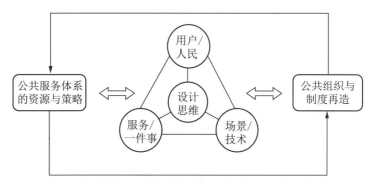

图 2-10 上海"一网通办"服务体系的公共服务设计框架

公共服务设计在上海"一网通办"改革中集中体现为办好"一件事"。"一件事"是指企业和公众眼里的一件事，但背后实际上是由多个相关联的政府服务事项组成的，这些事项往往跨部门、跨层级和跨区域，涉及多个不同的政府部门、公用企事业单位和服务机构。比如"廉租房申请"在老百姓眼中就是一件事，但是最终要拿到钥匙，需要办理廉租住房申请审核、户籍信息核查、婚姻状况信息核查、住房情况信息核查、收入情况信息核查和财产信息核查等办理事项，涉及房屋管理、公安、民政、人社、税务、银保监和证监等部门，一证一办、程序繁多、材料冗杂，办事效率十分低下，多部门之间缺乏配合也使得核查存在漏洞。

"一件事"是"一网通办"公共服务设计的抓手。工作目标是从市民和企业用户真实需求出发，进行"一件事"的梳理；以高效办成"一件事"为目标进行业务流程革命性再造，系统重构政府部门内部业务流程，重构跨部门、跨层级、跨区域协同办事流程。改革的衡量标准是能否做到为市民和企业"减环节、减时间、减材料、减跑动"，推动高效办成"一件事"，让公众眼中的"一件事"实现一口受理、多证联办，一次办成，一步到位。"一件事"的主要工作方法是"六个再造"，如图 2-11 所示。

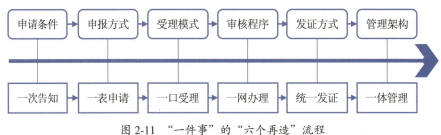

图 2-11 "一件事"的"六个再造"流程

2019 年，上海探索梳理出"双百主题"，即围绕市民个人生活的 100 件事（需 3 个以上办事情形）和围绕企业生命周期的 100 件事（需 3 个以上事项），运用图谱技术把相关数据关联，形成了以"一件事"为中心的政务数据关系网络。通过构建权力图谱、事项图谱、材料图谱和数据图谱，建设图谱分析系统，研究各事项的申请表单要素、申请材料、结果证照之间的共享和复用需求，形成对这些事项的业务流程优化再造，并全部形成在线办事应用。

在 2019 年实践基础上，上海总结提炼了"一件事"经验，在 2020 年 1 月发布了《上海市人民政府办公厅关于以企业和群众高效办成"一件事"为目标全面推进业务流程革命性再造的指导意见》，形成了"一件事"的基本工作框架（见表 2-4）。

表 2-4 上海"一网通办"改革的"一件事"工作框架

制定"一件事"改革方案	强化信息技术支撑	推进线上线下办事深度融合	鼓励实施改革创新
1. 梳理编制"一件事"事项清单 2. 优化单事项办事流程 3. 实施跨部门流程再造 4. 编制发布"一件事"指南规程	1. 大力推动实现全程网办 2. 加快政务信息系统整合互通 3. 加强数据归集共享应用 4. 深化电子证照归集应用	1. 加快推进综合窗口建设 2. 升级改造线上系统和线下窗口	1. 实施智能导引、一次告知 2. 实现表单预填和材料复用 3. 探索智能审、智能批 4. 扩大"一件事"告知承诺的实施范围 5. 强化"一件事"提前服务

来源：根据《上海市人民政府办公厅关于以企业和群众高效办成"一件事"为目标全面推进业务流程革命性再造的指导意见》制作

　　"一件事"工作建立了整体推进的格局。上海各区、各部门均梳理编制"一件事"清单，逐项制订工作方案。按照市政府工作要求，在 2020 年 9 月底以前，各区至少完成 10 件，各市级部门至少完成 1—2 件；到 2021 年底前，与企业群众生产生活密切相关的重点领域和高频事项基本实现全覆盖。在 2020 年，上海在市级层面重点推进 14 件办件量大、涉及面广、办理难度大的"一件事"（见表 2-5）。这些"一件事"均指定一名市政府分管领导负责推进，指定一个牵头单位和若干配合单位，确定事项再造时间节点，确保工作有序推进和落实。到当年 9 月底，"14 件事"均上线试运行。在"一网通办"平台上，这些"一件事"均提供了群众办事的指南查询、在线申报、进度查询和服务找茬等功能。

表 2-5　上海市 2020 年重点推进的"14 件事"

序号	"一件事"名称	牵头单位
1	医疗付费	上海市卫生健康委员会
2	企业纳税缴费	上海市税务局
3	创新创业	上海市科学技术委员会
4	新能源汽车专用牌照申请	上海市经济和信息化委员会
5	涉外服务	上海市商务委员会
6	企业职工退休	上海市人力资源和社会保障局
7	军人退役	上海市退役军人事务局
8	扶残助残	上海市残疾人联合会
9	非上海生源应届普通高校毕业生落户	上海市教育委员会
10	公民身故	上海市公安局
11	小孩出生	上海市卫生健康委员会
12	医疗费用报销	上海市医疗保障局
13	廉租房申请	上海市房屋管理局
14	二手房交易登记和水电气等相关业务过户联办	上海市规划资源局

　　注：以上"一件事"详细信息参见附录二

在 2020 年上海市重点推进的"14 件事"中，绝大多数都是涉及民生的服务事项，给群众带来了切实的方便和实惠。这些"一件事"上线运行后，平均减环节 69%，减时间 54%，减材料 75%，减跑动 71%。本节以小孩出生"一件事"对流程的再设计进行简要示例。

▸▸ **案例 1　出生"一件事"流程再造**

出生"一件事"的办理对象为新生儿及产妇，涉及的具体事项包括新生儿《出生医学证明》签发、《预防接种证》发放及信息关联、出生登记、新版社会保障卡申领、城乡居民基本医疗保险参保登记、《门急诊就医记录册》申领、居民医保缴费，以及新生儿母亲《生育医学证明》出具、享受生育保险待遇及计划生育情况审核、生育保险待遇申领等 10 项事宜（见表 2-6）。改革之前，10 项业务的办理涉及卫生健康、公安、医保、社保、税务、民政 6 个部门的多个办事窗口；办理过程混杂且分散，线上线下业务流程交叠重复，群众在网上办理的同时仍需到窗口办理；部门之间缺乏有效联动，材料重复提交。

表 2-6　改革前出生"一件事"办理流程

	负责部门	办理事项	办理形式
新生儿事项	助产机构	《出生医学证明》签发	窗口办理
	公安派出所	出生登记	窗口办理＋网上办理
	助产机构、社区卫生服务中心	《预防接种证》发放及信息关联	窗口办理
	市社会保障卡服务中心、社区事务受理服务中心	新版社会保障卡申领	窗口办理＋服务银行网点办理＋网上办理
	市医保中心、市税务局、社区事务受理服务中心	城乡居民基本医疗保险参保登记	窗口办理＋网上办理
		《门急诊就医记录册》申领	窗口办理＋网上办理
		城乡居民基本医疗保险缴费	窗口办理＋网上办理
产妇事项	助产机构	《生育医学证明》出具	窗口办理
	乡（镇）人民政府或街道办事处、社区事务受理服务中心	享受生育保险待遇及计划生育情况审核	窗口办理
	市社保中心、社区事务受理服务中心	生育保险待遇申领	窗口办理

　　2020 年 7 月 6 日，上海市卫健委出台出生"一件事"业务流程优化再造方案，方案包括出生"一件事"联办模式、联办标准、联办机制、联办系统和联办流程，以及推进线上线下深度融合 6 个方面，将涉及 6 个部门办理的 10 件出生"单事项"集成为出生"一件事"。出生"一件事"同时覆盖了"一网通办"PC 端、"随申办"APP、微信小程序和支付宝小程序，用户可以选择其中一端，实名登录后，进入"出生一件事"主题模块进行一表填报和证明材料提交，各业务条线部门在线进行 10 个事项全流程办理（见图 2-12 ）。

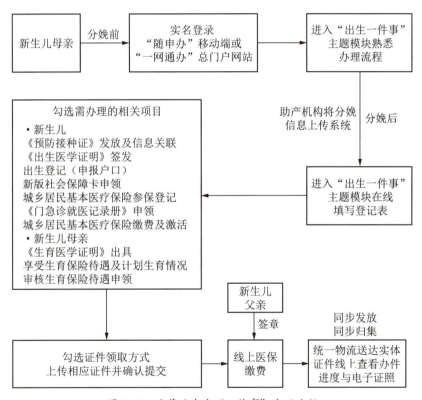

图 2-12　改革后出生"一件事"办理流程

来源：作者根据卫健委方案调整

　　流程再造极大提高了群众办事的便利度。改革前出生"一件事"办理需要 20 余个环节，群众平均跑动次数 10 余次，累计办理时间近百天，平均填写申请表 7 份，提供申请材料 26 份。业务流程再造后，群众办事环节减少至 2 个（填写登记表、医保缴费），事项累计办理时间不超过 25 天，其中新生儿事项 5 天可以办完，群众需填写申请表 1 份，提供申请材料 5 份（如有电子证照，1 份都不用提交），群众办事跑动减少至"最多跑一次"（户口簿加注新生儿出生登记信息），甚至"零跑动"。

三、"一网通办"的民生服务效果

市民对"一网通办"服务体系的满意度很高。课题组对 612 名市民就"一网通办"的服务效能进行了 10 个方面的满意度调研，包括：材料一次提交不重复、跑动次数少、办事时间短、办事环节少、反馈及时、办事规范、线上办事效率高、线下大厅办事效率高、办事大厅工作人员服务态度好、其他社区的服务中心也可以办事。满意度测量采用了 5 阶莱克尔特尺度，5 代表很满意，4 代表满意，3 代表有些满意，2 代表一般，1 代表不太好。对这 10 项的满意度均值为 4.38，属于较高水平；最低的是"反馈及时"（4.28），最高的是"办事规范"（4.55）。情况见图 2-13。

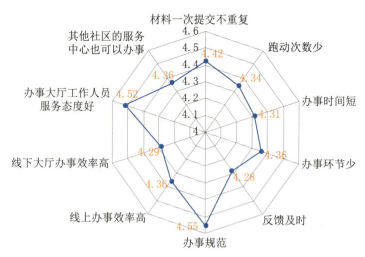

图 2-13　市民对"一网通办"服务效能的评价

四、对上海"一网通办"改革中公共服务设计的理论小结

上海"一网通办"中的"一件事"工作方案是在中国条件下开展公共服务设计的前沿尝试，在设计什么、服务什么、如何实施等方面都具有一些鲜明的地方特色，反映了上海城市治理中的规律性方法和发展阶段，为下一步的服务设计升级版提供了发展基础，展示了发展方向。

第一，上海的公共服务设计是较为系统和较大规模的服务再设计。服务设计的层级超越了西方的公共服务设计，行政权力事项调整和公共组织内部结构调整成为优化服务的关键基础；同时在服务范围上涵盖了所有政务服务，是一次系统性的再设计。由于大量的政务服务主要涉及行政权力事项，因此整体上缺乏非公共组织的参与，表现为政府服务体系的内部再设计。

第二，服务再设计的推进力量主要来自政府内部。服务再设计在权力配置、工作压力、办事习惯、业务负担、部门协同和绩效问责等很多方面给"以部门为中心"的行政体系带来了"颠覆性"的调整，尤其在短期内会产生很大的抵触性。上海在理念树立、工作机制安排和改革效果衡量上采取了雷厉风行的推进策略，形成目标导向的压力型机制，务求实现"刀刃向内自我革命"的成效。从长远看，还要进一步探索建立行之有效的诱导和激励机制，提高政府部门及其工作人员在改革中的满意度和获得感。

第三，以用户为中心的理念得到贯彻。上海的服务再设计将"以人民为中心"的发展理念和"以用户为中心"的服务体验结合起来，在全面接入政务服务的基本方向下，将人民群众办事频率高、难度大、改善需求迫切的事务进行优先和重点再造。作为服务设计的第一步，当前工作的主要动力还是政府刀刃向内的自我革命，推出惠企利民的"六个再造"，服务设计的市民

参与主要体现在事后的"好差评"等机制，多元的参与渠道还需要进一步拓宽。此外，由于当前服务设计主要集中于政务服务中的行政权力事项，服务设计的目标突出表现为提高效率，对高质量公共服务体系的拉动作用还有待增强。

第四，数据信息技术是服务设计的技术保障。电子政务云、基础数据库、人脸识别、电子签名、统一身份认证等各项技术为上海超大城市条件下的服务再设计提供了基本的技术能力。在具备活性和韧性的公共服务响应体系逐步建成以后，下一步的建设方向是朝着智能化和主动性的方向迈进。

第三节 优化营商环境："创新+科技"赋能改革

中国经济进入新常态以来，高质量发展成为经济持续增长的关键引擎，引发政府与企业关系的新一轮改革即"放管服"改革。上海要完成"五大中心"建设目标，根本实现路径是建设世界级的营商环境，吸引和承载具有全球竞争力和辐射力的市场主体，成为具有全球一流竞争力的城市，在全球经济发展最前沿参与和引领全球高水平经济重组和规则重构。

国家与市场、政府与企业关系的革命性调整是优化和提高营商环境的核心，也是上海完成从"强政府"模式向"强治理"模式转变的最大考验。在新时代该如何改革？改革者如何将改革思路嵌入到已有制度体系，同时又牵动体系的升级和变迁？上海"一网通办"改革为新时代的政府改革提供了有益的探索和经验。"一网通办"改革既是对上海优化营商环境改革成果的系统展现，也是深化"放管服"改革的强大推动力量，代表了"制度创新+科技赋能"的政府改革新阶段。

一、优化营商环境的上海探索

营商环境是经济主体在市场准入、生产经营和退出等全生命周期中涉及的政务环境、市场环境、法治环境和人文环境等外部因素和条件的总和。优化营商环境能够激发市场活力，增强发展内生动力，因此是政府促进经济发展和社会进步的基本职责之一。在影响营商环境的各要素中，政府与企业的关系及其实现方式是最核心的方面。优化营商环境在本质上是以新的理念来调整和改善政企关系。

通常，优化营商环境要求对政府职能和履职方式进行调整，存在以下基本改革方向：

> 市场化。尊重市场活动的自发与自主性，让市场自由运行，政府是有限政府，采取最小干预和可预期干预的原则，以"负面清单"的形式实施干预。

> 国际化。尊重市场要素和主体在国内和国际的自由流动权，消除和降低各类束缚经济要素自由流动的门槛，对国际竞争持开放和包容态度，提高营商便利度。

> 法治化。政府和企业的活动在法治的框架内进行，建立透明、公正、高效和低成本的法治实施体系，树立规则意识和信用机制，尊重"民众法无禁止即可为；政府法无授权不可为"的思想。

> 服务化。政府为企业提供优质高效的公共服务，尽可能降低企业的政策适应成本。

遵循市场化、国际化、法治化和服务化原则来改善营商环境，需要政府推进整体性改革，把与发展需要不相适应的政策和管理实践进行清理和调整。

由于营商环境改革需要对照国际标准，通常面临较大的改革困难和实施成本。在我国进入世贸组织并逐步成为世界第二大经济体和第一大贸易体后，营商环境的整体改进并不明显。自 2006 年我国参与世界银行的"营商便利度"排名，此后直到 2018 年，我国的排名一直比较平稳，主要排在 80 出头到 90 出头的中间偏上位置上。图 2-14 显示了我国营商便利度排名的多年情况。

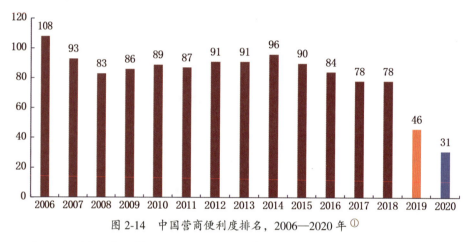

图 2-14 中国营商便利度排名，2006—2020 年 [1]

来源：世界银行集团 [2]

世界银行用 10 个指标来衡量营商环境，主要涵盖政府监管效率、公共服务效率、公用事业供给能力和法治化程度。[3] 上海这 10 个指标的各年得分见附录三。从改善营商环境角度出发，最核心改革方面是推进政府改革和司法改革。作为回应，2015 年 5 月 12 日，国务院召开全国推进简政放权放管结合

---

[1] 营商便利度排名的范围为 1 到 190，各经济体的排名按照营商便利度的总分来排序确定。在《2020 年营商环境报告》中，新西兰排名第 1，而索马里排名第 190。自《2004 年营商环境报告》发布以来，排名的方法发生过演变，因此不同年份的排名不具有严格的可比性。

[2] The World Bank, *China's Doing Business Success：Drivers of Reforms and Opportunities for the Future*, 2020.

[3] 这些指标包括开办企业、办理建筑许可、获得电力、登记财产、获得信贷、保护中小投资者、纳税、跨境贸易、执行合同和办理破产。在 2020 年，世界银行引入了两项新指标，包括雇用员工和政府采购，但这两项指标尚未用来进行营商便利度排名。

职能转变工作电视电话会议，首次提出了"放管服"改革的概念，要求简政放权、放管结合和优化服务。"放"即简政放权，降低准入门槛；"管"即创新监管，促进公平竞争；"服"即高效服务，营造便利环境。"放管服"改革充分反映了市场化、法治化、国际化和服务化等优化营商环境的原则。

"放管服"改革的关键是如何推进。事实上，市场化、国际化、法治化和服务化绝非新鲜事物，而是改革开放以来即不断得到强化的改革理念。但是在新的发展条件下，原有改革手段的有效性在不断降低，甚至已经无法使用。正如本书第一章所指出，在当前阶段，改革的可参照物减少、已有改革的边际效益下滑、既得利益的束缚增加、进一步改革的复杂性和协调性要求越来越高。因此与经济社会发展走向内涵式增长相适应，政府改革也要走向内涵式发展道路。简单粗放的、缺乏协调联动的、以直接干预和投入为手段的、缺乏法治思维的改革已经难以为继。

"制度创新+科技赋能"是当前改革的必由之路，二者对应了城市治理中的制度层和技术层（见图1-1），在价值确定条件下运用制度创新和科技应用实现对营商环境的优化。

在本书中，制度创新是特意引入的制度变化，以实现原制度体系难以达到的政策目标。制度创新不仅是新的变革形式，一定程度超越了现有的思维模式和框架；而且能够被规范化和制度化，形成稳定的功能结构，即朝向特定目标的激励和约束。制度创新通过改变和优化人的思维方式和行动路径，往往表现出改革成本小、创造价值大和成效持续长的特点。科技赋能则是在治理体系的技术层面进行的先进技术引入，这种引入一方面使得制度创新变得可能，即承担了制度创新的实现载体；一方面本身为制度创新带来灵感和推力。在新的发展条件下，制度创新与科技赋能往往交织在一起，表现出相互推动和效能叠加的特征。

近十年来，上海改善营商环境的做法主要是在制度创新上做文章，取得了相当的成效。这些做法回应了市场化、国际化、法治化和服务化的要求（如表 2-7 所示）。

表 2-7　上海市优化营商环境的改革实践

	宽松平等的市场准入环境	开放便利的投资贸易环境	规范审慎的政府监管环境	高效便捷的政务服务环境
标志性改革	"证照分离"改革试点	自贸试验区先行先试	"互联网＋监管"新模式	"三个一批"改革
改革理念	把该放的权放得更彻底、更到位	对标国际最高标准、最好水平	该管的要管得更科学、更高效	服务要更精准、更贴心
代表性内容	对审批事项进行分类改革；持续加大行政审批及评估评审事项的取消调整；推进商事制度改革，率先开展企业名称登记改革试点，在全市实施企业简易注销登记改革，首创工业产品生产许可证"一企一证"改革	探索以"准入前国民待遇＋负面清单"为核心的投资管理制度；建成全覆盖的国际贸易单一窗口；推进投资体制改革，下放外商投资企业设立等事项；采取告知承诺、同步审批、限时办结等举措优化产业项目审批流程	推进实施智能化监管；建立完善"两库一细则"，全面推行"双随机、一公开"监管；探索实施诚信管理、分类监管、风险监管、联合惩戒、社会监督"五位一体"事中事后监管	开展当场办结、提前服务、当年落地"三个一批"改革；从政府管理入手全面推开政府效能建设，开展政府效能评估；对保留的行政审批全面实施标准化管理，推进窗口服务规范化建设

二、上海"一网通办"改革：优化营商环境的集成创新

在"一网通办"改革提出以前，上海在营商环境领域的制度创新并不少，而且很多也结合了对新技术的采纳，比如利用物联网、射频识别等信息技术，推进"互联网＋监管"新模式。由于这些创新缺乏一个统一的技术思维和平台，表现为各条线之间的分散创新，因此存在各条线之间创新水平不齐、条线之间缺乏协同联动和合力，以及整体上技术应用不足的情

况，短板与弱项难以根除，在整体上无法有效支撑营商环境的全面优化和升级。

如何将分散的制度创新转变为系统性的集成创新，成为上海市优化营商环境必须攻克的问题。在 2017 年底上海市召开的优化营商环境推进大会上，市委书记李强提出"政府公务员要强化服务意识，当好服务企业的'店小二'，做到有求必应、无事不扰"。"店小二"精神成为政府服务企业意识的流行语。营商环境重大改革的政治窗口出现，面临的主要问题也十分清晰，唯一缺乏的是解决方案。①

最后浮出水面的解决方案是建设网络平台，包括相互依托的物理网络和治理网络。这较大程度得益于浦东新区最早启动的"互联网＋政务服务"改革。早在 2015 年，浦东新区即按照上海市统一部署，开始网上政务大厅建设工作，打造政务服务"单一窗口"。到该年底，浦东新区的网上政务大厅上线，权力清单和责任清单对外公开，375 项审批事项和 110 项服务事项的办事指南全部上网。② 2017 年，浦东新区开始建设"三全工程"，即企业市场准入"全网通办"、个人社区事务"全区通办"和政府政务信息"全域共享"，通过运用电子政务云、互联网和数据交换共享等技术，浦东新区形成了技术全面服务和推动制度创新的雏形。此外，上海在 2015 年提出建立"全球科创中心"，也为提出一个全面技术解决方案创造了思维基础。

2018 年 3 月推出的"一网通办"改革体现了时机、问题和政策的统一。"一网通办"改革的核心特征是用整体性的技术思维和平台来支撑和推动制度

---

① 约翰·金登提出一个事项进入政策议程，需要该事项的问题源流、政策源流和政治源流的交汇，这种交汇需要政策窗口的推动。参见 John Kingdon, *Agendas, Alternatives, and Public Policies*. Boston：Little Brown，1984。

② 赵勇、叶岚、李平：《"一网通办"的上海实践》，上海人民出版社 2020 年版。

创新，形成"制度创新＋科技赋能"的合力效果，完成在营商环境治理上的集成创新。按照"一网通办"服务体系框架图（见图 2-1 所示），"一网通办"改革体现了"政府即网络"或"政府即平台"的理念：

> 政务服务制度创新均需要纳入"一网通办"平台，形成统一的展现方式，通过在线办理或实体大厅办理；

> 政务服务制度创新均需要对标"一网""一窗"的要求，实现企业和群众"一次"办理；

> 政务服务制度创新获得集成的、整合的数据支撑；

> 政务服务制度创新获得统一的、强有力的技术能力支撑；

> 政务服务制度创新在公共部门的不同层级、不同系统以及公私部门之间形成有机的信息与知识交换渠道。

"一网通办"改革很快发挥了"牛鼻子"牵引作用。在世界银行衡量营商环境各指标之间关联性较小的情况下，"一网通办"改革通过技术平台推动整体性流程再造，通过最大化"减环节、减时间、减材料、减跑动"，实现对营商环境各要素的整体托举。这方面的例子非常丰富。比如上海市市场监督管理局设立的开办企业"一窗通"网上服务平台，只要开办企业的申请材料齐全、符合法定形式，最快两天即可开办营业。市税务局推进纳税缴费便利化，搭建税务大数据平台，实现本市跨区迁移"零材料提交""零跑动次数"和"零办理时长"三个零目标。徐汇区是国家"互联网＋政务服务"在上海的唯一示范区，在上海率先实现区大数据中心、区行政服务中心和区城市网格化综合管理中心"三位一体"运行，实现企业开办一窗受理、统一提交、独任审核，最快两小时拿到企业开办"大礼包"，包含营业执照、增值税专用发票、企业数字证书法人一证通、增值税发票系统金税盘、企业公章和法人公章。①

上海优化营商环境的标杆体现在"浦东速度"上。经过多年改革创新，浦东的行政审批效能不断突破上位法允许范围内的最大值。为动态化和可视化显示审批效率，浦东新区自行研发了行政审批效能指数，通过对审批信息的大数据分析，对新区各部门事项行政效能进行量化分析和实时监督，并为审批事项承诺时间动态调整提供决策支持。在浦东的区行政服务中心大厅中，该指数将近 3 个月的全区日均数据展示在大屏上。图 2-15 汇集了自 2019 年 8 月 19 日以来新区单窗通办系统的所有数据。

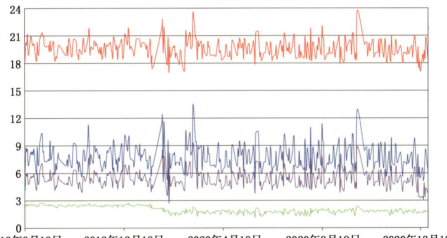

图 2-15   浦东新区审批事项效能指数，2019 年 8 月 19 日至 2020 年 12 月 28 日

行政审批效能指数综合考虑影响行政审批效能的 4 个因素，即审批事项的审批办理时间、审批资源成本投入、审批完成数量、审批事项的难易程度，从 4 因素着手进行效能指数分析建模，设计出反映行政审批效能的综合指数。浦东新区日均审批事项效能指数图是以当天全区发生的实际审批办件为基础，

① 赵勇、叶岚、李平：《"一网通办"的上海实践》，上海人民出版社 2020 年版。

计算时间是从受理开始到事项办结。在图 2-15 中，红色线代表法定平均办理天数，蓝色线代表承诺平均办理天数，紫色线代表建议承诺平均办理天数，绿色线代表实际平均办理天数。在该图涵盖的大约一年零四个月期间内，新区单窗通办系统平均实际办件天数为 2 天，其中 2020 年部分为 1.81 天。2019 年平均实际办理天数比法定平均办理天数的压缩率达 87% 以上；2020 年压缩率提升到 90.98%。2020 年 12 月 22 日共收办事项 599 件，法定平均办理天数为 18.12 天，实际平均办理天数为 1.69 天，压缩率为 90.67%。绿色和红色线条之间的巨大差距，显示了整个政务服务系统自我革命和自加压力的程度。

"临港速度"则代表了"浦东速度"的新境界。增设上海自贸试验区临港新片区是 2018 年首届中国（上海）进博会期间，党中央交付给上海三项新的重大任务之一。习近平总书记要求上海自贸试验区临港新片区进行更深层次、更宽领域和更大力度的全方位高水平开放。2019 年 8 月 6 日，国务院正式设立中国（上海）自由贸易试验区临港新片区，随后 8 月 20 日，上海自贸试验区临港新片区在滴水湖畔正式揭牌。"临港速度"以特斯拉项目落地为代表（见案例 2），该项目刷新了全球范围内超大型国际产业投资项目从签约到投产的效率纪录。

▶▶ 案例 2　特斯拉项目落地上海自贸区临港新片区

自 2014 年起，上海开始与全球标杆创新企业"特斯拉"洽谈合作。市经信委联合临港管委会与临港集团，从 2016 年初开始与特斯拉公司谈判纯电动车项目（以下简称"特斯拉项目"），并于 2018 年 7 月 10 日正式签约。随后项目在 2018 年 10 月拿地，12 月获得施工许可；2019 年 1 月项目开工，11 月投产，12 月交付整车。项目整体周期远低于美国特斯拉内华达超级工厂的 32 个月。特斯拉公司董事长马斯克说："没有中国政府特别是上海市政府的支持，我们无法完成这样一个奇迹，是我们共同创造了令人惊叹的上海速度。"作为一个超大型的先进制造业国际投资项目，特斯拉项目体现了上海乃至全国在营商环境上的创新成就，其经验可以归纳为：

坚持产业高端定位、对标国际最高水平。上海从城市发展的功能定位出发，立足产业科技前沿，很早就确定特斯拉项目是符合上海开放战略和产业高端定位的引领性、标志性项目。市经信委牵头成立了经信、发改、商务、规资、浦东、临港等多级多条线部门共同参与的重大项目招商专班，建立"国一市一区"三级联动机制，解决项目落地的重大政策问题；组成招商专员小组，线上线下无缝衔接，为项目提供"白＋黑""5+2"全天候无休、随叫随到的贴身服务。上海主动对接国家部委，争取到多项国家突破性政策支持。特斯拉项目成为外商独资新能源整车制造项目第一例，在生产准入、产品准入、免征购置税审批等方面均取得政策突破。

全面创新审批流程。临港新片区管委会以一年为建设周期，统筹项目建设全流程，倒推目标节点绘制"作战图"，在合法合规前提下大胆集成创新，形成了"并联审批、容缺后补、甩项后置、综合验收、视频代审"五大审批创新方式。土地、环评是制造业项目落地的"老大难"问题，在特斯拉项目中，签约前即完成土地储备、整理和动拆迁，土地出让采取了"告知承诺"方法，出让方式由带产业项目出让调整为带规划参数出让，仅三个月完成相关工作。环评中采取厂房建设和生产项目备案分离的方式，保证了厂房建设、生产项目快速开启。"容缺后补"机制使得项目土建工程在总图、建筑、结构施工图等主体材料完成的情况下开始动工，而后补全完善机建图纸等非主要材料，有效缩短审批周期的同时提升建设机动性。同时，压缩、串联各环节，在供电、验收等部分，采取一体化施工、"一站式"验收等机制。

专员全程"陪跑"。建立审批专员制度，由审批专员与特斯拉方的报批团队直接对接。专员有的驻扎市级审批部门，随时协助部门间、层级间的材料流转；有的"陪跑"施工全程，与企业在材料准备上"并肩作战"；有的密切关注施工现场问题，随时解决施工问题。为全方位服务企业，市经信委牵头临港管委会、临港集团建立全链条的"店小二"服务体系，为特斯拉提供金融服务、零部件配套、工厂设备配套、工程服务配套、生活服务配套、人才服务等"一站式"资源链服务。

"一网通办"助力全流程数据与服务整合。特斯拉项目依靠线上线下"一网通办"与"临港一码通"，实现了跨条线、跨部门、多层级的业务系统间数据互通，使材料信息高速流转，形成"办成一件事"合力，大幅提升审批速度。项目所有材料都在"一网通办"平台上流转，审批流程和路径有迹可循、有据可查，既保证了审批效率，也确保了审批合规可控。无论是生产安全或环保问题，都"绝不闯红灯"。平台效力充分发挥，在特斯拉项目的审批事项中，材料容缺比例达到20%以上。

"特斯拉速度"成为"上海速度"的常态。"特斯拉经验"的溢出效应持续显现。临港新区启用了"临港新片区一体化信息管理服务平台"，将特斯拉审批模式常态化；新成立投资项目审批审查中心，全面统筹审批服务和改革创新工作，进一步深化、固化"特斯拉经验"中的多种创新工作机制；出台全流程审批服务相关实施方案，强化双线并进实施力度，完善告知承诺＋容缺后补制度；优化服务专员机制，打造项目牵头部门、投促中心、配套设施单位、园区平台公司等多层次的服务专员梯队。2020年7月在临港开工的蓝湾进平新能源项目，从签约到开工仅用时4个月，刷新了"临港速度"的纪录。

三、"一网通办"改革优化营商环境的成效

根据课题组对691家企业的调研，企业对使用"一网通办"服务体系的满意度整体处在较高水平。课题组就"一网通办"的服务效能进行了9个方面的满意度调研，包括：材料一次提交不重复、跑动次数少、办事时间短、办事环节少、反馈及时、办事规范、线上办事效率高、线下大厅办事效率高、办事大厅工作人员服务态度好。满意度测量采用了5阶莱克尔特尺度，5代表很满意，4代表满意，3代表有些满意，2代表一般，1代表不太好。对这9项的满意度均值为4.35，属于较高水平；最低的是"跑动次数少"（4.18），最高的是"办事大厅服务人员工作态度好"（4.62）。具体情况见图2-16。

"一网通办"改革优化营商环境的整体效果是立竿见影的。在2019年，即"一网通办"改革实施一周年之际，世界银行评价的中国营商便利度即从

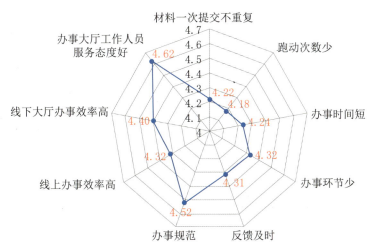

图 2-16　企业对"一网通办"服务效能的评价

排名第 78 位提高到第 46 位，在 2020 年更提到第 31 位，中国成为连续两年跻身全球改革步伐最快的十个经济体之列，也是大型经济体中自 2005 年以来营商环境改善幅度最大的经济体。世界银行所采用的中国数据基于对上海和北京的营商便利度测评，其中上海的权重为 55%。图 2-17 显示了上海从 2016 年到 2020 年间在 10 个营商便利度指标上的得分变化。

世界银行的数据表明，在 2018 年以前，上海营商便利度水平整体平稳，个别项目有小幅提高。在 2018 年到 2019 年出现了一个跃升，整体便利度达到 73.99 分，提高了 13.5%；分项指标中有 7 项存在不同程度提高，提高幅度最高的是办理建筑许可（72%）、获得电力（36.5%）和跨境贸易（16%）。在持平的 3 项中，或者受到上位法较多约束，或者调整后的政策执行成本极高；其中，办理破产和执行合同在 2020 年比 2019 年有所提高，提高幅度分别为 11% 和 3.5%，而获得信贷维持在 60 分。整体上 2020 年上海营商便利度比 2019 又提高了 5%，达到 77.69 分。

图 2-17　上海市营商便利度及其分项指标得分（2016—2020 年）

来源：根据世界银行网站数据整理

四、上海市优化营商环境改革的理论小结

上海优化营商环境的改革及其成效证明，地方政府的创新具有很大空间，是大有可为的。上海实践的直接理论经验可以归结为：

优化营商环境的方向是最小的"有效政府"。改革的本质是对政企关系进行理念和制度创新，关键是尊重和保护市场主体的营商权利和利益，从服务市场主体的角度反思、调整和优化政府的市场监管权，用法治政府来推进规则社会，最大化营商便利度。改革目标并不是单纯的"小政府"，而是最小的"有效政府"。上海的相关改革遵循了市场化、国际化、法治化和服务化的方向，顺应了国际上营商环境改革的通行做法，敢于自我革命，勇于自我加压，也因此取得了最大的成效。

制度创新与技术赋能可以实现倍增效果。在当前条件下，制度创新的科学性和协调性要求越来越高，创新的空间越来越体现为利用先进技术来实现信息、知识和资源的多向交换和共享，从而更大程度创造价值和更大范围共享价值。新颖的制度创新理念经常是在技术思维下激发的，也必须通过有效的技术手段才能实现。新时代的创新者将不得不具备更敏感的技术感知力和更强的数字领导力。

系统推进政府改革的必要条件是应用平台型技术体系。政府即平台的价值不仅仅是包容性，其另外一个重要价值是整体性。在现代多元文化和技术条件下，基于"部门中心"推进政府改革，几乎不可避免会走向技术碎片化。"一网通办"改革将政府部门的技术应用整体搬迁到一个统一的平台上，尽管在短期内形成对各部门的强制转型压力，但从长期看却是确保政府系统性、一致性的根本保障。当然，创新往往是发散思维的和分散进行的，平台型技术体系必须具备足够的制度创新和技术应用的灵活性，平台本身应该是一个能够持续调整、更新乃至更换的体系。处理好技术平台在集中和多元之间的平衡，是"一网通办"体系建设的一个重要考量。

上海的改革还触及当前政府改革的一些深层次的和全局性的问题。

第一，"硬骨头"怎么啃。习近平总书记指出在我国改革进入攻坚期和深水区后，必须"敢于啃硬骨头"。"硬骨头"在当下的发展阶段，其本质是由前一阶段发展所积累下来的社会利益结构，因此本身具有其合法与合理性，但是也无可避免沉淀了前一阶段发展中不合理和不完善的地方。在不合理利益格局中的政府利益，即所谓的"权力部门化、部门利益化、利益行政化"，是不合理的社会利益结构的一部分，是后者的反映甚至代表。因此政府改革首先就是要对自己发难，而改革面对的压力则不仅仅来自内部，还来自外部，势必造成连锁反应。改革者必须具备否定之否定的唯物主义哲学高度和自我革命的决心。改革不可能总是正和游戏，皆大欢喜，必然会带来既得利益的损失。在这样的情况下，政治的领导力尤其重要，动员人、感召人、说服人、组织人，仍然是改革者必备的素质之一。在这一点上，任何利益集团都无法依靠的，最终只有依靠人民。改革的技术和技巧固然重要，但是仅凭技巧并不能完成啃"硬骨头"的任务，甚至会掉入机会主义的陷阱。当下的技术发展为改革提供了无限的想象力，但也必须警惕技术万能论的观点。技术的两面性决定了如何运用技术才是治国理政的关键。

第二，法治化条件下如何改革。法治是国家治理体系和治理能力的重要依托，国家治理现代化必然要求推进国家治理的制度化、程序化和法治化，实现良法善治。改革是对已有规则、制度和程序的调整，除了本身的适法要求外，也涉及改革后复杂的合规行为、政策风险、诉讼风险和问责风险。在"把权力关进制度的笼子里"的精神下，以往"开绿灯""睁一只眼闭一只眼"的方法既行不通，也蕴含了很大风险，会影响干部投身改革创新的积极性；但是法律和政策的严肃性和权威性，也使得立法先行的可行性不足。如何增加改革的法治保障，而不仅仅是立法保障，是新时代改革创新的突出议题。改革的法治保障的立足点是有效的法治协商与法治合作，包括适时修法和释法、政策微调、政策府际沟通和政民沟通等。合作创新将成为政府创新的关键手段，通过合作引入不同观点和消化各种未知梗阻。此外，合理的创新容错机制和纠偏机制也亟待加强。法治化条件下的改革还必须大幅提高法律与政策体系的透明度，减少各种不对外但又切实影响企业和公民权益的内部规章和红头文件，让制度体系成为大众的行动指南而非"迷宫"。

第三，顶层设计如何调整。顶层设计主要指国家层面的政策与制度安排。在社会数字化发展条件下，顶层设计的调整要更加主动和积极，频率也会更快。由于顶层设计"牵一发而动全身"的特点，调整应该是高质量、低成本和有余地的。在"互联网＋政务服务"的改革大潮中，上海"一网通办"改革、浙江"最多跑一次"改革等地方改革的迅速推广和复制，以及改革在体制层面持续推进和升级，最后仍然得益于国家层面的认可和采纳。这些案例说明，顶层设计仍然需要并且可以得到地方和局部创新的经验和理论支撑，仍然应该保持一个开放和包容的机制体系，激励和支持地方和局部的创新试验和竞争。顶层设计的调整应该融入合作设计的概念，纳入多层级治理的网络治理结构，在信息技术的支持下，形成如图2-1右上角所示的网状决策和实施体系，即顶层设计不是简单地对现有体系施加一个外部干预，而在横向、纵向和斜向的政策角度，均通过合作来对政策实施过程和效果进行设计。对地方政府而言，如何与中央博弈和获得中央支持，关键在于其地方创新的完备性，也即至少在地方层面的顶层设计上获得了经验检验；地方创新中决策和实施的要素与机制越丰富越稳固，对国家顶层设计的贡献就可能越大。

第四，外部参与如何实现。新时代的国家治理必须更多发挥市场、社会等非国家主体的作用，形成多元主体合作治理的格局。合作治理的理念并非对所有政府职能完全通用。对那些本质上应该由政府来直接承担的核心职能，合作的方式和内容必须严格界定。在当前建设"数字中国"和"数字政府"的大形势下，政府的公共数据管理很可能将具有与财政管理相同的重要性；而21世纪以来一个突出的现象是，无论国外还是国内，数字科技能力的成长都主要发生在市场部门。在政府形成一个强大的数字管理系统之前，非国有企业的数字能力已经获得空前发展。在这种情况下推进政府的数字化转型，其核心技术和运营能力将不得不依赖市场和企业，必须发展政企之间的数字伙伴关系。如何正确处理政府的数字产业发展者、数字市场监管者和数字伙伴三个角色，对数字政府建设的开展非常重要。

第三章 "一网通办"加速数字政府转型

能否实现数字适应、数字领导和数字创新，是进入互联网时代后中国政府面临的重大挑战，决定了其能否有效推动网络强国、数字中国和智慧社会建设。"互联网＋政府"不仅仅要做加法，即政府善用互联网工具解决治理问题；还要求政府实现在思维方式、职能配置、组织结构和人员素质的深层次变革，完成数字政府转型，以适应、推动和管理全社会的数字化发展。

城市政府的数字转型为整个城市的数字化转型创造了条件。上海"一网通办"改革着力引入数字思维，培养政府治理新业态和新动能，在构建政府数字生态基础上，完善数字基础设施和公共产品供应，融入和带动城市的生活、经济和治理数字化，构筑通向"智慧城市"的强大推力。

第一节　数字领导力与公共数字生态

现代经济和技术条件为人类主导的有控制的生活和秩序创造了更好的条件，第四次产业革命的前景更增加了人类征服自然和改造社会的雄心。[①]第四次产业革命的代表性科学技术，包括人工智能、量子通信、生物技术、物联网、智能制造和新能源新材料等，其突出特点是形成更广泛、更深入和更迅捷的人、事、

---

① ［德］克劳斯·施瓦布：《第四次工业革命》，中信出版社 2016 年版。

物之间的新型连接互动作用机制，从而引发超出想象力边界的经济与社会变革。

第四次产业革命对世界上所有国家都是挑战和机遇，但对中国意义尤为不同。在前三次产业革命中，中国基本是旁观者，并因此错失近现代的重大发展机遇，几千年来所树立的东方优势被消解。经过新中国的发展，在全球第四次产业革命蓬勃兴起时，中国已经成为一个重要的参与者，具有相当的后发优势。中国的研发投资已经位居全球第二，科技论文发表数量则已经稳居全球第一，① 专利申请数量截至 2018 年已连续 8 年位居全球首位。② 中国能否顺利建成社会主义现代化强国，推进人类命运共同体建设，相当程度取决于在第四次产业革命中的表现。

城市的数字政府建设为国家的数字政府顶层设计提供了探索和借鉴。要实现政府在新技术条件下的调适和变革，首先需要公共部门领导力，以引入和深化变革，在文化、习惯、组织和制度等方面对数字转型开展倡导和支持，逐步形成以数据为核心的公共数字生态系统。

一、数字领导力

数字领导力（E-leadership）概念首先由艾沃利奥等学者提出，认为"数字领导力是在信息技术媒介下，内嵌于近端和远端情境中的促使个体、团体和组织在态度、情感、思维、行为和绩效上发生变化的社会影响过程"。③ 罗

---

① 数据来源：National Science Foundation. Science and Engineering Indicators 2020，访问于 https://ncses.nsf.gov/pubs/nsb20206，2021 年 1 月 14 日。

② 数据来源：World Intellectual Property Organization（WIPO），*World Intellectual Property Report*（*WIPR*）*2019*。

③ Bruce J. Avolio, Surinder Kahai, and George E. Dodge, "E-leadership: Implications for theory, research, and practice," *The Leadership Quarterly*, Vol.11, No.4, 2000, pp.615—668. Bruce J. Avolio, Jogn J. Sosik, Surinder S. Kahai S, and Bradford Baker, "E-leadership: Re-examining transformations in leadership source and transmission," *The Leadership Quarterly*, Vol.25, No.1, 2014, pp.105—131.

曼等学者提出数字领导力的六个可测量方面,包括数字沟通、数字社交、数字团建、数字变革、数字技术和数字信任。[①] 国内学者提出数字领导力包含数字洞察力、数字决策力、数字执行力和数字引导力等内容。[②]

本书认为推动政府数字转型的领导力存在于三个层面:制度、组织和个人。这些层面的数字领导力共同推动政府数字转型,完成包含电子政务、开放政府、以数据为中心的政府、完全数字化政府和智慧政府的数字政府进阶。[③]

> ➤ 制度层面。在公共部门的体系层面采取各种策略和政策,推动在制度框架、体系思维、资源配置、优先目标和文化氛围等方面实现数字转型,推进数字基础设施建设,推动政府与外界数字能力与市场的融合。

> ➤ 组织层面。在公共组织层面采取各种管理策略,推动组织在结构、流程、目标、文化和人员上的数字转型。

> ➤ 个人层面。公共体系或组织的领导者和成员对数字化的采纳、适应、利用和创新。

制度层面的数字领导力一般反映在四个方面的改革。第一是制订城市数字化发展的整体战略,例如伦敦 2013 年提出的智慧伦敦规划和纽约 2019 年推出的智慧城市建设计划。这些计划在最高层面上设定数字政府的发展愿景,

---

① Alexandru V.Roman, Montgomery Van Wart, Xiaohu Wang, Cheol Liu, Soonhee Kim, and Alma McCarthy, "Defining E-leadership as competence in ICT-Mediated communications: An Exploratory Assessment," *Public Administration Review*, Vol.79, No.6, 2018, pp.853—866.

② 彭波:《论数字领导力:数字科技时代的国家治理》,《人民论坛·学术前沿》2020 年第 15 期。

③ 这是著名咨询公司 Gartner 所提出的数字政府五个发展阶段,参见 Rob van der Meulen, "5 Levels of Digital Government Maturity," *Gartner*, Nov.2017, retrieved from https://www.gartner.com/smarterwithgartner/5-levels-of-digital-government-maturity/, 2020-12-24。

形成价值共识，引导资源投向和具体的政策制定。

第二是建立首席信息官和数字发展议事协调机构。在 193 个联合国成员国中，2020 年有 145 个国家设有首席信息官或同等职位。[①]纽约、新加坡、首尔和伦敦等城市设置了首席信息官、首席数字官或类似职位，在行政首长领导下推进数字化工作。新加坡成立了"智慧国及数码政府小组"，伦敦设立了"智慧伦敦委员会"等跨部门协调机构。这些职位和跨部门委员会在战略层面上推动数字政府发展和各部门协调。

第三是建立专门的数字管理机构。这些机构类型包括市政府直属办公室如纽约的市长数据分析办公室；也包括常设政府机构，如新加坡的智慧国及数码政府署。新加坡的智慧国及数码政府署下设政府科技局，编制 2200 人，承担政府信息化工作职能。在科技局的 8 个部门中，服务部作为前台有 1300 人编制，承担向政府各部门派驻信息化人员的职责，目前为新加坡 60 多个政府部门提供派驻服务，每个部门平均 20 多个人，团队负责人担任派驻部门的首席信息官；其他 7 个部门作为后台，提供业务能力支撑。[②]

第四是一些具有全局意义的数字服务项目，例如纽约 2002 年建立的 311 非紧急政府服务平台，实现了对所有政府公共服务部门的数字联动。

组织层面的数字领导力体现在以组织绩效提升为目标的对组织的全方位数字再造，通常是组织领导者推动的、组织成员参与和配合的集体过程。在制度层面存在的数字化改革，实际都可以延伸到各组织内部，例如公共组织制定其数字化发展战略、设立组织的数字官和数字发展委员会、成立本组织的数字机构和开展平台型数字项目等。公共组织采纳数字战略的意愿、能力、方法和效

[①] 联合国经济和社会事务部：《2020 联合国电子政务调查报告》，2020 年，第 184 页。

[②] 资料来源：上海市大数据中心提供材料。

果存在差异，财政资源丰厚、数字技术人员队伍齐整、组织文化开放透明和领导者有较强数字能力的公共组织，会更倾向于展现出较高的数字领导力。

个人层面的数字领导力指个人的数字沟通、数字社交、数字团建、数字变革、数字技术和数字信任等能力。这些领导力主体不限于组织的领导者，包含了组织所有层级上的成员，即包含向下、平向、向上和交错的领导力维度。传统数字领导力更多强调个人如何利用数字技术推动组织和个人的绩效上升，例如高效使用信息系统进行沟通和协调；现在的关注则进一步纳入了组织社会学的观点，比如在信息和知识更加普及和平等的情况下，领导者权威如何维持，群体信任如何重建，个人的组织归属感和工作满意度如何提高等。个人层面的领导力与制度和组织层面领导力存在交叉但并不等同。

数字领导力的关键成果是推动构建适宜的公共数字生态系统。图 3-1 所示的公共数字生态圈，包含了以下内在属性：1）公共数据是该生态系统的核心资源和生命体征，也是动态体系，既包含处在中圈的数据全生命周期，也包含其与内圈的政府、次外圈的人与组织，乃至最外圈的宏观环境之间的多层次互动；2）公共数据在数字政府时代是政府与公民、组织乃至更外围环境的关键界面之一，是公共价值分配的核心；3）公共数据来自人和组织，也来自更广泛的宏观环境，同时反作用于其来源；4）政府按照其价值、制度和技术对公共数据进行全周期处理，以适应外圈的人、组织与环境的需求和期望；5）内圈的政府和外圈的人、组织与环境都被中圈的数据所塑造，形成数字政府、数字社会、数字经济乃至数字环境等生态子系统；6）政府与公民、组织乃至更大范围环境的合作与竞争关系是塑造中圈的数字运动及其规则的驱动力和平衡力，公共数字生态圈的稳定、发展、裂变与变迁取决于政府与其他社会和自然力量的对比和平衡。

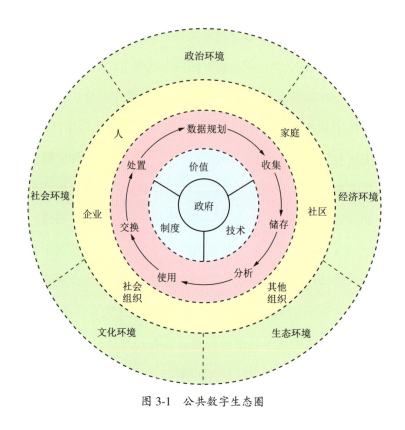

图 3-1 公共数字生态圈

二、"一网通办"助力上海数字政府转型

上海"一网通办"改革着力在制度、组织和个人层面形成数据友好的公共数字生态系统，取得了明显的实践效果。[①]从实践发展来看，越往微观的层面，越触及认知和行为方式的转变，也就越需要持续和深入的数字学习和适应。

宏观层面的制度推进。数字政府转型进入上海的政府和城市发展顶层框架，起源于上海在 2011 年初批准通过的《上海市国民经济和社会发展第

---

① 根据清华大学发布的省级数字政府发展指数，通过对组织机构、制度体系、治理能力、治理效果等方面的综合测算，上海 2020 年位列省级数字政府发展指数全国第一名。来源参见清华大学数据治理研究中心：《2020 数字政府发展指数报告》。

十二个五年规划纲要》。该纲要首次提出"建设面向未来的智慧城市",提出推动信息技术与城市发展全面深入融合,建设以数字化、网络化、智能化为主要特征的智慧城市,重点是建设国际水平的信息基础设施,并要求实施电子政务行动,建立集中与分布相结合的政务信息资源体系。2016年初通过的十三五规划,进一步要求"深化智慧城市建设",以实现全域互联、智能感知、数据开放、融合应用为目标,推进信息基础设施更新换代和超前布局,拓展网络经济空间,最大限度释放信息生产力。

2018年3月,上海印发《全面推进"一网通办"加快建设智慧政府工作方案》,提出到2020年,形成整体协同、高效运行、精准服务、科学管理的智慧政府基本框架,是上海数字政府建设的一个总纲领。"一网通办"改革成为具有全局意义的推进数字转型的总项目,"一网通办"平台也成为具有全面支撑效果的总运行技术平台。与之相匹配,上海建立了"三个一"的整体领导推进机制,这包括:一个领导小组、一个主管部门和一个技术能力平台。

> 上海市政务公开与"互联网+政务服务"领导小组:由市长任组长,各委办局和各区行政负责人作为成员,领导小组办公室设在市政府办公厅。（2019年调整为上海市推进"一网通办"改革和政务公开领导小组）。

> 上海市政府办公厅:作为"一网通办"改革的总协调推进部门,负责制定发布有关的政策、规定和办法,其内部主要涉及部门包括电子政务办公室、行政审批制度改革处、政务服务处和政务公开办公室等。

> 上海市大数据中心:"一网通办"的具体实施部门,是隶属于上海市政府办公厅的副局级事业单位,内设政策法规部、数据资源部、技术发展部、应用开发部、运维服务部、基础设施部和门户网站管理部等部门。中心的职责包括政策执行与研究、数据归集与应用、数据技术

研发、技术标准制定、政务信息系统整合与数据共享等，并承担上海"一网通办"总门户、政务云、政务外网、大数据平台、电子政务灾难备份中心等建设和运维管理。

"三个一"整体领导推进机制实现政治动员、政策协调和技术推进的有机结合，形成立体推进、节奏紧密、组织严密的决策与实施框架，很快在上海的政府全局工作上形成对"一网通办"的高度认同与深度认知。

中观层面的组织适应。数字政府转型是平台型政府在已有的条块政府结构中不断扩散的过程。相对于制度层面的增量发展与外部干预，已有公共组织的数字转型和与外部公共平台的全面对接是构建数字政府体系的最后一公里。为衡量市级下辖各条块单位的数字化转型效果，上海市政府办公厅委托第三方评估机构中央党校（国家行政学院）电子政务研究中心，对 2019 年上海市直部门和区级政府"一网通办"工作进行评估，涵盖 42 个市直部门和 16 个市辖区。评估采取实时信息监测、后台信息抓取、书面问卷调查等手段，基于各区级政府、各市直部门在"一网通办"平台的相关数据，科学和客观地反映各区各部门网上政务服务发展水平。评估内容由两部分组成，包括网上政务服务能力（含在线服务成效度、在线办理成熟度、服务方式完备度、服务事项覆盖度和办事指南准确度）和线下政务服务能力（含线下政务服务、数据归集共享和创新工作），各占 50% 的权重。以下数据均采自该评估报告。

对 42 个市直部门的评估显示，各部门的"一网通办"服务能力整体良好，各服务能力项也整体良好，但是也存在一定程度部门间差异。各部门的评估总分在 59.49 到 94.56 之间分布（满分为 100 分），均值为 85.05，有 30 个部门超过均值，平均数小于中位数，呈现负偏斜分布。相对来看，市公安局、市交通委等部门涉及城市运行管理中的大数量对象管理，数字化基础好，评分很高；而一些服务对象相对小众和涉敏感因素较多的单位的评分较低。

在8项一级指标中（如图3-2），办事指南准确度得分最高，指数平均值为93.44；数据归集共享、服务方式完备度、线下政务服务次之，指数平均值分别为91.55、89.84和89.20；在线办理成熟度、创新工作情况、在线服务成效度和服务事项覆盖度得分相对较弱，指数平均值分别为84.39、77.63、73.56和66.63。

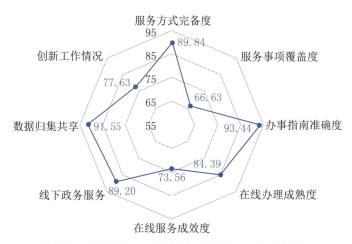

图 3-2 市直部门"一网通办"服务能力一级指标得分

来源：中央党校（国家行政学院）电子政务研究中心（2020）①

对16个区级政府的评估显示，各区"一网通办"服务能力不论在整体上，还是在各服务能力项上，都比市直部门分值要明显高，同时在分布上也十分接近。各区的评估总分在86.66到93.42之间分布（满分为100分），均值为90.60。其中静安区、宝山区和奉贤区得分最高。

在区级政府的8项一级指标中（如图3-3），数据归集共享能力得分最

---

① 中央党校（国家行政学院）电子政务研究中心：《2019年上海市"一网通办"调查评估结果》，2020年。

高，指数平均值为 98.41；线下政务服务、服务方式完备度和办事指南准确度次之，指数平均值分别为 95.49、92.89 和 89.04；创新工作情况、在线办理成熟度、服务事项覆盖度和在线服务成效度得分相对较弱，指数平均值分别为 88.00、87.38、86.85 和 79.60。

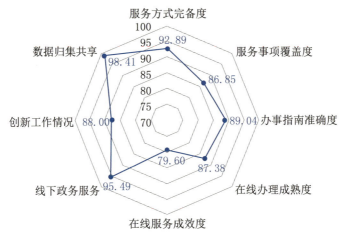

图 3-3　区级政府"一网通办"服务能力一级指标得分

来源：中央党校（国家行政学院）电子政务研究中心（2020）[1]

评估结果表明，由市政府直管的市直部门和区级政府，其数字化发展水平在 2019 年已经较为成熟，数字转型取得相当成果。同时，在部门之间、指标之间还存在发展不充分和不均衡的现象。

微观层面的个体调整。政府数字转型的行为基础是人的数字适应，包括政府内的所有成员。上海"一网通办"改革是典型的自上而下的层层任务下解和压力下沉，在数字适应上也是一级一级往下传递的认知和行为改变格局。在数字政府体系的最末梢，即直接面对办事的市民和企业人员的政务服务中

---

① 中央党校（国家行政学院）电子政务研究中心：《2019 年上海市"一网通办"调查评估结果》，2020 年。

心窗口人员，其数字适应的情况如何，反映了"一网通办"体系内的人员对数字化工作环境的一般适应程度。

上海在多年实践中建立了门类齐全和覆盖广泛的政务服务中心网。在2019年10月，上海全市有各类政务服务中心1560余个。其中电、燃气、城投等国企以及部分划转到党口系列的部门共设立政务服务网点约300个。全市政府系统设立的政务服务中心1265个，其中市级层面95个，区级层面352个，街镇818个。入驻政府系统的各类政务服务中心的政务服务事项2940项；窗口总数11650个，其中综合窗口8212个，占比70.49%；窗口人员总数21564名，其中公务员5626名、参公838名、事业编3019名、社工4539名、聘用制4106名、政府购买服务2172名、其他1167名、借用97名。2019年上半年，全市政务服务窗口总接待量达3645万人次。①

课题组在2020年11—12月期间，对从上海的5个中心城区和5个郊区抽取的总共10个区行政服务中心和10个社区事务受理服务中心的一线窗口工作人员进行了书面调研，获得有效问卷965份。这些人员的个人信息如表3-1所示。

表3-1　政务服务中心窗口工作人员调研样本的描述性信息

窗口工作人员基本信息（965人）			
性　　别	男性 26.74%		女性 73.26%
户　　籍	上海 93.59%		非上海 6.41%
政治面貌	党员 18.71%		非党员 81.29%
年龄范围	30 岁及以下	31—40 岁	41—50 岁	51—60 岁
	27.21%	53.16%	15.68%	3.95%
最高受教育经历	高中及以下	大专	本科	研究生
	4.31%	25.34%	68.25%	2.10%

① 数据来自课题组的调研。

　　调研分析了窗口工作人员的数字适应度的5方面情况，包括新技术接纳度、技术使用熟练度、技术使用专注力、技术效能认知和技术风险认知（见图3-4）。调研问题均为认同度测量，采用了5阶莱克尔特尺度，5代表很同意，4代表同意，3代表有些同意，2代表不太同意，1代表不同意。数字适应度的整体水平为3.73，代表相对积极水平。其中最高的为新技术接纳度（4.55），表明窗口工作人员对新技术的采纳持开放和支持态度；最低的是技术使用专注力，是指窗口人员在工作较长时间后，会感到精力不集中，这是长时间面对电脑屏幕从事高强度业务工作的常见问题，也是"一网通办"体系应该在运行层面关注和解决的员工工作满意度方面。

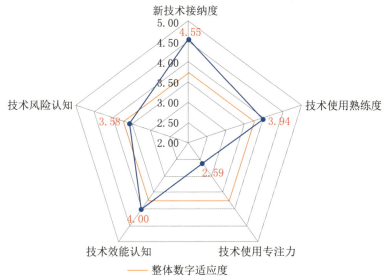

图3-4　"一网通办"窗口工作人员的数字适应水平

三、理论总结与思考

　　上海推动城市政府数字转型的做法与国外全球城市存在很多相似的地方，也充分体现了数字转型的上海特点和中国特色。以"一网通办"改革为代表的数字转型取得了多方面成果，其实践也反映了一系列有待进一步思考和解决的理论与现实问题。

如何选择和确定公共数据治理的政府机构模式。当前全国各省级政府在推动政府数字转型上已形成共识，但在推进的机构模式上存在差异。从 2014 年广东省大数据管理局成立以来，截至 2020 年底，我国 31 个省级行政区（不含港澳台）中，有 27 个省市或自治区设立了省级大数据管理机构，占比 87%。[①] 这些大数据管理机构在机构属性、隶属关系、组建方式和行政级别上都存在一定差别。[②] 目前来看，涉及的核心机构改革问题包括：

> 机构属性是否设立为行政机关，是否成为政府组成部门。目前从事业单位转变为行政机关，从政府部门管理的行政机关转变为政府直属的行政机关，或进一步转变为政府组成部门，是一个发展趋势。设立行政机关尤其政府组成部门有利于提高机构的权威性和协调能力，但设立门槛高，应十分谨慎。

> 机构职能设定是否采取大口径。传统上工信与经信部门是信息产业的管理部门，很多也管理地方的信息中心。将大数据机构设在工信与经信部门，会具有"兼业"的优势，但也可能造成业务冲突或部门间权力失衡。"分业"的模式则比如当前的财政金融体系，除财政部外，还有人民银行、银保监、证监、税务等一系列相关管理部门。

> 机构与其他政府机构的业务关系如何设定。天津市的机构模式与新加

---

① 根据上海市大数据中心截至 2019 年底材料，当时只有 5 个省级单位没有相关机构，均为西部省份；课题组经过网上核实，在 2020 年间这 5 个省份中有 1 个组建了大数据管理机构。

② 孟庆国、林彤、乔元波、王理达：《中国地方政府大数据管理机构建设与演变——基于第八次机构改革的对比分析》，《电子政务》2020 年第 10 期。黄璜、孙学智：《中国地方政府数据治理机构的初步研究：现状与模式》，《中国行政管理》2018 年第 12 期。

坡类似，由市大数据管理中心承担除国安和公安外的政府部门的相关业务，并派驻人员，这些部门原来内设的信息化机构全部撤销。这无疑将最好地形成政府体系内在组织层面的数字化一致性和同步性，但改革难度高，同时也可能忽视各部门数字化发展的不同特点和需要。

各地大数据机构改革路径上存在的大量自主性实践和差异，反映了两个核心数字政府问题。首先是国家顶层设计尚付阙如，仍然由地方进行自主探索。整体看，地方改革模式已经涵盖了各种可能性，再继续"让子弹飞"一段时间，待充分展现其利弊得失后，或可为中央层面的机构改革提供更好参考。目前西方主要发达国家尚没有在中央层面设立类似数据部这样的内阁部门的先例，当然这并不妨碍在 5G 时代勇做弄潮儿的中国的想象空间。第二个问题，可能更关键的，是公共数据的资源属性问题。首先，公共数据资源是否具有或将具有类似财政资源的同等重要性？这个问题的答案看来是肯定的。那么，公共数据管理是否应该采纳类似财政资源的管理机构，它的资源与资产特性是否需要设立统一的数据管理行政机构？无疑数据资源在需求、生产、流转、使用和获益方面，与财政资源都存在极大的差异，因此其管理机构的运行模式也必然是非常不同的。这同样是不必急于求成进行机构定位的重要原因。

如何建设公共数据人才队伍。政府数字转型主要靠人，而不仅仅靠软硬技术设施。上海和全国其他地方的数字转型实践都表明，不论是善于运用数字思维的公共组织领导者、还是组织中运作数据体系的技术人员、或是一线的熟练窗口工作人员，在政府里面都处在一种急需的状态，给数字政府建设带来了关键的障碍。比如，当前公共组织数字化的关键延伸面是在处级单位，即进入各种服务和内部管理的应用场景，但是处长们是否已经对本部门的数字化工作有系统的工作思路和抓手？依赖经验而非运用数据的工作方式仍然是主流，大量的数据被收集上来却并不能够派上用场。在大数据管理部门以及各政府机构的信息中心,聘用高质量的数据管理和分析人员非常困难。由于数据科技行业的从业者收入与政府机构内从事类似工作公务员的收入相差极度悬殊,易于产生对流效应,使得高素质人才流失到私营部门,进一步加剧政府与企业在数字能力上的差距。即使是基层的窗口工作人员,在综合窗口普及的情况下,存在工作压力大、收入低和职业提升空间小的情况,体制外人员一旦能够胜任后就可能追求更加高薪的其他职位。对965名窗口工作人员的调研显示,对"如果有机会,还是很想调整工作的"问题的回答,29.7%的人选择了"有些同意";28.5%的人选择了"同意",23.3%的人选择了"非常同意"。因此即使在上海这样数据与信息人才密集的地方,有关部门同样会感到"临渊羡鱼"。

上海面临的人才问题是全国和全球的地方和国家政府在数字政府建设中面临的共同问题。在数字政府建设开始的时候,信息与数据产业已经发展成熟,而且是高附加值产业;同时当前数字产业仍处在蓬勃发展的黄金时代,数字人才的市场需求量很大,这样政府很难与市场竞争人才。投入庞大的公共资金来设立一个政府数字人才的收入特区,这在制度上又是行不通的。从某种角度看,这个问题可能根本就是一个假问题,也即政府根本不必具备与市场同等水平的数字能力,因此也不需要具备同等竞争力的数字人员队伍,或者等数字市场人才饱和后自然会有充足供给。但是本书后面的分析可能会暗示,政府自身数字能力如果不能达到一个合理的底线,则最终可能面临系统性的挑战。

第二节 运用数字资源带动公共与社会生产力

公共数字生态系统的基础逻辑是数据的资源性,即数据与传统的生产要素如土地、劳动力和资本一样，是可以带来价值增长的生产要素，对数据的获得和运用成为系统内各行动者的理性选择。政府作为公共利益的创造者和捍卫者，在体系中扮演最大化公共数据资源价值的角色，在提高公共生产力的同时，推进社会生产力的全面提高。从公共数据自身属性看，政府要倡导和实施数据共享和开放，实现数据的内部和外部资源化。

上海“一网通办”改革在创建公共数据平台基础上，将数据工作的重点放在以数据共享推动行政与公共服务部门效率提高，以数据开放推动数字经济与数字生活发展。对数据治理的实践引发了一系列的有关数据权属和使用边界的思考。

一、数据治理：让公共数据成为资源性要素

公共生产力在现实中与“政府绩效”“政府效能”“政府竞争力”等概念存在交叉，在本书中指公共部门在体系、组织和个人层面所展现出来的实现其目标所具有的能力。公共生产力的要素自然地包含了劳动力、知识、生产资料、生产管理等方面，而数据和数据所承载的信息也正成为一个新的要素。[①]数字政府在通过治理数据来提高公共部门生产力的同时，也会对其他生产要素进行数字化转型。

提高公共生产力的首要现实问题是生产力的测量。这始终是公共部门管

---

① 国际国内学者对公共生产力存在不同的视角，涵盖范围从微观的具体活动或项目的投入产出比，到中观的组织效能，到宏观的政府职能实现程度或善治水平。参见胡税根、盛禹正、胡旭：《公共生产力的界定、分析框架及改进》，《浙江大学学报（人文社会科学版）》2012 年第 2 期。Nancy S. Hayward, "The Productivity Challenge," *Public Administration Review*, Vol.36, No.5, 1976, pp.544—550. Paula Linna, Sanna Pekkola, Juhani Ukko, and Helinä Melkas, (2010). "Defining and measuring productivity in the public sector: managerial perceptions," *International Journal of Public Sector Management*, Vol.23, No.5, 2010, pp.300—320.

理的一个根本性问题,即如何测量成就的实现程度。学者罗伯特·本将测量归结为与微观管理和动机管理并列的三个公共管理"大问题"。[1]一方面公共部门生产力可能在投入、产出、结果和影响四个层面测量,越往后越有价值,但也越复杂和困难;一方面对测量结果的归因和分配也非常难以实现,因为公共政策和管理的后果受到诸多因素影响,同时又是在多部门配合的过程中实现的,这样使用测量结果来调整公共管理也存在很多不确定性方面,而且可能造成"测量什么,就生产什么",乃至"不测量什么,就不生产什么"的指挥棒效应。在引入数字政府后,一方面公共部门的工作更容易量化了,另一方面新的流程再造会使得结果归因更加复杂。

数据治理通过释放数据的资源潜力来提高公共生产力。在政务数据、企业数据、社会数据三类数据中,政务数据处于核心地位。这不仅因为公共部门是国家最大的数据源,政务大数据占据全部数据的70%到80%;还因为政务数据具有权威性和可靠性,更具有开发价值。[2]但是数据要成为资源,就要求其所携带信息能够准确和有效地支撑公共决策和实施活动,其物理形态可以进一步整合加工和延伸,其使用场景可以丰富多元。因此数据治理通常存在数据资源梳理、数据采集清洗、数据库设计和存储、数据管理和交换、数据使用等方面,以提升数据可用性和使用价值,使得不同层级和系统的组织和人员能用易用。由于数据资源不存在财政资源这样的一般等价性,因此数据治理跨越的不同场景越多,难度就越大;这些技术困难在超级计算机支持下的公共算力不断增长条件下,有望得到缓解。

---

[1] Robert Behn, "The Big Questions of Public Management," *Public Administration Review*, Vol.55. No.4, 1995, pp.313—324.

[2] 汪玉凯:《数字政府的到来与智慧政务发展新趋势——5G 时代政务信息化前瞻》,《人民论坛》2019 年第 11 期。

　　数据资源化的另一个重要前提是较高的数据流动性。数据资源与其他资源一样具有稀缺性，能带来价值增长的数据是有限的；同时数据资源又具有可复制和可共享的特点，其共享面越大，则其社会贡献越大。在条块分割的以部门为中心的行政体制下，各部门追求信息的部门主权，建立起"孤岛林立"的部门信息系统建设，人为构筑起部门数据边界，妨碍了数据流动和归集，也妨碍了体系性信息的形成。数据治理的前提是在制度上确认政府数据的公共性，通过数据立法和政策，逐步建立起政府部门拥有数据的收集、共享和使用权，而数据主权属于国家的权属架构。国家根据公共部门的需要，在体系内实施数据的"按需分配"，逐步消除"数据部门主义"与"数据地方主义"的现象。共享是数据资源化的基础，必须用数据交换机制确保高效的互联互通、信息共享和业务协同。

　　在数据内部资源化基础上，公共数据还可以进一步探索外部资源化的潜能，提升社会生产力。公共数据开放指任何人均可无差别、无计数地使用以及发布由公共机构提供或委托提供的任何数据和信息，①这是一个非常普遍的公共领域现象。现代国家每年通过政府网站、公开年鉴、政府公报、电视、电台、报纸等多个渠道发布公共信息，这既是提供公共服务的方式，为公民及其组织的研究、生产生活和各方面活动提供基础信息；同时也是现代政府问责的方式和建设透明政府的内容之一。当前政务公开中的无条件政府数据上网也属于这个范畴。鉴于公共数据的公共性特征，数据开放在原则上应该是无偿、无限制条件和尽可能易于使用的。出于开放成本、社会需求面、公共价值创造潜力和信息脱密脱敏等考虑，数据开放的范围和深度通常是逐步

①　参见 Barbara Ubaldi, "Open Government Data: Towards Empirical Analysis of Open Government Data Initiatives", *OECD Working Papers on Public Governance*, No. 22, Paris: OECD Publishing, 2013。

拓展的。由于对高价值公共数据存在大量需求，以及由此可能形成的数据下游产业链，在开放顺序和深度上，除了成本考虑外，政府还必须考虑公平性等可能对社会产生的影响，避免因为数据开放形成偏爱待遇、造成不公平竞争和形成权力寻租。

二、"一网通办"改革推进数据共享和开放的成效

上海的公共数据治理工作从20世纪90年代的早期信息化时代就已经开始。在进入"一网通办"改革时，数据治理也进入到新阶段。通过制定和落实《上海市公共数据和一网通办管理办法》《上海市加快推进数据治理促进公共数据应用实施方案》《上海市公共数据开放暂行办法》等一系列政策和办法，通过组建上海市大数据中心和建立大数据平台，上海对政府体系内的业务专网、信息系统和政务服务移动端进行了大幅整合；对公共数据开展了全生命周期治理，实现公共数据"以共享为原则，不共享为例外"，并加速推出数据开放试点；同时依托大数据做精做深市民主页和企业专属网页，实现信息主动推送和及时意见反馈。

数据共享推进了公共生产力的提高。相关成效直接表现在"一网通办"服务体系的效能提升上。课题组在2020年11—12月期间，对从上海的5个中心城区和5个郊区抽取的总共10个区行政服务中心和10个社区事务受理服务中心的一线窗口工作人员进行了书面调研，请其对办事大厅的服务效果与3年前情况进行比较。调研获得有效问卷965份，其中区行政服务中心642人，社区事务受理服务中心323人。被调研人员整体信息参见前文表3-1。调研涉及办事大厅的整体服务效果和6个与数据赋能相关的办事效果方面（减环节、减时间、减材料、减跑动、更规范、更响应），调研问

题均为认同度测量，采用了 5 阶莱克尔特尺度，5 代表非常同意，4 代表同意，3 代表有些同意，2 代表不太同意，1 代表不同意。数值越高代表改善度越大。

整体看，一线工作人员认为自"一网通办"改革实施以来，办事大厅的整体服务效能有明显提升，其中区行政服务中心人员的均值为 4.68，社区事务受理服务中心人员的均值为 4.48（见图 3-5）。区行政服务中心工作人员与社区事务受理服务中心工作人员相比，在整体上和在各单项上，均有更高的认同度；差距最大的是"办事环节更少"（0.3），最小的是"企业/市民跑动次数更少"和"工作人员的反馈更加及时"（0.14）。这种系统性的差距，很可能是由于两类中心的人员背景和服务对象情况所造成的。上海区行政服务中心工作人员中公务员、参公和事业编制人员占比 50.25%，而社区事务受理服务中心工作人员中没有公务员和参公编制人员，事业编人员占比 10.99%，社工占比 71.86%。此外，区行政服务中心办理企业业务，社区事务受理服务中心办理居民业务，相对来看，居民事务更加琐细和难于规范化。这些情况说明，数据赋能在区行政服务中心取得了更好效果。

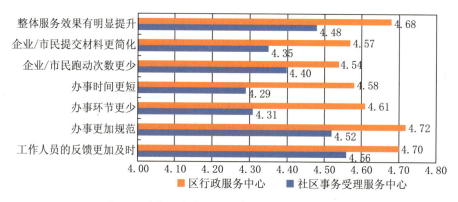

图 3-5　政务服务中心 3 年来的服务效果改进情况

窗口办事人员的个体效能也有明显提高（见图3-6）。整体来看，一线工作人员认为自身的工作效率有较大提高，同时认为当前使用的业务信息系统对提高自己的效率有积极帮助。同样，区行政服务中心人员的评价均高于社区事务受理服务中心人员，原因也与图3-5中的情况一致。这种连贯的反应模式，可能说明在政务服务大厅建设上，社区事务受理服务中心还是一个相对的弱项，但差别并不明显。

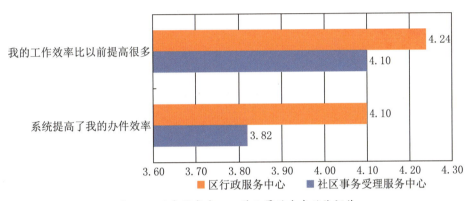

图3-6 政务服务中心工作人员的自我效能评价

数据开放探索助推社会生产力。上海是国内最早探索公共数据开放的城市和省级单位。2012年6月，上海率先推出上海市公共数据开放平台（https：//data.sh.gov.cn）。截至2020年4月底，我国已有130个省级、副省级和地级政府上线了数据开放平台，其中省级平台17个，副省级和地级平台113个。[①] 到2020年底，上海市公共数据开放平台的开放内容涉及49个数据部门、98个数据开放机构、5119个数据集和2203个数据接口、41个数据应用、44162个数据项，总计963759583条数据，在国内处于领先地位。

---

① 复旦大学数字与移动治理实验室：《中国地方政府数据开放报告（2020上半年）》，访问于 http：//ifopendata.fudan.edu.cn，2020年12月27日。

在开放应用项目中，比较突出的实践包括普惠金融应用和上海消费维权大数据智能管理平台等。从2015年开始，上海市在国内率先举办开放数据创新应用大赛，即SODA大赛。① 大赛秉持"数据众筹、应用众创、问题众治"的理念，以社会需求和热点痛点问题为导向，通过政府搭台、政企合作、公众参与，形成聚合数据开放者、产品开发者和应用需求者三方的完整价值链，激发数据创新应用。SODA大赛有力推进了上海市政府部门和企事业单位的数据开放认知和文化；在每年入围的100个项目中，部分项目成功落地。②

▸▸ 案例3　上海市利用公共数据开放推动普惠金融服务

普惠金融指遵循机会平等要求和商业可持续原则，以可负担的成本为有金融服务需求的社会各阶层和群体提供适当、有效的金融服务。我国市场主体里有小微企业3000多万户和个体工商户8000多万户。很多小微企业具有融资需要，而融资环节最先面对的门槛便是"首贷难"。小微企业普遍缺少征信信息，金融机构难以评估信贷风险，无法对符合贷款条件、有贷款需求的企业进行授信。银企之间的信息不对称成为普惠金融推广的难点。

为破解小微企业"首贷难"问题，上海市探索推动公共数据开放，通过搭建数据开放平台、统一数据接入端口等，为小微民企"精准画像"，破除传统金融行业数据不畅"坚冰"，提升小微企业金融信贷覆盖率和专业化程度。2018年初，上海银保监局梳理了缓解银企信息不对称的13大类78大项信息需求，涉及14个政府部门和公用事业单位。2018年4月，上海市政府组建上海市大数据中心，构建全市数据资源共享体系。在此基础上，首批普惠金融应用试点数据开放选定了银行业需求较迫切的8家部门，开放一批与普惠金融相关度最高的数据字段。2019年末，上海市大数据普惠金融应用上线运行，依托上海市电子政务云、市公共数据开放平台，

---

① 　SODA是Shanghai Open Data Application的首字母缩写。

② 　比如"手机UBI引擎"项目在2015年赛后获得美国国际数据集团（IDG）、京东、云启和艾想的投资；"小青椒私人交通分析助手"项目获得天使投资后，成立了北京教行健科技有限公司。

将企业在成立经营中的零散信息整合贯通。通过"一网通办"全流程一体化政务服务平台,上海市大数据中心将与普惠金融密切相关的政务服务等数据免费与银行业机构共享。通过搭建平台、数据集聚,"有条件"开放政府公共数据,形成以应用为导向的数据共享机制。

截至 2019 年末,上海银行业银行类金融机构小微企业(含同口径个体工商户)贷款余额 13351.68 亿元,其中大型银行普惠小微贷款增幅较去年同期增长 90.62%,中资法人银行单户授信总额 1000 万元以下小微企业贷款户均 160.33 万元,较年初下降 17.92%。数据向好的背后是信息科技对传统服务模式的提档升级。上海市"一网通办"总门户通过上线大数据普惠金融应用,借助政府公共数据的开放共享,获取企业纳税、工商年检、行政处罚等信息,对相关小微民企进行多维立体画像,提高风险管理效率,提升金融服务的普惠性和可及性。

为进一步打破"信息孤岛",2020 年 12 月上海市首批试点数据开放的 8 家单位,包括市科委、市人力资源社会保障局、市规划资源局、市生态环境局、市住房城乡建设委、市市场监管局、市税务局和市高级法院,在上海市大数据中心签署《授权委托书》,提供与普惠金融相关度较高的 386 项开放数据集,累计 3.8 亿条公共数据。这次数据开放实现了纳税、社保缴纳、住房公积金、市场监管、发明专利、科创企业认定、环保处罚、商标、司法判决等信息的免费开放共享。其中,社保缴纳、住房公积金、科创企业认定、发明专利等有关数据均为首次向商业银行开放。从平台运作设计来看,数据调取和使用采取实时采集和定期推送相结合的按需共享模式。一方面,公共数据"有条件"开放。企业授权后,数据使用前端环节须签订授权书和数据利用协议,银行通过平台提出查询请求,平台可提供一定时期内的企业数据,提升授信审批效率。另一方面,采取多维风险识别模式。开放平台通过调用市法人库的企业处罚、税务评级、法人变更等信息判断企业基本经营情况;进一步运用税务系统开放数据中企业资产负债、销售盈利、成本、应收账款等财务数据,对企业财务运转情况进行分析,从而为银行精准定位信用较高、具有可持续盈利能力的小微企业进行贷款。提供贷款期限结束后,银行将按照协议要求于 30 个工作日内销毁授权客户除信贷档案外的公共数据。

普惠金融实施前后的小微企业贷款方式如图 3-7 所示：

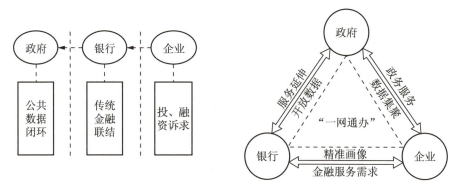

图 3-7　小微企业贷款的传统模式和普惠金融模式

三、从数字资源到数字资产：进一步的思考

公共数据资源化除了用技术上的数据治理来实现外，当前的主要推动手段是消除部门间的壁垒，用法令与政策来实现政府体系内的数据归集和共享，实现数据的按需流动和使用。这种资源化的发展当前主要在省级行政区范围内进行。全国层面的发展是下一个阶段，其中主要方面之一是央地数据整合与交换共享，由于中央政府直接提供给企业和居民的公共服务相当有限，全国政务服务大数据的构建更多是要服务于中央的关键决策需要和对地方的政务服务支持，同时全国性数据治理也为中央扩大其公共服务供给提供了一个重要的条件。事实上，实现公共服务均等化发展的一个基本方法就是更高层级的政府承担直接的公共服务责任，技术条件的升级可能从根本上改变我国在改革开放以来中央政府极为有限的直接服务责任。

另外一个主要方面是实现地区之间尤其省级行政区之间的数据共享。随着经济与社会生活流动性的日益增强，公共数据资源的跨行政区域流动也成为推进地区之间协同治理的重要基础。在这个方面的发展，一方面可以通过中央政府的数据归集和跨省共享来推进，另一方面也可以在地区一体化发展中协作推进。比如在 2019 年 3 月公布的《长三角地区政务服务"一网通办"试点工作方案》，就要求长三角地区强化政务服务跨区域通办和数据互通共享，率先实现全国一体化在线政务服务平台公共支撑功能的落地。广东省在 2020 年 11 月发布的《广东省推进政务服务"跨省通办、省内通办"工作方案》，要求对标长三角、京津冀地区政务服务一体化的做法，"着力打通业务链条和数据共享堵点"，积极推动泛珠三角区域政务服务"跨省通办"。

公共数据资源化的一个相关方面是数据的资产化。数据资产是指附带了占有、使用、处置和收益财产权利关系的数据。一些发达国家政府提出要把公共数据像资产一样管理。[①] 当把公共数据作为资产时，在其交换、共享和获益时就会产生经济权利的配置需要，即形成类似市场上的交易行为。从当前全球的政府实践看，公共数据在政府体系内的交换和共享通常是按照相关公共数据法律来实现的，其数据效能内在化于政府体系中。这时通常的关注点是数据交换的效率、成本控制和安全，采取最小够用、实质关联和场景匹配的办法。因此政府内的数据市场是不存在的。

在政府向公众提供能带来附加值的公共数据情形下，数据资产化的情况也与一般资产化形式不同。第一，政府仍然不会直接从开放数据交易或其增值中提取租金，这些数据仍然被作为公共资源所看待，而且不存在使用枯竭的问题；第二，政府可以从数据开放获得间接利益，包括就业增加、数字产业发展和税收；第三，公开的数据可能被企业经过开发后形成新的数字产品售卖，同时政府也可能与一些企业合作以开发市场需要的数字产品，这时的

---

① 比如 2013 年 5 月，美国奥巴马总统签署开放数据的行政命令，要求把政府信息作为资产进行全生命周期管理。

产权归属问题是在于产品本身而不是公共数据。总体来看，公共数据通过开放带来经济价值后，政府抽取的是发展的红利，以弥补数据开放的成本；数据使用者将获得直接增值，同时社会获得价值溢出。

因此政府的数据资产管理与企业是根本不同的。政府数据资产管理的本质是创造数据公共产品，为实现这个目的，需要处理一系列对内和对外管理的工作，包括在政府体系内建立数据公开的制度，并配置相应的财政资源；确定数据公开的范围、方式和深度，以及优先顺序；确保数据公开不影响市场竞争和公平，等等。与之相关的，政府应该逐渐推动经济与社会领域的大数据立法工作，对数据资产的资产属性、权利关系、价值评估、交易、收益分配和财产处分等方面进行法律规范。

第三节　数字政府中的政企关系

数字政府的核心能力之一是数字技术能力。为了让公共服务像"网购一样方便"，政府必须具备强大的数据处理和运营能力，对政务服务实施优化和再造。地方政府在谋划数字化转型时，首先面临的问题就是技术能力从哪里来。从20世纪90年代以来，互联网技术和经济首先在市场部门发展起来；"互联网＋政务服务"在《2016年国务院政府工作报告》中被提出时，中国的数字经济规模已经达到22.58万亿元。[①] 在其后的数字政府建设中，在"制造"还是"购买"的选项之间，地方政府几乎无一例外选择了后者。引入外部技术能力为数字政府建设在各地的迅速推进提供了基本条件。

---

① 中国信息通信研究院：《中国数字经济发展白皮书（2020年）》，2020年。

上海"一网通办"改革中大量采用了以购买服务方式实现的政企合作，利用签约的高科技企业实现对公共数据湖、电子政务云、总门户和政务外网等基础数字设施的建设和运营，参照市场部门实践来实现公共部门数字化建设的最高标准和最好水平。如何确保合作有效实现公共目的？如何对合作关系进行管理，保持"亲""清"高效的政企关系？如何确保数据安全性和政府对合作关系的掌控力？当前数字政府领域的政企合作为我国公共管理的实践和理论都提出了若干前沿性的思考。

一、"制造"还是"购买"：政企合作的利与弊

政企合作是当前全球公共部门在提供公共服务上的普遍实践。在合法性和安全性得到保障的前提下，政府在提供公共服务时可以采取比较效率的原则，即在自生产（即"制造"）和委外生产（即"购买"）之间选择更有效率的模式来提供公共服务。[1] 随着公民服务需求的快速增长，政府越来越多地把市场和社会组织引入到公共服务提供中，形成多元合作的现代公共服务体系。

中国政府从 20 世纪 90 年代开始引入公私合作模式，鼓励和引导民间资本通过公私伙伴关系（PPP）等方式进入基础设施、市政工程和其他公共服务领域。这曾经在我国政府缺乏资金的 90 年代末和 21 世纪初引发了热潮，比如上海市在"十五"规划期间的高速公路建设主要是通过公私伙伴关系来实现的。上海卢浦大桥和北京"鸟巢"奥运会主体育场都是公私伙伴关系的标志性项目。但是从"十一五"规划期间开始，各地的公私伙伴关系实践开始降温，这一方面是由于经济高速增长带来政府财税收入激增，降低了政府从

---

[1] 敬乂嘉、胡业飞：《政府购买服务：公共性的视角》，《公共行政评论》2018 年第 3 期。

外部获得财务资源的动机；①另一方面则是由于前期合作所带来的各种负面反馈，降低了政府的合作意愿，增加了其风险意识。在进入到"十三五"规划期间后，由于经济新常态的出现，从中央到地方开始逐步恢复对公私伙伴关系的兴趣，但行动上仍然相当谨慎。

数字政府建设在一开始就出现对政企合作的高度依赖。传统上我国的科学技术发展是国家主导的，即使现在量子通信、航天科技、超导、超算等领域也是国家主导的。但是在一些高度市场化的高科技领域，如互联网技术、5G、人工智能、芯片开发等新兴产业领域，存在技术创新、风险投资和跨行业经营的特征，国有企业由于其原有业务、决策结构、风险规避和收入限额等制约而难以进入，因而逐步形成了私营企业或混合所有制企业占主导的局面，一些企业还有国际投资背景。由于数字政府建设是复杂的系统工程，具有前期投入高、维护运营强度大、专业性强和技术更新快的特点，仅仅依靠政府所属信息管理部门无法完成系统开发、建设和维护，政府只能采纳"购买"的选项。

互联网企业的商业服务和内部管理模式，可以很快地经过调整在公共部门得到应用。腾讯云全程参与了"数字广东"的建设，将企业的技术积累与政务服务应用场景相结合，打造了"粤省事"和"广东政务服务网"，并为广东省搭建了协同办公平台。早在2014年，搭建在阿里云上的"浙江政务服务网"，就实现了省市县三级采用一体化模式建设的网上政务服务平台。另外一个生动的例子是，在2015年3月"互联网+"成为国家战略之后仅一个月，腾讯就与长沙、无锡、大连、广州、武汉、深圳、佛山等21个地方的市政府

---

① 21世纪前十年全国财政收入年均增长率接近20%。

签署了战略合作协议。与此同时,阿里巴巴与全国 17 个以上的城市建立新的数据云服务合作关系,并开始在其总部城市杭州开展 40 多个提供公共服务的政府项目。地方政府与民营互联网企业之间签署了大量战略合作协议,多数项目由百度、阿里巴巴和腾讯三家企业(三者合称 BAT)获得。

与企业合作一方面解决了政府在技术上的短板,一方面富有经济效率。首先,互联网企业开发了可复制的商业模式。由于信息产业的技术特性,这些企业的技术平台可以便捷和经济地为新建立的服务终端提供技术支持,这是平台经济边际成本递减的优势,同时也是互联网企业获得政府支持的策略。另一方面,互联网企业通过早期与地方政府的合作,建立了互惠互信的相互关系,为大规模和深度的合作创造了基础。在一些早期探索者如广东、浙江这些省份的推动下,以政企合作推动数字政府建设的热潮迅速席卷了全国,为地方政府所竞相效仿。

但是政企合作并不是没有缺陷的。合作仍然面临经典的委托代理问题,即在政府与企业信息不对称和利益不一致的情况下,如何避免企业最大化商业利润的行为。当前的互联网企业已经形成了企业帝国和复杂的技术与运营网络,形成全国范围和层次繁复的业务体系,是信息与知识的创造者和传播者。在这种情况下,与之签订合作协议的任何一个政府部门可能都面临信息和谈判劣势;而由于双方合作主要内容就是对政府信息的处理,则合作可能会加剧这种信息与能力的不对称,加速政府的空心化。长此以往,长期合作的利益天平就有可能会倒向企业方。由于互联网企业的营利方式特点以及政府的政策权威,企业利润最大化的行为虽然可能是对单个政府部门的交易溢价,但更可能是利用合作关系来获得有价值的公共数据和商业信息,影响政府的数字经济决策和其他方面的决策行为,或者为企业发展获得更加有利的政治与监管环境。

因此政府必须清醒地意识到，在数字政府建设中的政企合作，尽管短期内可能迅速换来合作利益，但从长远看政府与市场的数字博弈才刚刚开始。

二、"一网通办"改革：多元化的能力引入

在省级政府数字政府建设的锦标赛大潮中，广东省、浙江省和上海市等省市是领跑的第一方阵中的代表性成员。[①] 整体来看，各地的政企合作受到了数字发展起点条件、本地数字企业能力、政府文化与已有政企合作路径等因素的影响，其合作方式在反映数字领域合作的一般性特点外，也形成各自的地方特色。

广东省在 2014 年 2 月在全国率先成立了省级大数据管理局，隶属于广东省经信委；2018 年 10 月该机构被调整为由省政府办公厅管理的广东省政务服务数据管理局，是副厅级行政机关，成为推进政企合作进行数字政府建设的核心政府工作部门。自 2017 年以来，广东省以"政企合作、管运分离"的模式开展数字政府改革建设工作，并于 2017 年 10 月由腾讯、中国联通、中国电信和中国移动共同投资成立数字广东网络建设有限公司（以下简称"数字广东公司"），其中腾讯占股 49%，三大运营商合计占股 51%（其中中国联通占 18%，中国移动占 16.5%，中国电信占 16.5%）。数字广东公司负责全省政务云平台、政务大数据中心、公共支撑平台三大基础资源平台的建设。在 2018 年 11 月发布的《广东省"数字政府"建设总体规划（2018—2020 年）实施方案》中，要求省内各地参照省"数字政府"改革建设模式，设立"数字政府"建设运营主

---

① 在 2020 年省级政府网上服务能力整体指数排名中，广东和浙江并列第一名，上海列第二名。见：中央党校（国家行政学院）电子政务研究中心：《省级政府和重点城市网上政务服务能力（政务服务"好差评"）调查评估报告（2020）》，2020 年，访问于 http://zwpg.egovernment.gov.cn，2020 年 12 月 29 日。

体，模式之一是由数字广东公司在本地成立办事机构或分公司，另一模式是成立本地运营公司，按照"数字政府"建设总体规划加强与数字广东公司合作。广东省依托数字广东公司迅速形成了数字政府的"3+3+3"建设模式，即面向3类用户（民众、企业、公务员）、提供3大应用（粤省事、政务服务网、协同办公平台）和打造3大平台（政务云平台、政务大数据中心、公共支撑平台）。

浙江省在2015年11月成立浙江省数据管理中心；2018年10月组建了浙江省大数据发展管理局，作为省政府办公厅管理的副厅级行政机关，是浙江省推进政企合作进行数字政府建设的核心政府工作部门。从2014年，浙江省全面实施"四张清单一张网"建设，其中"浙江政务服务网"成为全国首个搭建在阿里云上的一体化网上政务服务平台。当年4月，浙江省政府与阿里巴巴集团签订全面战略合作协议，围绕阿里巴巴在浙江的电商平台、菜鸟物流等重点项目建设，发展阿里云及大数据产业，推进居民生活服务智能化，建设智能物流骨干网络，推进政府采购电商化，构建浙江诚信体系等10个方面内容开展合作。2016年12月，"最多跑一次"改革在浙江首次被提出，浙江省开始探索数据共享体系，通过数据跑路代替群众跑腿。2017年，浙江省发布《关于推进实施省政府与阿里巴巴集团深化全面战略合作核心项目的函》，确定"阿里巴巴与省政府共建全省政务云和省公共数据管理平台，阿里巴巴全面参与项目顶层设计和规划，作为总集成统筹项目落地实施"。2019年11月，数字浙江技术运营有限公司成立（以下简称"数字浙江公司"），是浙江省委、省政府领导下专注于数字化治理和政府数字化转型的技术运营公司，提供顶层设计、平台建设、业务创新、运维保障及运营等服务。数字浙江公司国资占股51%（其中浙报智慧盈动创业投资占17%，浙江易通数字电视投资占17%，浙江金控投资占17%），阿里巴巴占股49%，是一个典型的市场化运作的混合所有制企业。数字浙江技术运营有限公司负责承担全省党委、政府数字化转型总体技术架构设计、数据平台建设运维及相关项目的开发实施工作，是省公共数据平台的唯一服务商。

上海市在2018年4月成立了上海市政府办公厅管理的上海市大数据中心，是副厅级事业单位，承担上海"一网通办"总门户、政务云、政务外网、大数据平台、电子政务灾难备份中心等建设和运维管理。上海市没有腾讯、阿里巴巴这样的总部在本地的龙头数据科技企业，但是与国内领先的互联网企业建立了良好的合作关系，比如2008年上海市和支付宝合作，成为全国首个实现公共事业互联网缴费的城市；2015年支付宝总部迁入上海。2015年4月、5月，2017年6月和2018年11月，上海市分别与腾讯、阿里巴巴、华为和百度签署战略合作协议。此外，作为建设中的全球科创中心，上海拥有较多的科技企业和从业人员。①

上海在数字政府建设上的政企合作模式与广东、浙江均有不同。上海没有专门组建基于本地龙头企业的国资控股的科技企业，作为数字政府建设的唯一战略伙伴和总承包商。2019年2月，上海市大数据中心与上海地方国有大型企业集团上海仪电（集团）有限公司（以下简称"上海仪电"）签订战略合作协议，双方在上海电子政务云、大数据治理与安全、政务网、人员交流互派等方面展开深入合作。上海仪电成为上海市大数据中心的重要合作方，但不是总承包商。上海的数字政府建设参与方相对比较多元。在电子政务云建设上，上海引入了华为和阿里巴巴，形成两种技术构架的相互融合；在数据治理和运营上，引入上海德拓、云赛智联等企业；在公共支付平台建设上，

---

① 2019年上海市高新技术企业新认定5950家，有效期内累计12848家。参见上海市科委：《2019年上海科技进步报告》，访问于http://stcsm.sh.gov.cn，2021年1月10日。

引入银联、支付宝和微信；在"一网通办"平台的业务运营上，引入了支付宝和微信的随申办小程序等。2019 年上海市大数据中心的 1.1 亿元政府采购合同中，总共包含 19 个采购项目，其中 4 项为单一来源采购，1 项为竞争性磋商，14 项为公开招标；总共有 12 家企业获得这些项目。[①]

广东、浙江和上海在数字政府领域的政企合作可以简要归纳如表 3-2 所示：

表 3-2 广东、浙江和上海的数字政府建设政企合作模式比较

	广东省	浙江省	上海市
战略合作伙伴	数字广东公司	数字浙江公司	上海仪电
企业性质	国资（央企）控股（51%）、腾讯（49%）	国资（省企）控股（51%）、阿里巴巴（49%）	市属国有企业
企业设立时间	2017	2019	历史悠久的国有企业
企业服务对象	广东省数字政府建设	浙江省数字政府建设	无限定
合作方式	战略合作协议	战略合作协议	战略合作协议
购买服务方式	通常为单一来源采购	通常为单一来源采购	公开招标
合作领域	云、网、数、端全覆盖	云、网、数、端全覆盖	云、数部分
合作期限	长期	长期	三年
核心技术来源	腾讯	阿里巴巴	仪电等多家企业

从粤浙沪等数字政府建设先进省市的政企合作看，存在以下特点：

通常设定一个数字政府战略合作伙伴。由于数字化工作内容纷繁复杂，通常地方政府会确定一个具备综合技术能力的龙头企业作为核心战略合作伙

---

① 本处的 2019 年上海市大数据中心的采购数据是在上海市政府采购网的采购结果公告中，以"上海市大数据中心"为关键词，以"上海市本级"为地区选择获取的公开信息，并排除了市大数据中心应用开发部宣传费用项目、食堂管理费项目、办公服务项目、宣传片制作项目 4 项与数字技术无关的项目信息。根据上海市大数据中心 2019 年财政决算数据，"上海市大数据中心 2019 年度政府采购金额（以合同签订为准）为 13550.55 万元"，因此这些数据只是实际采购的一部分。

伴，尤其进行框架设计和核心能力导入。一对一的伙伴关系有助于政府集中精力于需求管理和伙伴关系管理上，而把市场资源整合的一对多工作交给战略合作伙伴完成。相比来看，广东省和浙江省都是专门组建以服务该省数字政府建设为使命的新企业，但这些企业并没有核心技术；而上海则是与已有科技企业直接建立合作关系。

合作关系的基础是信任。一对一合作关系会造成潜在的单一依赖风险，地方政府主要从三个方面实现管控。第一，合作伙伴的股权控制。数字广东公司的控股方是三大央企运营商；数字浙江公司的控股方更是三个省属国企；而上海仪电是上海的老牌地方国有企业，其前身是成立于 1960 年的上海市仪表电讯工业局，曾为中国仪电工业发展做出重要贡献。在 20 世纪 80 年代前中期，上海仪电曾雄踞全国仪电工业"半壁江山"。第二，企业的地方属性。数字广东公司的最大股东腾讯的总部在广东深圳，数字浙江公司的最大股东阿里巴巴的总部在浙江杭州，上海仪电在上海。这种联系不仅暗示了企业与地方长久形成的密切联系，也使得企业成为地方经济发展的优先支持对象。第三，企业的信誉。这尤其体现在上海与腾讯、阿里巴巴的合作上。

合作的方式是建立战略合作伙伴关系。地方政府一般与核心战略合作伙伴签订长期的合作协议，合作领域涵盖数字政府技术与运营体系的最核心部分，如"云、网、数、端"的建设运营。在建立伙伴关系后，采购方式一般是单一来源采购；有时也会采用公开招标和竞争性磋商，主要是用于战略合作伙伴不提供的服务。

市场的集中度相对较高。从政府采购的规模看，数字广东公司和数字浙江公司在各自的省级大数据主管部门的数字采购项目中所占比例都是极高的。比如，广东省政务服务数据管理局在 2019 年的政府采购项目总额为 18.24 亿元，其中 89.8%（16.38 亿元）均付给了数字广东公司。[①] 在技术供给上，广东省和浙江省主要是依赖腾讯、阿里巴巴及其供应商团队；上海在合作对象和技术来源上要更加多元。此外，广东省推荐但并不要求省内各地政府与数字广东公司合作；浙江省没有明确要求，但阿里巴巴的影响非常深入，尤其在省会城市杭州；上海各区相对比较灵活。

三、理论总结与探讨

本节的讨论涉及政企合作的两个相关的方面。首先政企合作在互联网时代已经成为数字政府建设的必然选择，也是政府与企业的双赢之举。缺乏数字技术能力的政府可以通过与互联网企业和其他先进技术企业的合作，迅速获得数字政府的基本技术能力，进入数字化发展的快车道。不论是国家政府，还是地方政府，为了提高政府竞争力都会产生巨大的政企合作动力乃至压力。从实践来看，这种合作往往形成长期的合作伙伴关系，政府最初的伙伴选择和合作路径设定会形成长远的后果，因此必须非常谨慎。当前我国的地方政府实践表明，龙头企业、属地企业、国资背景，是政府在选择合作伙伴时候的关键考量。

从企业的角度，进入数字政府市场是一个具有深厚发展空间的领域。我国的数字政府市场规模持续增长，在 2014 年到 2018 年间年均增长 14.5%，达到 3140 亿元规模，并且还将保持增长。[②] 政府数字市场主要包括硬件、网

---

① 该数据是根据广东省政务服务数据管理局部门网站政务公开信息的项目招标信息，以及广东省政府采购网以广东省政务服务数据管理局为采购方搜索的采购项目信息整理。广东省政务服务数据管理局当年的政府采购服务的决算支出为 43294.19 万元，因此这 18.24 亿元的项目采购资金中只有较少部分来自广东省政务服务数据管理局的部门预算，绝大部分是与其他省级部门的联合采购。

② 观研天下（北京）信息咨询有限公司：《2019 年中国互联网行业分析报告·市场运营态势与发展动向预测》，2020 年。

络设备、软件和服务，其中软件和服务的增长是最快的，已经占据市场主体。企业进入数字政府建设，除了获得稳定的收入来源外，其潜在目标是成为政府的核心合作伙伴，获得政府信任，为在市场上的发展创造更有利条件。同时，由于数据的本质是信息，是可学习、可传播和可复制的，因此帮助政府管理信息的同时也为企业获得信息尤其是优质信息提供了途径。

这就涉及合作的另一方面。数据是数字政府的核心资源，那么究竟谁应该管理政府的数据？数字政府时代的政府核心竞争力正走向对数据的治理，如何能够确保在政府缺乏直接技术能力条件下的数据掌控力？营利性的市场企业在合作协议框架下来运营政府的公共数据，是否会必然导向公共价值增加和确保公共数据安全性？由于在数字政府合作中的技术黏性和轨道效应，很多合作在短期内是完全不可逆的，则在政府无法更换其合作伙伴的情况下，如何能够保持必要的激励和监督？

对这些问题的思考必须要回到政府与数字企业的基本关系。通常，政府对企业存在三种角色，即产业促进、市场监管和业务合作。业务合作是本节讨论的内容，是为了实现特定的公共服务和管理目标而与企业进行的合作，比如政府组织与业务的数字化转型。产业促进是政府的经济目标，除了产业政策外，也可以通过积极的政企合作，增大数字产业发展的市场，推进数字经济发展升级。相对来看，市场监管是政府为维护市场秩序乃至更广泛的公序良俗而对企业采取的管制和约束行为，比如，政府要防止数字政府市场出现集中乃至垄断的情况，要防止数字企业通过与政府的合作而获得不正当竞争优势，也要防止数字企业形成对有关公共政策的过度影响；此外，也要防止地方政府默认甚至推动的市场垄断行为。市场监管虽然是约束性的政府职能，但本质上是为了促进数字产业和政企合作的健康发展。

尽管三种政府角色存在内在一致关系，但是在现实中其实现渠道是不一样的。数字业务合作主要在微观的组织层面进行，实施政企业务合作的单个组织往往不具备产业促进和市场监管的职能和能力，但是要学会做"聪明买家"，善于处理在购买中的委托代理关系，对政企合作中的技术性风险、合法性风险、合同风险、腐败风险和路径依赖风险，要充分研究和进行必要的制度设计和准备。数字产业促进则一般属于具有相关产业基础的地方政府和更高级政府。数字市场监管则往往需要在更大甚至在全国乃至全球范围内才能有效开展，这很大程度是由于行业信息在更大范围内才是更准确的，也很大程度由于地方政府在产业促进上的更强激励偏好。如果政府在数字产业促进和市场监管上没有形成统一和清晰的政策，则对政企数字合作的微观管理也会造成严重缺陷。政府在实施数字政企合作时，从纯理论的角度看，解决政府对科技企业的高度依赖，存在以下选项：

➢ 发展或引入国有数字企业。在数字产业市场化程度较高、数字技术快速升级迭代的情况下，依赖国有企业获得成功的可能性较小，而且可能会对市场秩序带来严重影响。

➢ 科技企业国有化。强制国有化可能违反产权保护的基本法治原则，同时企业也可能因此无法在市场立足而走向衰败。政府虽然可以采取股权市场操作的方法获得企业的控制权，但可能也会存在很多的法律和政治风险。

➢ 强化对科技企业的监管。这种监管存在不同层面，包括对企业的数据和信息行为采取多种形式的事中和事后的监管，确保数据未经授权不得做任何其他使用；也包括限制其他任何可能从政府数据合作中获得不正当利益和竞争优势的行为；企业需要更加透明和问责。

➤ 反垄断措施。国家应该依据《招投标法》《政府采购法》和《反垄断法》等法律，进一步提高数字领域政企合作的透明度，加大对行业状况的分析研判；对于已经自然形成或者基于不正当竞争形成的垄断市场，可以采取企业拆分、业务拆分、价格限制、强制平台准入、强制报告、高额罚款、监管人员进驻等措施。

➤ 数字科技标准化和透明化建设。促进竞争的一个关键方面是技术的非特定性和开放性，例如软件的开放源代码。通过加强数字政府领域的标准化建设，以及推进在基本技术和设计架构上的强制知识转移（比如在合同商发生变更时），将有助于减少专用性投资造成的路径依赖问题。

第四节　走向数字治理

数字治理是一种治理形态，是在数据治理的基础上，利用数字手段来更好地实现公共治理的目标。数字技术在催生数字政府的时候，国家、市场和社会面临一个新的选择，是要一个更大更强的政府，还是一个更大更强的治理。数字化可能会给政府一个假象，即依托了数字技术的赋能，政府可以无所不能。[①] 事实上，数字政府的确让政府变得更加强大，但是在经济社会发展的大海面前，政府仍然只能是有限的。

"一网通办"改革本身内含了数字治理的理念，即通过数字化技术实现国家、市场和社会关系的调整，通过审批制度改革等各项政府职能调整，推进

---

① 在20世纪30年代，在著名经济学家兰格和米塞斯之间曾经有过一场大的论战，辩论核心是能否通过运用计算机的先进计算能力来替代分散的市场行为及其机制，建立以中央计划为基础的资源配置机制。

政府职能归位，最大程度激发市场与社会的活力，实现市场在资源配置中的基础性和决定性作用，加快形成共建、共治和共享的社会治理格局。

一、数字治理的两个维度

数字化转型同时发生在市场、社会和国家的领域。数字治理是数字化条件下多元治理主体对公共问题的分工与协作，它并没有改变治理的本质，而只是丰富了治理的工具和改变了面对的治理问题；从这个角度，数字治理也可以视为治理实现数字化转型后的形态，也是现代化国家治理的一个组成部分。[1]数字治理主要表现为两个维度。

第一，数字治理利用数字化来实现治理目标。利用数字化转型解决传统治理难题是早期数字政府建设实践中的主导思路。这种观点将数字技术视为一种工具层面的治理手段，[2]政府通过采纳数字技术，可以获得应对经典治理难题的创新方案。数字技术服务于公共部门的策略性使用，表现为对已有政府治理体系的嵌入和适度改造。诞生于20世纪80年代的新公共管理运动构成了这一数字化建设思路的主要思想来源。消除繁文缛节、减少寻租空间、促进政府透明等目标构成了决策者推动政府信息化建设的重要考量。[3]

"基于数字技术优化治理"的思路为一系列经典治理难题带来了解决的

---

① 鲍静、范梓腾、贾开：《数字政府治理形态研究：概念辨析与层次框架》，《电子政务》2020年第11期。

② Richard Heeks, *Reinventing Government in the Information Age: International Practice in IT-Enabled Public Sector Reform*, Routledge, 1999.

③ Jae M. Moon and Stuart Bretschneider, "Does the perception of red tape constrain IT innovativeness in organizations? Unexpected results from a simultaneous equation model and implications," *Journal of Public Administration Research and Theory*, Vol.12, No.2, 2002, pp.273—291. Wilson Wong and Eric Welch, "Does e-government promote accountability? A comparative analysis of website openness and government accountability," *Governance*, Vol.17, No.2, 2004, pp.275—297.

希望。① 在政府内部沟通协作上，从20世纪90年代开展的以政府—政府（Government to Government，G2G）为特征的"金字工程"到当前的电子政务云、网、数的建设，数字化转型使得政务信息跨越多层级和多系统的政府部门边界，实现快速、准确和实时的信息流转，极大地优化了政府体系的运行效率。在建设"亲""清"高效政企关系上，以政府—企业（Government to Business，G2B）为特征的网上行政审批系统使得原先需要线下面对面完成的审批流程转移到线上，甚至是机器秒批，避免了传统线下办事可能带来的人情掺杂、随意和拖沓的现象。在政民关系建设上，以政府—公民（Government to Citizen，G2C）为特征的政府网站和一站式服务，为信息公开和市民办事提供了新手段和新渠道。传统上，公民只能够在特定的时间地点借助电视、报纸等传统媒介获取政务信息。在互联网时代，政府网站打破了这种时空限制，公民得以更加自由、便捷地通过网络获取资讯和办理业务。

伴随着数字技术由传统的信息型、网络型技术向移动型、智能型技术迭代演进，政府借助数字化转型优化治理能力的方式也得以不断更新和拓展。大数据、云计算、区块链和人工智能等技术进一步赋能政府，互联网＋、智慧社区、领导驾驶舱等新兴数字化应用不断涌现，推动着政府对数字技术的应用朝向更高阶段迈进。一些数字技术还附带了特定的治理价值取向，比如区块链技术天然地具有分权、信任和民主的价值取向。

第二，数字治理要应对数字化带来的新治理问题。数字技术不仅仅带来期望的积极效果，也会带来一系列未预期的后果，这些未预期后果既可能是无意的自然后果，也可能是因为技术的两用性而被刻意消极使用的结果。对

---

① 徐晓林、周立新：《数字治理在城市政府善治中的体系构建》，《管理世界》2004年第11期。徐晓林、刘勇：《数字治理对城市政府善治的影响研究》，《公共管理学报》2006年第1期。

这些后果的有效回应是数字治理的应有之义。新的治理问题突出表现在当前愈发显著的数字鸿沟、数据泛滥、信息污染、隐私泄露乃至数字犯罪等问题。这些问题都易于理解,在信息与数据成为资源以后,资源配置的不充分、不均衡以及使用的不恰当都可能导致资源使用的社会负效应,加剧已经存在的社会问题和带来新的问题。

以数字鸿沟为例,数字能力的分布不均可能会加速形成难以逆转的社会分层。①数字鸿沟可以区分为三个层次,初级数字鸿沟是能否接触和使用数字设备,比如是否拥有电脑和手机等设备;中级数字鸿沟是能否熟练使用数字技术,以之作为工作或生活的关键工具;而三级数字鸿沟以心理认知为核心,即是否愿意并相信数字技术可以改善生活。这些不同层面的数字鸿沟会直接带来数字运用和数字福利的差异,比如,大额金融交易可以由用户通过网络金融系统迅速完成,但老年人或农村人口可能要去银行花费一个工作人员半小时的时间完成很小额度的交易。技术系统的升级虽然提高了一部分人的效率,但也会增加另外一部分人的难度,最终可能使得鸿沟大到无法容忍,从而只有通过强制的或自愿的区隔来实现。

刘慈欣著的科幻小说《黑暗森林》里面幻想了一个未来城市的图景——能够掌握现代技术和生活方式的人,就生活在地下的高科技世界;不能和不愿适应的人就自愿选择继续生活在混乱、沙化和工业化时代的地面。②两个世界没有什么交集。平等、共享和发展这样一些公共管理的基本价值,如何在

---

① Jan A.G.M. Van Dijk, "Digital divide research, achievements and shortcomings," *Poetics*, Vol.34, No.4—5, 2006, pp.221—235. Jan A.G.M. Van Dijk, "The evolution of the digital divide: The digital divide turns to inequality of skills and usage," *Digital enlightenment yearbook*, 2012, pp.57—75. Bianca C. Reisdorf, and Darja Groselj, "Internet(non-)use types and motivational access: Implications for digital inequalities research," *New media & society*, Vol.19, No.8, 2017, pp.1157—1176.

② 刘慈欣:《三体 2:黑暗森林》,重庆出版社 2008 年版。

新技术条件下增进而非减损，是非常重要的数字化时代的挑战。这部小说也显示了，数字鸿沟还会与已有的其他社会鸿沟如城乡鸿沟、代际鸿沟和贫富鸿沟等相互交叉和叠加，加深已有问题的治理难度。由于技术快速升级迭代的特点，数字鸿沟的累积与加深要大大快于其他鸿沟，使得公共治理缺乏足够的反应时空，传统的等问题充分暴露后才加以政策干预的模式会变得失灵，因此亟待开发社会实验等研究和预测新兴技术社会影响的方法，为数字时代的循证政策提供支持。①

此外，数字化过程中的过度理性和数字冷漠问题也正成为公共治理的新雷区。在公共部门越来越智能化和数据驱动的发展趋势下，政府有可能沦为一套计算系统，或者一个人机界面。这个算法可能是高度准确的，但是可能缺乏与人的情感联系而失去它的合法性，也可能因为人工智能技术的无限突破而具有其自身的本体性，从而反思甚至否定人的价值。从"门难进"到"没有门"，从"脸难看"到"看不见脸"，人的价值和工具之间的矛盾冲突始终在继续中，数字技术革命只是创造了一种新的矛盾形式。由于数字技术的信息能力和学习能力仍然是人为设定的，则在数字系统框架设定上的偏向和不平等将成为人类不平等的又一关键来源，不符合设定标准的信息和声音可能会被系统性地忽略、漠视和淹没。数字民主和数字平等无疑将成为未来政治的核心命题。

二、"一网通办"改革对数字治理两个维度的回应

上海"一网通办"改革直接回应了本书提出的数字治理的两个关键维度。

---

① 苏竣、魏钰明、黄萃：《社会实验：人工智能社会影响研究的新路径》，《中国软科学》2020 年第 9 期。

其一,"一网通办"改革基于数字技术实现了全面的和深度的治理优化,开辟了在新的技术条件下对传统治理问题的更好回应。按照俞可平教授提出的善治核心十要素,① "一网通办"改革与其对应性体现在:

> 合法性:把"以人民为中心"作为改革出发点和归宿;

> 透明:政务服务事项全部上网,办事指南清晰易懂;

> 责任:刀刃向内自我革命,不断简化办事流程,提高办事效率;

> 法治:坚持法治导向,用立法、释法和法律清理保障改革,坚持"凡是没有法律法规规定的证明一律取消";

> 回应:以群众和企业需求来制定"一件事"和再造流程;

> 有效:着力于改善营商环境和群众办事便利度;

> 参与:贯彻实施"好差评"制度,以群众和企业的满意度和获得感检验成果;

> 稳定:通过智能化应急管理和主动服务,化解社会不稳定因素;

> 廉洁:办事流程标准化、智能化和规范化,减少自由裁量权;

> 公正:透明和标准的办事流程,系统面前人人平等。

在 2020 年上海防控新冠肺炎疫情的工作中,"一网通办"体系充分展现了其数字治理的有效性。

▶▶ 案例 4 "一网通办"助力上海数字"战疫"

2020 年初,新型冠状病毒引致的肺炎疫情爆发,形成二战后全球范围内最严重的公共卫生危机。上海作为全球大都市,人口结构复杂、流动迅速,面临严峻的疫情防控形势。上海市快速反应,1 月 19 日市卫健委即制定《上海市应对新型冠状病毒感染的肺炎疫情综合防控工作方案》,21 日成立以市长应勇为组长的新型冠状

---

① 俞可平:《民主与陀螺》,北京大学出版社 2006 年版,第 84—86 页。

病毒感染肺炎疫情防控工作领导小组，24 日启动重大突发公共卫生事件一级响应机制。截至 2020 年 12 月 31 日，上海市累计确诊 1516 例，其中境外输入 1167 例，是迄今全球城市中疫情控制表现最好的城市之一。

疫情发生后，上海市依托"一网通办"体系，推进智能和动态疫情防控，同时全力满足市民企业基本生活和工作需要，保障城市稳步运行。市大数据中心充分发挥信息化技术优势，聚焦"一网""一页""一码"和"一云"建设，运用大数据提供精准服务和疫情管控，推进战"疫"数字化。

一网：借助"一网通办"，上海市鼓励各区、各部门创新审批方式，探索"远程办""应急办""承诺办""延后办""快递办"等形式，开展"不见面办理"和"零接触服务"，并引导市民、企业网上办、掌上办。比如市场监管等部门通过远程身份核验代替现场确认身份，通过网络评审、视频会议评审、函件评审代替现场评审。再比如市药品监管局通过建立应急审批小组，简化申请资料，实施审批"四同步"，即在企业提交资料的同时，同步推进检验检测、技术审评、体系核查和生产许可工作，在 4 天内完成了对 5 家生产医用外科口罩、一次性防护服、碘伏棉签和酒精棉签的企业的审批发证工作，而此前这项审批完成需要 74 个工作日。从 2 月 10 日开始复工到 3 月 1 日期间，"一网通办"平台办件总量达到 89.78 万件，"不见面办理"比例达 53.28%。

一页：开设"一网通办"新冠肺炎防控专栏，主动精准服务。专栏面向全市 204 万企业用户和 2000 余万个人用户，主动推送各类与疫情相关的权威信息，实现覆盖多领域的 30 余个业务办理。截至 2020 年 4 月 14 日，专栏累计访问量突破 2.54 亿次，移动端访问量占比 99%。其中"企业复工人员网上登记"累计使用量涉及企业超 13.1 万家，员工超 145.5 万人。

一码：2 月 17 日，"随申办"APP、"随申办"微信及支付宝小程序同步推出"随申码·健康"服务。"随申码"是"一网通办"为上海市民（企业）工作、生活、经营等行为提供数据服务的随身服务码。依托来沪健康登记数据、解除医学措施数据、重点人员数据以及社会第三方数据等，通过市民主页用户画像能力赋能，为疫情防控和企业复工复产提供有力支持。从 5 月起，围绕市民衣食住行等日常生活以及企业生产经营等场景，加快推进"随申码"延伸应用，陆续上线就业招聘、交通出行、看病就医、文旅体育等场景下的热门服务，不断扩大应用覆盖面、提升使用体验。截至 2020 年 9 月底，累计使用次数超过 14.4 亿次，日访问量峰值达 1000 万次。

一云：发挥"企业服务云"作用，上线"助企战'疫'专栏"和"沪28条"惠企政策专区。围绕企业疫情防控、复工复产等迫切需求，重点在人员防控、健康管理、就业用工、普惠金融等方面提供一站式政策服务，一门式诉求服务和一网式专业服务。截至2020年4月14日，访问量达940万人次，累计处理企业诉求4.5万个。

其二，"一网通办"改革中，上海注意从多个角度缓解数字鸿沟的负面影响。上海市在1979年即进入老龄化社会，老年人在使用数字技术上的能力不足是数字鸿沟的一个重要方面。上海为此采取了一系列为老年人增能的"数字无障碍"举措。

开展针对老年人的信息化便民服务。2020年7月，上海市民政局启动"智能相伴计划"，面向全市60岁以上的老年人，在老年人日常生活的居家、社区、机构等各种场所和养老服务场景中，应用各类智能化、信息化手段，为老年人提供便捷易用的养老信息资源服务和智能陪伴。同时，开展老年人数字应用培训。比如上海市青浦区民政局开启"跨越数字鸿沟，乐享数字生活"老年人智能手机应用培训系列课程。上海联通于2017年推出"老有智慧"公益活动，帮助银发人群跨越数字鸿沟。市经信委通过"信息助力员"计划，进一步加强社区老人信息化培训。

推进信息产品的适老性。上海市信息服务业行业协会、上海市养老服务行业协会、上海市软件行业协会、上海市物联网行业协会、上海市人工智能行业协会、上海智慧城市发展研究院等共同组织发起了从供给侧消弭"数字鸿沟"，解决老人应用智能技术困难的行业倡议书。在软件开发侧开发打造大字版、语音版、简洁版、一键达等适老化无障碍版本，积极开发无感操作的智能辅具、智能家居和健康监测、养老照护等智能化终端产品。在服务供给侧提供可感知性、可操作性、可理解性较高的功能设计与开发，遵循常规页面布局方式，做好无障碍版本的兼容性控制。

推进信息无障碍工作。上海市经信委完成了全市 36 家市级政府部门和 16 个区政务服务网站信息无障碍改造，为老人网站浏览提供了放大、配色、辅助线等浏览辅助功能，并组织开展了 150 多场社区信息化培训，为 2 万多老人提供上网帮助教学。市经信委将出台信息无障碍"上海标准"，加强政府侧 APP 无障碍改造，鼓励各类社会企业开发简洁版、老人版应用，并推动更多的服务向电话、电视等传统手段延伸。

保持线下适老服务。在老年人使用较多的服务领域和环节，避免排他性使用信息化技术进行预约、登记、查验和收费等事项。比如上海博物馆在实施全员网上预约开放的情况下，为解决老年观众预约的痛点，在博物馆商店旁建造了一个现场预约服务点，为老年人提供便利。

本书利用上海市 2020 年"一网通办"课题的市民问卷调研数据，分析老年群体和青年群体在"一网通办"体系知晓度、使用度和满意度方面的差异。调研获得有效问卷 612 份，其中 152 份为 30 岁及以下的青年人，78 份是 60 岁及以上的老年人。从整体情况看，当前"一网通办"不存在明显的代际"数字鸿沟"现象。[①]

图 3-8 和图 3-9 统计信息反映，市民中相对老龄和相对年轻的人群在对"一网通办"体系的知晓度和使用度上没有明显区别。在知晓度上面，老年群体对"一网通办"各办事渠道的知晓度基本要略高于青年群体，青年群体仅仅在支付宝"随申办"小程序的知晓度上略高。在使用度上，老年群体对街

---

① 课题组对 60 岁及以上的老年人和所有 60 岁以下人员也进行了类似比较，两组人群在"一网通办"体系知晓度、使用度和满意度方面的差异，与 60 岁及以上的老年人和 30 岁及以下人员的差异，形态是完全一致的，仅仅程度上略小。

镇社区事务受理服务中心、12345市民服务热线和微信"随申办"小程序的使用略高于青年群体；而青年群体在支付宝"随申办"小程序、手机"随申办"APP和总门户网站的使用上略高于老年群体。因此在这两方面，老年人没有显示出任何明显的劣势，反而存在一定的优势。

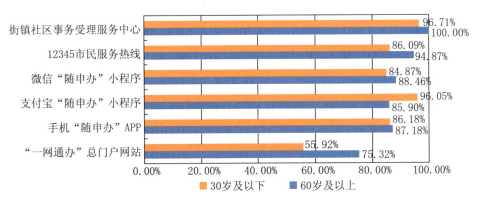

图 3-8 老年人与青年人对"一网通办"的知晓度

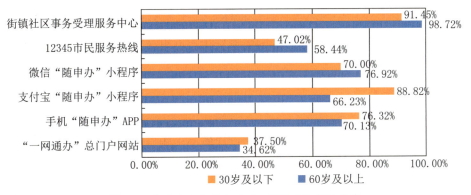

图 3-9 老年人与青年人对"一网通办"的使用度

对满意度的分析则微妙地反映出了老年群体和青年群体在数字认知和数字信任上的差异。图3-10反映不同群体对"一网通办"整体及其组成部分的满意度（问卷采用5分莱克尔特尺度，5代表完全很满意，1代表不太好）。整体看，两个群体都表达了满意，其中青年群体普遍满意度更高；群体差别不大，最大的是 12345 市民服务热线和支付宝"随申办"小程序（差别 0.2）。老年群体唯一更满意的是街镇社区事务受理服务中心（4.69），即唯一的一个线下渠道，比青年群体高 0.14。这个数据显示，老年群体对传统渠道的信任度是更高的。

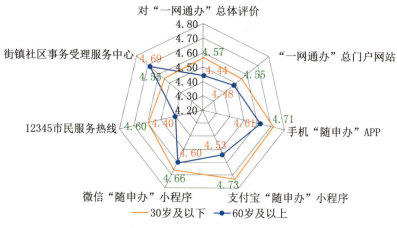

图 3-10　老年人与青年人对"一网通办"各渠道和整体的满意度

图 3-11 反映不同群体对"一网通办"体系办事效果的满意度。该图呈现了一个非常有趣也有点意外的变化，即在两个群体都表达了满意的情况下，老年群体普遍满意度更高。这似乎与上图 3-10 存在直接的冲突。作者认为实质上并不矛盾。在图 3-11 中，青年群体满意度超过老年群体的唯一一项是"线上办事效率高"，差别为 0.26；而老年群体满意度更高的选项中，与青年群体差别最大的是"线下大厅办事效率高"，差别为 0.29。在十个选项中，这两项差别最大，而它们恰好是与线上还是线下办事直接相关，形成直接对比，反映出老年群体和青年群体对线上线下办事的明显认知差异。至于在整体上老年群体更高的满意度，更可能是因为调研是在社区服务中心的办事大厅开展的，很大程度被调研人员对办事大厅的服务效果进行了评价，反映出老年

群体更高的满意度。青年群体通常要向单位请假来办事,同时不像老年人这样熟悉大厅情况,因此满意度低一些属正常情况。

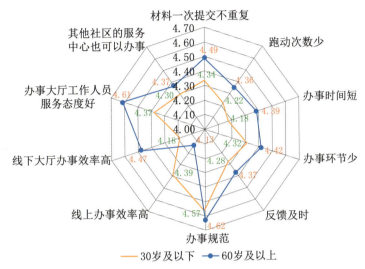

图 3-11 老年人与青年人对"一网通办"办事效果的满意度

第四章 "一网通办"倒逼服务型政府再造

服务型政府是我国在 21 世纪初确定的政府改革目标之一。服务型政府是"以人民为中心"的思想在政府宗旨与定位上的体现，即在政府的基本制度和运行中，落实人民主权、治权和受益权，政府是实现"全心全意为人民服务"目的的一个工具选择。政府的基本使命是要为人民的伟大创造力和集体意愿的实现提供更好的条件，基本任务则是提供市场和社会无法充分供给的公共产品和服务。城市政府的核心竞争力始终体现在对人民的服务效果上。

"一网通办"改革是对公共服务体系的一次全面洗礼。通过推进政府数字化转型，"一网通办"改革为在工业化时代形成的公共服务体系如何转型为互联网时代的公共服务体系提供了前沿的实践和经验。以服务需求倒推供给侧改革，以技术应用倒逼组织和制度创新，新的技术思维和能力正在重塑政府的形态和竞争力，并为下一步的系统政府改革储备工具和思路。

第一节　流程革命性再造：数据驱动业务

公共服务是一个过程而非产品。在传统行政管理体系下，公共服务过程由科层制部门体系来设定，这种部门体系从专业化分工的角度出发，通过部门权限边界、专业化技术分工和组织人事边界，实现对分解后工作任务的最大处理效率，并通过科层等级来确定特定业务的部门间处理顺序，形成连贯的工作过程。这种过程实际是将早期流水线技术运用到政府业务管理中，将公共服务转换成一个前后继起的连续过程，形成一种"序列的相互依赖"，从而采取"长线技术"来实现服务提供。① 由于部门之间的行政边界、知识边界和信息边界，走通这个流水线的任务也常常是由申请人在不同的科室和部门之间游走。这个过程典型地展现了"部门中心"的特色，各个部门试图减少对其他部门的依赖，将行政负担转移给行政相对人。

这种基于早期机器化大生产模式的公共服务流程在互联网时代已经难以为继。互联网时代对公共服务的冲击至少存在两个方面。第一，互联网时代的顾客导向更加鲜明。随着信息更加易得，顾客忠诚度下降，商业竞争更加激烈，实体店更难生存，以顾客导向来提升服务质量在互联网时代得到强化。"部门中心"和"政府本位"的思想也更加受到"公民权利"理念的挑战。第二，互联网时代的技术特征已经完全不是流水线模式。互联网技术是回应相互的、多重的和多向的依赖的技术，具有协调、密集、智能的特征。在互联网等信息通信技术打通了企业内部的信息割据和部门壁垒的时候，政府体系内的部门中心主义的技术思维基础也开始动摇。

一、数据驱动业务：新的技术思维

在电子政务的早期发展阶段，数字技术与行政组织的关系主要表现为技术对组织的嵌入，即技术试图体现公共部门的现有组织结构和业务流程，主要通过信息手段来对过程进行提速。数据因此是一种附属性的工具，是在既

---

① ［美］詹姆斯·汤普森：《行动中的组织：行政理论的社会科学基础》，敬乂嘉译，上海人民出版社 2007 年版，第 19—21 页。

定业务流程边界内发挥效率提升的功能，不具备革命性再造的能力。在该阶段，各个业务职能部门根据履职需要分头开展本系统的电子政务设计和应用，其信息系统充分反映本部门的工作习惯、偏好、业务特点和风险感知，这样设计的信息系统往往缺乏对服务受众和其他政府部门的充分考虑。[①] "信息孤岛"现象强化了原行政体系内的破碎化和部门中心主义，不同业务信息系统在数据格式、领域侧重、互联互通等方面彼此割裂，难以形成合力。[②]实践证明，这种业务驱动数据的模式在短时间内可以提高既有工作效率；但长期来看，数字化转型的边际收益却呈现出逐渐递减的趋势，数字技术与数据的潜在价值无法充分发挥，数字化应用可能会固化体制内部的权力配置，甚至成为部门间博弈的新领域。

现代数字政府情境下的业务流程再造则要实现数据"反客为主"的功能转型。这个转型基于两个基础。其一，数据本身是以人民为中心的数据。传统的政府数据表现为按照政府需求、程序、标准和口径生成的数据，而新的数据是开放性的、反映人民需求的数据。"以人民为中心"的数据是衔接供需、跨越部门和层级的数据。其二，第四次产业革命催生的数字技术表现为互联互通的共享性技术，这些技术已经无法支撑以业务的物理性分割为特点的传统行政业务流程。经济基础决定上层建筑，政府如果不能适应，就将失去在新时代的竞争力。[③]

数据驱动业务是数字思维下开展政务服务业务流程再造的模式。该模式将数据置于业务流程再造的核心，即以反映人民需求信息的数据的全生命周期治

---

① 顾平安：《面向公共服务的电子政务流程再造》，《中国行政管理》2008 年第 9 期。

② 张勇进、章美林：《政务信息系统整合共享：历程、经验与方向》，《中国行政管理》2018 年第 3 期。

③ 习近平总书记指出"互联网是'最大变量'"；"谁掌握了互联网，谁就把握住了时代主动权；谁轻视互联网，谁就会被时代所抛弃"；"过不了互联网这一关，就过不了长期执政这一关"。这些重要表述都表明了建设数字政府的紧迫性、重要性和艰巨性。

理为核心，对业务流程进行系统性变革。业务流程的重组服务于数据的高效流转和共享整合，通过推动"整体政府"建设，最大化政府对人民需求的回应程度；①各业务部门的工作习惯、偏好和业务特点等则成为流程设计的辅助因素。

数字思维下的政府业务流程再造的转型体现在价值—制度—技术三个层面（如图4-1）。在技术层面，数据治理的重心从供给侧推动转向需求侧推动，数据的价值和效力在根本上取决于其对需求者信息的反映，这是数据资源化的根本方向。在制度层面，新型数字技术体现需求信息的整体性，在公共组织过程设计、结构调整和职能配置上突破碎片化的部门中心主义，逐步朝向以协同为方向的整体性政府设计。在价值层面，政府与人民的关系从以政府为中心的政府本位转向"以人民为中心"的人民本位。三个层面相互支撑，缺一不可。因此所谓的"政府业务流程再造"，其本质就是数字化条件下的"服务型政府再造"。

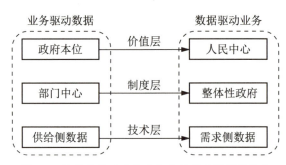

图 4-1　数字思维下政府业务流程再造的模式转变

二、"一网通办"改革推动"业务流程革命性再造"

上海"一网通办"改革的最直接贡献是通过业务流程再造，实现用户与

---

① Perry 6, Diana Leat, Kimberly Seltzer, and Gerry Stoker, *Towards Holistic Governance*: *The New Reform Agenda*, New York: Palgrave, 2002. Michael E. Milakovich, *Digital Governance*: New Technologies for Improving Public Service and Participation, Taylor & Francis, 2012.

政府之间的单一公共服务界面，最大程度使得公共服务更高效、更便捷、更精准和更主动（如图 2-1 所示）。"一网通办"服务体系以用户为中心，由用户驱动，最终由用户评价，实现把便利留给用户，把困难留给政府的改革方向。

建立业务流程再造的基础条件。为实现流程再造，上海首先从用户需求和用户数据特征出发，对流程再造进行了基础条件梳理和创造，这包括：

1. 从用户角度出发梳理"一件事"。改变从部门出发的"一个证"和"一个审批事项"的视角，从企业和群众需求和视角出发，编制形成"一件事"事项清单，理清事项间的逻辑关系、数据间的关联关系、事项间的部门关系。在此基础上，优化单事项办事流程，实施跨部门流程再造，编制发布"一件事"指南规程。

2. 建立信息技术支撑体系。市大数据中心建设统一的数据平台和技术核验体系，深化人口、法人、空间地理、电子证照等基础数据库和若干主题数据库建设与应用，实现涉及"一件事"的相关业务系统整合，推进政务服务体系互联互通、业务协同和信息共享，实现"凡是本市政府部门核发的材料，原则上一律免于提交；凡是能够提供电子证照的，原则上一律免于提交实体证照"。

3. 推进线上线下服务体系融合。与办理"一件事"相适应，推进综合窗口建设，实现政务服务事项"前台综合受理、后台分类审批、统一窗口出件"新模式。扩大"一件事"全市通办范围，方便企业群众就近办理。同时将"一件事"接入"一网通办"总门户、市民主页、企业专属网页、随申办 APP 和小程序等，推进线上与线下窗口同事同标，实现线上线下"一件事"主题服务流程的一体化办理。

4. 实施全过程创新。包括实施智能导引、一次告知，全面透析"一件事"的场景，制作递进式问卷进行智能导引，实现"一件事"一次性告知服务；实现表单预填和材料复用；探索智能审、智能批，探索建立申报材料自动预审程序和全程无人工干预智能办理新模式。通过与多个政府部门的权威数据进行实时校验、多维度比对，系统自动作出审核办理决定；对审核办理不成功或触发风险预警的，进入人工复核程序。此外，扩大"一件事"告知承诺的实施范围，强化"一件事"提前服务。在企业和群众正式提出"一件事"办事申请前，提供现场勘察、现场核查、检验、检疫、检测、评审、技术审查、技术咨询、技术指导等服务，避免群众和企业办事走弯路、回头路和冤枉路。

以用户为核心的业务流程再造。流程再造体现在六个方面：

1. 再造申请条件，实施"一次告知"。传统的政府"告知"以"单事项""单个证"为维度，存在信息碎片化、渠道分散不集中的问题。"一网通办"在对"一件事"重新梳理基础上，通过递进式问卷等形式，实施智能导引、精准告知，为申请人提供"一件事"一次性告知服务，实现由"一证一次告知"向"一事一次告知"升级。"一次告知"属于政府的行政承诺，具有法律效力，大大增加办事的规范性、透明度和可预期性。

2. 再造申报方式，实施"一表申请"。推行"多表合一、一表申报"，实现共享数据自行复用、个性信息自主填报、申请表单自动生成；整合"一件事"所需申请材料，实现一次提交、多次复用。通过数据平台支持，实现需求信息和资格信息的一次提交和最少提交。

3. 再造受理模式，实施"一口受理"。推动企业和群众从"找部门"到"找政府"转变，线上通过"一件事一次办"专栏统一入口，在"一网通办"平台实现统一受理；线下分类设置跨部门综合窗口，在一个窗口实现跨部门综合收件。市民和企业再也不用担心在行政程序中反复跑甚至"迷路"。

4. 再造审核程序，实施"一网办理"。依托"一网通办"平台，加强部门协作，优化内部流程，同步获取受理信息和相关前置部门的办理信息，实施行政协助、容缺审查、联合踏勘和同步审批。

5. 再造发证方式，实施"统一发证"。整合优化发证环节，由发证窗口"一口发证"或通过统一物流快递方式送达申请人。实现电子证照与实体证照同步发放、同步归集，推动电子证照逐步替代实体证照。

6. 再造管理架构，实施"一体管理"。明确"一件事"行业牵头和协同部门，创新"一件事"管理模式，形成一家牵头、多方协同的审批监管服务机制，形成优化流程、强化监管、提升服务的合力。

流程再造展现了革命性的成效。以2020年上海市重点推进的14件"一件事"为例，改革后，这些事务平均减环节69%，减时间54%，减材料75%，减跑动71%。"医疗付费一件事"的流程再造是一个代表性的案例。

▶▶ 案例 5 "医疗付费一件事"流程再造

在传统医疗服务流程中，医疗付费业务流程集约化程度低，成为就医难的一个方面，加大了滋生医患矛盾的风险。据统计，上海市三甲医院的门诊患者平均就诊时间约3个小时，其中排队时间占75%，就诊时间只占25%。排队时间包括排队导诊、排队付挂号费、排队候诊、排队付检验检查费、排队检验检查、排队付药费、排队取药等；相关事项涉及单位包括上海市医疗保障局、上海市发展和改革委员会、上海市财政局、上海申康医院发展中心等。

为此，2020年初上海市将医疗付费涉及的各项事务归结为"医疗付费一件事"，依托信息化手段，实现医保参保对象挂号付费、检查付费、取药付费、住院付费等全部诊疗收费环节脱卡支付和在线支付，做到看病"付费不排队"，建立守信激励失信惩戒机制。

"医疗付费一件事"的目标是建立"基于信用无感支付"的信用就医新型服务体系，包含四方面内容：

➤ 面向患者：提供本市医保患者基于国家"医保电子凭证"的实名认证，经平台评估信用征信情况后，提供线上签约和额度授信。

➤ 面向公立医院：提供统一接入、身份校验、协助付费对账和征信名单共享。

➤ 面向医保：对接"医保电子凭证"，提供用户基础身份以及缴社保地校验，制定医保扫码支付接口规范，实现患者就医的无感支付。

➤ 面向支付机构：打造医疗支付聚合平台，实现各级医疗机构与第三方金融机构每日实时对账与结算机制。

本市医保参保人员需在医保部门指定运营机构通过身份认证后完成"医保电子凭证"的申领、激活和赋码，并登陆"随申办"，完成本人"基于信用的无感支付"身份认证与征信识别授权，并绑定银行卡等支付方式以完成赋信功能。市大数据中心与相关金融机构的授信体系紧密合作，除了常规可用的个人信用卡额度以及芝麻信用额度之外，相关银行可专门针对信用记录良好的本市医保参保人员，授予患者不少于 5000 元人民币的专项额度并开通基于信用的无感支付服务，整体提高患者的就医体验。

就医过程采用信用就医新模式。患者就医期间只需出示其医保电子凭证，在诊疗服务结束后，医院信息系统自动发起基于信用的无感支付服务，发生医疗费用的医保部分实时结算、自费部分由绑定的信用账户进行支付。在整个诊疗过程中，患者无须做任何付费动作。患者离开医疗机构后可在"随申办"APP 随时查看医疗账单支付信息；对已经付费但因故放弃的相关检查或治疗项目，可通过"随申办"APP 统一发起退款申请，由医疗机构负责网上审核，通过后按原渠道退款。

通过流程再造，"医疗付费一件事"实现了"信用就医、无感支付、不排队、少往返和一网通办"。患者付费环节由目前至少 3 个环节减少到 0 个，实现医疗付费零排队；患者排队等候时间平均减少 45 分钟以上。

流程再造在科技助力下不断推陈出新。2020 年 6 月，上海市浦东新区在全国率先开展智能大脑辅助审批试点，通过人工智能信息识别、核心算法、知识图谱等技术搭建智能辅助系统支撑平台，实现由人工阅读材料变为机器阅读材料、人工判断变为机器判断，以及辅助审批结果一次提交。以内资企业办理变更经营范围业务为例，原来企业需自行填报 3 份材料共计 51 个要素，通过窗口智能服务，企业只需提供"变更后的经营范围"这一个要素，即可自动生成申报材料，实现企业"零材料填报"。截至 2020 年 10 月，该平台共服务企业 1299 家，收件一次通过率超过 93%。

在 2020 年 11 月浦东新区成立三十周年之际，浦东新区行政服务中心正式推出"超级智能服务窗口"，智能服务新模式实现跨部门数据共享和多场景渠道融合。目前人工智能辅助审批系统已 100% 覆盖涉企审批事项，并在智能预检、窗口智能服务、企业专属网页等场景中大量应用。办事企业既不用提前咨询，也不需要耗时准备材料，借助大数据、智能化，窗口审批员变身服务员，在与企业的一问一答间，形成标准、完整、准确的申请材料，企业只需要审核确认即可，实现一次办成。未来，审批员拿着平板电脑进企业办理审批业务，实现"上门服务"，也不再是不可想象的情景。

三、业务流程再造的理论思考

以提高用户体验为目标的政府业务流程再造是服务型政府建设的核心方面之一。流程再造将原来的公共服务过程中的用户与各政府部门的关系转化为用户与政府的关系，成为建设整体性政府的重要途径。流程再造后，通过"一网"或"一窗"的入口，即线上线下一体化服务体系，形成用户与政府之间的单一公共服务界面，显著实现市民和企业办事"减环节、减时间、减材料、减跑动"，提高用户办理政务服务的获得感和满意度。

新的用户与政府之间的单一公共服务界面构成了数字公共服务体系的前台。前台的最大特征就是简约，正如图 2-1 所示，为了承载以"一次""一网"和"一窗"为界面特征的公共服务前台，必须维持一个复杂的支撑体系。这就类似一个简约的手机屏幕，其后面是复杂的集成电路系统。前台越简约，作为承载体系的后台就可能越复杂。当前"一网通办"改革中的后台，就是传统的行政管理部门，他们并不会因为改革而消失，但是他们之间开始变得越来越相互连接和交织，逐步地开始被前台所输入的需求信息指挥棒所调动，其自主性在整体性政府的发展趋势下慢慢被削弱。

连接服务前台和组织后台的是像市大数据中心这样的数字平台，可以叫作"中台"。中台的存在为迅速搭建"一网通办"的前台界面提供了条件，即中台的数字处理能力缓解了后台的政府部门在适应简约的公共服务界面时面临的巨大压力，使得后者及其体系暂时不需要发生根本性的变革。随着越来越多的政府业务经受数字化的改造，后台的调整也必将经历一个从量变到质变的过程。工业化时代发展起来的行政管理体系，其对互联网时代的数字技术的适应能力是有限的。现有行政体系在中台所发出的业务指令下愈趋复杂，并终将再也无法渐进调适。改革临界点的出现时间无法确定，但无可避免。

因此在流程再造中，后台对前台的限制会越发明显，这种限制也可能因为利益动机而变得主动。流程再造的当前方式是首先从涉及面广、办件量大的重点领域和高频事项开始，逐步推进。这种方式类似"双轨制"改革，先把部分优先事务放置到新的"一网通办"平台上。这样的改革在整个行政体系内植入了一个新体系，但旧的体系仍然运行，新旧体系的共存既会发生摩擦，也带来很大的运营成本；如果不能实现体系变迁与统一，则体系的破碎性和复杂性将使其最终失去竞争力。

在前台和后台的张力之间就是"一网通办"的极限或边界。这个极限既可以体现在纳入"一网通办"平台的服务范围上，也可以体现在"一网通办"改革的制度再造能力上。从前者看，"一网通办"建设已经在从"侧重行政权力事项"向"行政权力和公共服务事项并重"转变；从后者看，则要推动从"流程再造"向"体制再造"的转变。对后者的破题将是后续政府改革的关键。

第二节　制度创新：破解深层次体制瓶颈

流程再造的前提是制度创新。服务型政府的前台越简约，对后台的支撑性要求越高。为了有效支撑单一公共服务界面的稳定、扩展和深化，行政审批、机构设置、职能配置、部门协调等一系列公共管理的结构性方面都必须进行系统性的调适。

上海"一网通办"改革是策源性的改革，是城市政府从行政国家向协作国家转型的一个尝试。沿着改革的路径往下走，前台提供的"菜单"不断丰富，"一件事"的数量会不断增加并愈趋复杂，政府也必然要从管理主导走向治理驱动。已有体制结构所提供的空间和灵活性会逐渐枯竭，体制外增量拓展和体制改革的需求也就越来越强烈，而原体制的阻力也会越来越大。如何树立正确的改革方法，是改革者必须通盘考虑的问题。

一、从行政国家到协作国家：当前政府体制改革的方向

我国国家发展存在连续的阶段，塑造了政府体制改革和创新的方向。

1949 年到 1978 年，国家是经济社会发展的直接的和主导的力量，体现出全能国家的特征，主要利用计划手段来配置资源和组织项目。1978 年以后，随着改革开放的推进，现代行政国家的形态开始展现。为推动计划经济体制向市场经济体制的转轨，国家自觉收缩，以理顺政府、市场与社会的边界。通过国企改革、单位制改革、民营化、解除管制、公务员制度改革、地方分权等，国家尤其中央政府的控制力显著下降。[1] 在 90 年代中期分税制改革以后，国家以及中央政府的能力持续增强，不断加强和扩大对社会需求的回应。在 2003 年"和谐社会"理念提出后，服务型政府成为政府建设的关键目标，政府的公共性不断增强。国家边界和职能在公民需求引导下的扩张，尤其在公共事务治理和社会福利供给上的扩展，集中显示了现代行政国家的特点。但是与中国发展阶段相适应，行政国家的发展还远未到达成熟的阶段，中国行政国家的建设仍然是未来国家发展的主题之一。

与此同时，尤其是 21 世纪以来，协作国家作为一种新的政府形态开始萌芽。其逻辑与中国行政国家的发展既一致又不同。行政国家的发展表现为市场化和国际化程度不断深化下，国家作为一种经济社会稳定器的功能发挥，[2] 其功能发挥主要还是基础性和保障性，但是随着现代社会复杂性的增加和需求的增长，行政国家存在扩大的趋势。[3] 协作国家的基本推动力量仍然来自国家、市场与社会的进一步分化，但是在回应方式上不再是科层体系的独力应对，而是纳入市场中和社会上成长起来的服务和治理能力，以混合的方式应对。自 80 年代以来，经济资本逐渐以多种方式进入公共管理；而社会资本也

---

[1] 王绍光、胡鞍钢：《中国国家能力报告》，辽宁人民出版社 1993 年版。

[2] ［英］卡尔·波兰尼：《大转型：我们时代的政治与经济起源》，浙江人民出版社 2007 年版。

[3] 瓦尔多总结 20 世纪初美国的行政部门在三权分立结构下，其权能存在不断扩张趋势，参见 Dwight Waldo, *The administrative state: A study of the political theory of American public administration*, New York: Ronald, 1948。

在社会发展的大潮中逐渐具备参与公共管理的能力。在第四次产业革命时代，政府的规模和能力与社会需求比永远是有限的，空心化的趋势无可阻挡，通过跨界协作来解决公共问题成为必然。

从行政国家到协作国家的发展是一个自然的过程。由于公共事务的复杂性，政府不能完全依靠体制内资源来解决公共问题，政策制定和实施过程的包容性也相应增加。通过各种伙伴关系的、市场的和社会的政策工具和手段，政府与其他政府组织、企业、社会组织、国际机构等的多元合作关系不断涌现。在这个过程中，政府核心竞争力发生转型，即从直接决策与执行，转向协调决策与统筹执行。协作是一个相对平等、多重参与、互动调试和共识推动的过程，这个过程不仅仅是政府对外采取"拿来主义"自取所需，它还必须分享资源乃至分享公共权力。协作带来公共性的边界模糊，公共事务在主客体、过程、目标等领域都纳入了"非公"的成分。如何能够在"一个过程"中实现"多个目标"，将检验合作的制度框架设计和政府的协作能力。这种能力一方面基于行政国家发展的成熟水平，比如高效务实的行政体系、清廉奉公的干部队伍、完善的法律政策体系，以及透明和规范的运行模式；一方面基于政府在新形势下的有效学习和创新。

因此，协作国家不是对行政国家的替代，而是对它的优化。中国的行政国家阶段远未完成，政府职能转变仍然任务艰巨。一方面，协作国家必须建立在行政国家进一步发展基础上，即协作的引领者、平衡者和推动者仍然主要是政府，基础性的治理供给仍然来自政府；另一方面，协作国家为行政国家的发展优化了方向，即应该在厘清和规范国家与市场、社会的边界基础上，充分发育跨域协同和合作。

实现协作国家与行政国家的互补和平衡，是实现国家治理现代化的核心任务之一。1978 年以来，“转型国家”概念在对中国的国家形态描述中一直处于正统地位，国家治理现代化要求突破转型体制，把中国建成一个“成熟国家”或“稳态国家”。实现该目标的关键是形成健全、规范、理性和适度自治的市场体制和社会体制。这意味着行政国家的发展惯性必须得到有效塑造和抑制，国家更多从协作而非管控角度来推动市场和社会的发展，在行政国家与协作国家的发展上形成相互衔接和配合的格局。

我国政府改革的方向也由此形塑。当前服务型政府改革存在两个重要方面：一是全面落实“放管服”改革，一是持续推进公共治理中的共建、共治与共享。“放管服”改革主要属于现代行政国家的范畴，“放”即简政放权，降低准入门槛；“管”即创新监管，促进公平竞争；“服”即高效服务，营造便利环境。通过简政放权、放管结合和优化服务，营造富有活力的充满竞争的公共和市场环境。“共建、共治与共享”主要属于协作国家的范畴，通过跨组织、跨层级和跨领域的多样化合作，实现业务协同、权力互授和利益分享的多元合作格局，包含当前迅速成长的区域一体化发展和公私合作实践。

二、“一网通办”改革中的制度创新

上海“一网通办”改革充分体现了“放管服”改革与“共建共治共享”的发展方向。“一网通办”体系图（图 2-1）显示了数字政府发展对行政国家和协作国家的双重推动作用，图中间部分展现的是“放管服”改革的内容，而最右边部分则展示在数据治理以及更广泛公共服务领域的合作治理。

以“一网通办”深入推进“放管服”改革。核心体现在审批制度创新上，表现在：

全面采用“减、放、并、转、调”等方式对审批职能梳理调整。以“一网通办"平台上的"上海市建设工程联审联批平台"为例。"减"体现在简化减少审批事项和条件，包括取消建设工程报建、总体设计文件审查等15个审批事项；取消建设单位建设资金落实情况审核等20个审批前置条件；以及取消企业投资备案类项目中工业及小型项目的10类评估审批事项。"放"体现为下放审批权限，鼓励有条件的审批事项实行同级化办理。"并"体现为合并审批事项，对同一办理阶段的多个审批事项，属于同一审批主体的，合并为一个审批事项办理；实现多规合一、多评合一、多图联审、多测合一和多验合一；最后实现将16个审批事项合并为5个事项。"转"体现为转变管理方式，审计方案审核不再由交警、交通和绿化等部门单独进行，而由规划土地管理部门内部征求意见。"调"体现为调整审批顺序，优化调整24个事项办理的前后关系，部分事项相对后置。[①] 通过以上改革，社会投资项目中的工业项目、小型项目和其他项目的审批时间分别缩短至15个、35个和48个工作日内。

全面采用告知承诺、容缺后补等事中事后管理机制。充分运用信用机制和市场反馈机制，对非核心非必要条件的审批要素，采取告知承诺、容缺后补等信用监管方式。从撤销行政审批决定、违反承诺的法律责任、失信惩罚、社会监督等方面，强化对告知承诺事项的事中事后监管，形成监管闭环，守住质量和安全底线。

全面采用并联审批。并联审批是在审批事项给定情况下压缩时间的最有效方法，通过分析审批事项的前后关系，全面优化审批的时间管理，最大程度实现不同事项的同步办理，实现"一窗受理、分类审批、一口发证"。

对审批组织结构进行改革，形成新的审批机构组织模式。大力推行"两集中"改革，即以审批职能集中到部门内一个科室为基础，推动审批事项集

① 赵勇、叶岚、李平：《"一网通办"的上海实践》，上海人民出版社2020年版。

中至行政服务中心等政务服务大厅。例如徐汇区行政服务中心的综合窗口人员全部由行政服务中心统一招录、培训和管理，而"两集中"人员由行政服务中心和本部门双重管理。在审批权限上也出现创新，例如杨浦区推行"独任审核官"机制，奉贤区实施"无科层"审批改革，提高审批专业化水平。

在各项审批制度创新基础上，行政审批正逐渐走向简约化、服务化、信用化和整体化，审批制度的公共服务特征得到最大体现。其中，浦东新区的"一业一证"改革是最具代表性的创新之一。

▶▶ 案例6　上海浦东新区"一业一证"改革

上海浦东新区自2015年率先探索"证照分离"改革试点以来，尽管企业准入门槛大大降低，但"办证难""手续繁""跑多次"和"耗时久"等问题依然存在。

为突破"准入不准营"的困境，2019年7月浦东新区首创性地推出"一业一证"改革试点。改革核心内容是在企业市场准入后的试点行业准营环节，在不取消现有行政许可事项，不改变行政许可的实施主体、法律效力和法律关系情况下，通过优化审批流程和集中审批程序，将多项行政许可事项整合为一张载明相关行政许可信息的行业综合许可证。行业综合许可证作为试点行业经营涉及的多项行政许可证的载体，在试点区域内具有准营证明的效力；如有因政府仅颁发一张行业综合许可证引发行政复议和行政诉讼，由相关行政审批部门依法承担相应责任，而市场主体无须承担责任。

浦东新区选取了便利店、体育健身场馆、宾馆、饭店、小餐饮、现制现售小商铺、烘焙店/面包房、咖啡店/茶馆、酒吧、药店10个行业进行首批试点。围绕行业准营，实施六个再造，包括再造行业管理架构，实施由一个部门牵头、各相关部门参与的协同审批、监管和服务机制；再造审批指引方式，采取以行业小类为基础的"百度"式模糊查询导引；再造行业审批条件，实现一个行业一份准入告知单；再造审批申报方式，实现一个行业一张申请表；再造许可审核程序，实现一个行业一套统一的审核程序；以及再造行业准入方式，实现"一证准营"，在行业综合许可证上标明经营者名称、法定代表人、统一社会信用代码等标准信息以及行业类别、许可项目、二维码等特有信息,通过扫描二维码可查看该证集成的所有电子证照,让企业获得一证即可开展经营。

"一业一证"改革极大提高了企业准营效率。改革前,开一家便利店需要办5张许可证,每张单项许可证都要单独申报,环节复杂、材料多、耗时长。改革后,办事企业从"一网通办"平台上的"一业一证"专窗,找到了便利店行业,按照设计的填写步骤在网上申请,最后到企业服务中心提交材料,一周左右就可以拿到一张行业综合许可证。到2020年12月,"一业一证"实现对浦东新区审批事项的43个行业全覆盖,总体实现审批事项压减76%,审批时限压减88%,申请材料压减67%,填表要素压减60%。

2020年11月19日,国务院印发《关于上海市浦东新区开展"一业一证"改革试点大幅降低行业准入成本总体方案的批复》(以下简称《批复》),同意在浦东新区自批复之日起至2022年底开展"一业一证"改革试点,进一步明确了"一业一证"行业综合许可证"一证准营"、全国"通用",并将"一业一证"改革试点的行业范围予以扩大。《批复》不仅从国家层面上确认了"一业一证"行业综合许可证在全国范围内的准营效力,还将原本超出浦东新区改革范围和权限的、属于国家、市级审批事项的行业,进一步授权给浦东新区政府。

以"一网通办"促进"共建共治共享"全方位实现。这主要表现在跨领域的政企合作以及政府体系内部的区域合作。

政企合作是"一网通办"的基石。"一网通办"平台主要是基于企业的技术产品和服务。"一网通办"的"一梁四柱"中,总门户由上海东方网运维,公共支付渠道由支付宝、微信和银联承载,物流快递服务由中国邮政EMS提供,都是标准的政企合作。"一网通办"的数据平台,包括电子政务云和公共数据湖,均由签约企业运营。政企合作还表现在数据开放领域,通常通过政企合作来实现数据价值的开发和提供。此外,在"一网通办"提供的政务服务更多转向非权力事项的公共服务时,政企(以及政社)合作来提供公共服务也将成为"一网通办"体系的关键支撑。

区域合作是"一网通办"的重要领域。长三角区域政务服务"一网通办"是长三角一体化国家战略的组成部分。2019年3月，国办秘书局印发《长三角地区政务服务"一网通办"试点工作方案》，由上海牵头、会同苏浙皖三省加强合作协同，共同推进长三角"一网通办"区域一体化试点。试点在上海"一网通办"、浙江"最多跑一次"和江苏"不见面审批"等改革经验基础上，整合三省一市政务服务信息化成果，实现政务服务异地通办，涵盖从申报、预审、收件到受理、审查、决定的全流程服务和动态监管；依托"全流程网上办理、线上线下联动办理、线下就近办理"三种模式，创新政务服务 APP "无感漫游"应用，推进长三角政务服务从"城市通"向"区域通"迈进。2019年5月22日，长三角"一网通办"线上专栏开通上线，开通128个线下专窗，实现30个企业事项和21个个人事项共51个事项跨省市通办；截至2020年11月底，已开通543个线下专窗，实现区域内41个地级市全覆盖，提供44个企业事项、33个个人事项和6个法院诉讼服务事项共83个事项全域通办。

此外，早在2018年9月28日，G60科创走廊九城市"一网通办"就正式开通，并在首日发放了12张异地证照，是全国首批异地办理的营业执照和生产许可证。G60科创走廊由上海发起，含上海、嘉兴、杭州、金华、苏州、湖州、宣城、芜湖、合肥等长三角城市，以深化产业集群布局、加强基础设施互联互通、推进协同创新、推动品牌园区深度合作和产融结合、推广科创走廊"零距离"综合审批制度改革成果，建成长三角地区具有独特品牌优势的协同融合发展平台。G60科创走廊将牵引长三角地区逐步推进准入标准共认、业务系统互联和数据资源共享，逐步减少和取消纸质申请材料和线下窗口办理要求，实现审批事项在全域范围内无差别办理，是长三角地区从物理基础设施互联互通到公共服务基础设施互联互通的巨大跃进。

表 4-1 汇集了 2019—2020 年长三角"一网通办"的办件情况,其中办件量最高的企业事项是"内资有限公司的设立",个人事项是"提供个人社会保险咨询和参保情况查询及个人参保资料(含个人缴费凭证)打印服务"。

表 4-1 长三角地区"一网通办"办件情况

	2019 年	2020 年
交换数据	322.49 万条	645.91 万条
办件总量	229.41 万件	464.12 万件
全程网办办件	229.32 万件	464.03 万件
线下专窗办件	945 件	1206 件
上海代收件	427 件	509 件
公积金业务协查办件	707 件	3911 件

三、对改革方法的再思考

"一网通办"改革中的体制创新带来了有关改革方法的两点启示。

改革路径的选择。早先的有关中国政府改革路径的争论主要是选择渐进改革还是综合改革,聚焦在改革的实质可行性上。渐进改革按照局部创新、试错、模式化、学习、扩散和正式化的方式,不断深化和带动,在较长时期内达到较大和较全面改革效果。综合改革涉及面较广,切入困难,但一旦成功,可能达成渐进改革缺乏整体协调而无法实现的目标。在改革开放初期,一方面体制洼地多,改革红利更易获得和分配,体制内的抵制力量相对容易化解,渐进改革的效果明显;一方面法治水平低,改革常常发生在缺乏规则或规则不健全的领域,或者上级部门可以采取"既不鼓励也不反对"的实际开绿灯的做法。渐进改革方式虽然在过去取得了重大的改革成果,但其问题在进入到改革"深水区"后愈发暴露。其中一个关键问题是改革的形式合法性问题。经过 40 余年改革开放，中国整体社会的法治水平和规则意识都显著上升，政府部门的各项工作也基本遵循了"有法可依"的原则。因此，不论渐进的还是综合性强的改革，在"破旧"和"立新"的时候都面临合法性的问题。

"一业一证"改革就反映了法治条件下改革创新的内在规律性问题。改革之初，由于其对现有审批和监管制度的触动，从上海市到国家均无直接的法律依据。面对这一制度困境，浦东新区采取争取授权、有权再试、立法先行、改革随行的新时期改革创新路径予以突破。首先，浦东新区政府争取上海市的授权支持。2019 年 5 月 31 日，市委常委会审议通过了上海市委、上海市政府《关于支持浦东新区改革开放再出发实现新时代高质量发展的若干意见》，赋予浦东新区市级经济管理权限，在经济调节、行政审批、规划制定、综合执法等方面对浦东新区加大放权力度。2019 年 7 月 25 日，上海市人大常委会作出《关于促进和保障浦东新区改革开放再出发实现新时代高质量发展的决定》，对区人大常委会和区政府以法治方式推动浦东改革深化和制度创新给予更大、更有力也更明确的授权支持。紧接着 7 月 29 日，浦东新区人大常委会运用市人大的叠加授权，作出《关于进一步优化营商环境探索"一业一证"改革的决定》（以下简称《决定》），进行法治供给领域新探索。该《决定》对"一业一证"改革的意义和目标宗旨、行业综合许可证的性质和法律关系、改革试点部门的责任分工等作了明确规定，充分发挥法治对改革的引领和保障作用，为改革提供了有力的制度保障。该《决定》不仅对缺乏直接法律依据的"一业一证"改革进行直接立法支撑，而且对确保未来浦东新区政府在法治轨道内实施各项改革也具有重要意义。在党、政、人大多方面授权的基础上，浦东新区于 2019 年 7 月 30 日，正式推行了全国首创的"一业一证"改革试点，并在 2020 年获得国务院的认可。

"一业一证"改革的启示在于，积极的改革精神、稳妥的前期改革探索和方案设计、不同层级政府的充分沟通和相互配合、对法治体系的尊重和深入研究、以及以人民为中心的改革出发点，在新时代仍然能够在法治框架下实现体制自我再造。

改革的基本方法。在行政国家体制下，改革的基本方法是基于等级的自上而下的行政指令。改革开放以来，随着与经济市场化转型相一致的政府向行政国家的转型，其他备选的改革方法也得到运用。这其中最重要的、得到最普遍应用的就是拟市场的竞争方法，即在各地之间、各系统之间，形成以目标实现为基准和激励兑现为手段的内部竞争。90年代所提出的"基于市场的联邦主义"以及21世纪所提出的"地方政府锦标赛"等分析视角，反映的都是地方政府在中央政府设定的绩效考核框架内展开竞争，尽管中央政府关注的方面和考核的内容在不断调整。[1] 各地的创新，包括"最多跑一次""一网通办"这些创新，也都体现了该体制下的行为逻辑。而到了最近的协作国家发展阶段，在政府内部以及内外之间的合作，尤其长期、深度、多元和复合的合作，成为一个重要的改革方法。体现在"一网通办"改革中的政企合作和跨区域合作，都既非指令也非竞争能够获得最佳效果，而必须用网络的与合作的方式来推进。应对新时代的治理问题，政府必须在指令、竞争与合作之间进行正确的选择和合理的搭配。

对改革方法的思考把中国的政府体制改革推到了世界政府体制变革的最前沿。从20世纪70年代末以来，在世界范围内出现了以"新公共管理"（New Public Management）为代表的政府改革浪潮，在"市场主导"的理念下，其对政府的核心改革主张包括市场统治、解除管制、民营化、国家收缩

---

[1] 参见敬乂嘉、崔杨杨、李丹瑶：《中国绩效测量的政治学》，《学海》2017年第2期。

和地方分权等。新公共管理对以行政指令为特征的传统官僚制进行了反思和修正，从引入私人部门管理经验和引入市场竞争两个角度推动对公共部门的改革。[①] 21世纪以来，新公共治理（New Public Governance）改革范式逐步获得认可。与新公共管理聚焦市场化的服务提供和政府治理不同，新公共治理将重点转移到公共事务治理，对国家的态度要更加正面和积极，认为国家作为公共价值、权力和资源的中心，应主动与其他的外部治理主体共同构建协作性的治理网络。在同一时期，与新公共治理存在紧密联系的合作治理、网络治理或共同治理等治理模式也孕育而生，其共同特征是强调基于信任和长期合作关系的合作。英国爱丁堡大学奥斯本教授对传统公共行政、新公共管理、新公共治理三种公共管理范式进行了比较和总结，如表4-2所示。

表4-2 传统公共行政、新公共管理与新公共治理的范式比较

	传统公共行政	新公共管理	新公共治理
理论来源	政治学、公共政策	理性选择理论、管理研究	组织社会学、网络理论
国家本质	单一的	分解的	多元的
焦点	政策体系	组织内管理	组织间治理
重心	政策执行	服务投入和产出	服务过程和结果
与外部组织关系	政策体系的潜在成分	竞争性市场的合同商	相互依赖的关系持久的行动者
治理机制	等级	价值（市场合同）	信任或关系合同
公民角色	选民	顾客	治理主体
价值基础	公共部门伦理	市场和竞争的效率	新法团主义

资料来源：在 Osborne（2006，p.383）表基础上调整 [②]

---

① Christopher Hood, "A public management for all seasons?", *Public administration*, Vol.69, No.1, 1991, pp.3—19. 竺乾威：《官僚化、去官僚化及其平衡：对西方公共行政改革的一种解读》，《中国行政管理》2010年第4期。

② Stephen P. Osborne, "The New Public Governance?", *Public Management Review*, Vol.8, No.3, 2006, pp.377—388.

在中国改革实践和西方公共管理理论发展之间的明显契合，显示出中国改革实践对世界改革实践的学习、采纳和同步化，深刻展示出"中国问题，也是世界问题"的道理。① 随着中国治理实践走向世界前沿，对世界级公共管理理论研究的需要也会更加迫切。

第三节　共同生产：数字时代的价值共创

人民不是服务的被动接受者，而是服务过程的积极参与者和共同生产者，是服务价值的关键创造者之一。在"以人民为中心"的服务型政府建设中，仅仅改善供给侧是不够的，需求侧也要同步优化，形成供给侧与需求侧的内在统一，使得公共服务成为共同生产和价值共创过程。

"一网通办"改革采用多种方式将服务使用者纳入公共服务的规划、设计、管理、递送、监督和评价中，确认了服务使用者在公共服务全过程中的应然的和实然的利益攸关方地位。上海的实践也说明，公共服务的价值共创也天然包含了传统的服务生产者。

一、公共服务的共同生产与价值共创

在 20 世纪 70 年代后期，诺奖获得者奥斯特罗姆和她的同事们在印第安纳大学的"政治理论和政策分析工作坊"中发展了公共行政领域的"共同生产"概念。② 共同生产的概念认为公共服务是政府官员和一般市民的共同生产

---

① 郁建兴等：《"最多跑一次"改革：浙江经验，中国方案》，中国人民大学出版社 2019 年版。
② "共同生产"的英文为 Co-production。印第安纳大学的"政治理论和政策分析工作坊"正式提出该概念是在一篇 1981 年的论文里面，参见 Roger B. Parks，Paula C. Baker，Larry Kiser，Ronald Oakerson，Elinor Ostrom，Vincent Ostrom，Stephen L. Percy，Martha B. Vandivort，Gordon P. Whitaker，and Rick Wilson. "Consumers as Coproducers of Public Services: Some Economic and Institutional Considerations," *Policy Studies Journal*，Vol.9，No.7，1981，pp.1001—1011.

过程，消费者也是生产者，消费者的生产行为是对传统生产者努力的必要补充，甚至决定了服务过程是否能够创造任何价值。

共同生产的概念不再把公共服务视为一个产品，而是视为一个在传统生产者和消费者之间的互动过程，这个互动过程既包含最核心的服务过程，也包含我们通常所理解的公共服务政策过程，即公共服务从规划到设计，直到完成和评估的全过程。在这些过程中，服务使用者的生产行为，包括需求呈现、信息提供、选择判断、指导配合和求助求偿等，都会影响到服务的效果和服务体系的效能。共同生产是古来有之的现象，比如中国传统中医的诊断方法"望闻问切"，其效果就很大程度取决于病人提供信息的能力。今天解决"最后一公里"问题的共享单车，其有效性也取决于消费者是否能够在使用单车上遵守规则。同理，在传统的公共服务领域例如教育、公共卫生、交通等，消费者的能动性行为都是能够带来服务价值的"生产性"行为。在2020年中国抗击新冠肺炎疫情期间，公民、企业和其他各类组织在抗疫政策遵循之外的自我约束和公共监督行为，构成了最具执行力的共同生产行为。

共同生产不仅追求优化服务，也体现公共行政对民主、参与和开放等价值的承诺和落实，反映行政实践中对人本价值的坚守。布拉德利提出，共同生产在多个层面上对公共服务的理念进行了改造或再澄清，这包括：①

> ➢ 焦点：不仅是消费，也是生产；

> ➢ 价值：不仅是工具性的，也是表达性的；

> ➢ 公民角色：不仅是客户或消费者，也是伙伴和合作者；

> ➢ 公民参与：不是被动的，而是主动的；

---

① 参见 Jeffrey L. Brudney, "Rethinking coproduction: amplifying involvement and effectiveness," *Journal of Chinese Governance*, Vol.5, No.1, 2020, pp. 8—27。

> ➤ 受益者：不仅是个人，也是群体和集体的；

> ➤ 行为模式：从狭隘的走向广泛的；

> ➤ 学术视角：不仅来自工商管理理论，也来自公共管理理论。

本书将共同生产定义为在公共规则尤其伦理规则指导下的公共服务过程参与方的共同价值创造行为。这里面有几个关键要素。第一是规则。共同生产必须坚持伦理的规则，以人的价值为驱动。第二是公共服务过程。这是核心的活动场景，是公共空间。第三是行动者，主要是政府官员、服务合同商、服务用户和其他利益相关人。第四是共同价值创造，是所有行动者的价值创造。相对于共同生产，价值共创更表现为结果，前者更表现为过程，二者经常被等同使用。

共识是共同生产的连接性因素。在公共服务过程中，行动者都是负荷了价值取向的、知性的和具备判断能力的行动主体。传统的生产者要放弃自上而下的服务提供模式，充分尊重服务受众作为消费者、合作者乃至公民的属性。服务受众也要放弃"消费者是上帝"的理念，提高自身的消费伦理和公民素质。在共识的基础上，形成"共情"，形成双向和多向的价值创造，实现公共服务的需求侧与供给侧的无缝衔接。在当前的研究里面，相对来说对消费者生产者的价值创造关注较多，而对传统生产者本身的价值创造关注较少。本节后续部分会提出，与共同生产中的消费者生产者所对应的是生产者消费者，这是共同生产得以实现的另一主要支撑。

二、"一网通办"中的共同生产

上海"一网通办"改革是数字时代的公共服务共同生产体系的一次有益探索。数字时代在创造公共服务的高效率和智能化发展同时，也带来了数字距离与数字冷漠等新问题。"一网通办"改革通过在多个阶段的用户参与，着力建设"有温度"的政府。

在服务规划中引入用户需求。"一网通办"改革的重要方面是对政务服务业务的梳理，形成以用户出发点为核心的"一件事"体系。在梳理"一件事"的过程中，上海各区、各部门均梳理编制了"一件事"清单和制订了工作方案。"一件事"重点聚焦与企业和群众的生产生活相关的重点领域和高频事项，在"一网通办"平台的准入顺序上，首先重点推进14件办件量大、涉及面广、办理难度大的"一件事"。2019年4月1日至8日，上海市举办了"最受上海市民欢迎的'一网通办'十件事评选"活动。参与评选活动的案例共计21项，在综合专家评选的基础上，经公众广泛投票，遴选出了十个优秀案例，其中包括"一网通办"助力创业者便利开办企业、"一网通办"让办理出入境证件更轻松；黄浦区首推政务"店小二"主题式服务等。通过评选更好地了解企业和市民的需求方向，并反映到"一网通办"的下一步规划中。

在服务设计里反映用户体验。在"一网通办"的业务流程再造中，多部门甚至跨区域的政府机构都被调动起来，从用户角度进行流程的简化和优化。尽管调整后的服务流程获得了多方面的改善，直接的用户体验仍然能够提供进一步改善的空间。"找茬"机制应运而生。2017年11月，浦东新区企业服务中心就率先在大厅设立"找茬窗口"，网上服务大厅也开辟"请您来找茬"意见征询栏目，并且要求"事事有着落，件件有回音"。[①]"找茬"就是反映意见、提建议、投诉等，通过零零碎碎的"找茬"，从用户角度实现对"一网通办"方方面面的补进。2019年6月，上海市开展了"千万市民来找茬"活

---

① 赵勇、叶岚、李平：《"一网通办"的上海实践》，上海人民出版社2020年版。

动，在近一个月的时间内收到问题反馈累计 4000 余条，其中 60% 涉及个人业务，40% 涉及企业业务。对这些反馈，承办单位都在 1 个工作日内与对方取得联系，能答复的当场答复。"疑难杂症"和涉及深层次优化的建议，则会在梳理后汇总成攻坚突破的"地图"。其中，2000 多条"找茬"涉及的问题都启动了整改工作。

在服务过程中优化用户参与。用户能够轻松、便利、自信和高效地走通服务流程，最大限度把自身诉求反映出来，是实现服务价值的一个核心方面。"一网通办"致力于创造信息、信任和协助"无死角"。2016 年 7 月，浦东新区率先提出"窗口无否决权"机制，即"只说 Yes，不说 No"，"说 Yes 不请示，说 No 要报告"。该机制的核心理念包含三层意思：一是对不属于本部门的事项，不设路障设路标，即不能简单说"不知道""不清楚"，而应明确告知办理方法和路径，给予具体指导；二是对不符合申请条件的，不打回票打清单，即不能简单拒绝，而应向申请人讲清楚补充内容和改进方法，切实解决申请人"往返跑"问题；三是对法律法规不明确的，不给否决给路径，即窗口不能未经请示就直接回绝，不能因为没有可以直接套用的标准条件就"一棍子打死"，应通过快速便捷的沟通请示机制尽快答复。

此外还涌现了大量主动服务的创新。黄浦区行政服务中心为解决企业和群众窗口排队时间长问题，探索建立帮办及窗口预警机制，即组成"帮帮""办办"团队，围绕窗口业务流程推出"负责前台接待咨询、协助企业取号、协调企业投诉、负责咨询电话登记转接、协调解决窗口设备故障、失物招领登记"等六项便民措施；围绕企业办事需求，提供"帮办企业网上操作、帮办解决企业求助、帮办提供企业特需便民、帮办企业信息化设备使用、帮办企业集成化全流程办理、帮办企业代为咨询"等六个帮办服务。通过"一网通办"数据支撑平台，建立排队预警机制，实时动态监控窗口排队人数，当人流量较大时启动预警机制，及时采取疏导和分流措施。

在服务评价上突出用户感知。2019 年 7 月 23 日，上海市印发《建立"一网通办"政务服务"好差评"制度工作方案》，在省级政府中率先开始政务服务"好差评"工作。该制度将政务服务绩效交由企业和群众来评判，形成"好差评"评价、反馈、整改和监督全流程闭环工作机制。评价标准分五级，"1 星"和"2 星"为差评，对应"非常不满意"和"不满意"；"3 星""4 星"和"5 星"为好评，对应"基本满意""满意"和"非常满意"。通过定期将"好差评"情况反馈给主要领导、公布在网上（包括回复和解决情况）、限定时间回复整改、与绩效考核挂钩等，形成"好差评"对政务服务的倒逼效果。2020 年 1—9 月，累计收到评价 648.9 万余条，好评率为 99.92%。对每一条差评，均做到了及时研判、回访核实和整改反馈。

"一网通办"改革中的服务共同生产可以由图 4-2 简要归纳：

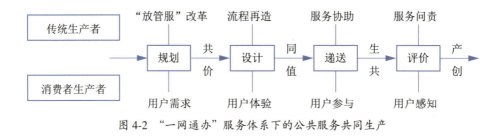

图 4-2　"一网通办"服务体系下的公共服务共同生产

当前对共同生产的关注中，聚焦点是消费者生产者的角色，而较少把关注放在传统的生产者即供给侧这一边。实际上，在哲学层面的共同生产理念并不将生产者视为工具。共同生产强调的是对人而不仅仅是公共服务过程中一部分人的尊重，价值共创的受益者中也包含生产者。没有政府一方的生产者的共识和深度参与，共同生产只能创造单方面的价值。

上海"一网通办"体系下的供给侧包含了该体系的前台、中台与后台。本节将专门讨论前台即"一网通办"体系下的窗口工作人员的共同生产状况。"一网通办"改革通过设立综合窗口和采取"一窗通办"的形式,在用户和政府之间形成新的单一公共服务界面,形成对企业和市民需求的整体性政府回应。在 2019 年 10 月,上海市活跃在这一个界面上的各类政务服务中心有 1560 余个。其中全市政府系统设立的政务服务中心 1265 个,入驻的政务服务事项 2940 项;窗口总数 11650 个,其中综合窗口 8212 个;窗口人员总数 21564 名。

窗口工作人员是"一网通办"体系下直接与用户互动的生产者。他们在数字化的工作平台上参与共同生产的情况如何,效果怎样,对"一网通办"体系的服务效能有重要影响。课题组在 2020 年 11—12 月期间,对从上海的 5 个中心城区和 5 个郊区抽取的总共 10 个区行政服务中心和 10 个社区事务受理服务中心的一线窗口工作人员进行了书面调研,获得有效问卷 965 份(见表 3-1)。下面从四个方面对这些一线生产者的情况进行分析,包括工作压力、工作效能和满意度、工作方式以及工作环境和氛围。调研问题均为认同度测量,采用了 5 阶莱克尔特尺度,5 代表非常同意,4 代表同意,3 代表有些同意,2 代表不太同意,1 代表不同意。

工作压力。如图 4-3 所示,总体来看,窗口工作人员感觉到一定压力(整体压力感为 3.92),但并未到强烈的程度。"顾客要求越来越高"得到较多认可(4.29),但对"综窗涉及业务多,很难精通"选项的认可度最低(3.88),说明工作人员对自身业务能力还是比较有信心。工作环境的数字化发展似乎没有带来工作量的减少,反而是增加了(4.24);这个因素,加之长时间面对电脑屏幕,会让工作人员在下班时有明显的疲惫感(4.11)。

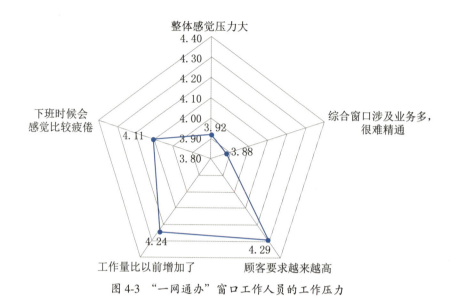

图 4-3　"一网通办"窗口工作人员的工作压力

　　工作效能和满意度。如图 4-4 所示，数字化条件下工作人员对自身工作效能整体比较满意，但工作满意度相对较低。工作人员倾向于认为自己工作效率比以前提高了（4.19），工作能力得到锻炼了（4.22）；但是从工作中获得的愉悦感不足（3.86），这并不意外，高强度和高重复性的接办件工作容易产生枯燥感。此外，收入满意度是所有选项中最低的（2.86）。上海政务服务中心中约 56% 的人员是体制外人员，包括社工、聘用制和政府购买服务等类别人员，其待遇较低，也缺乏职业晋升空间。因此窗口难以吸引和留住优秀人才，反映在离职意愿上，整体处在同意和有些同意之间（3.48）。

　　工作方式与态度。如图 4-5 所示，调研整体上反映出积极的工作方式和态度。第一，对新技术的采用抱有友好的态度（4.55），并没有因为其增加了工作量和学习负担而持反感或厌恶态度。第二，在数字技术条件下能够保持工作灵活性（4.36），而不是仅仅照章办事，同时倾向于主动为顾客提供咨询和帮助（4.47）。第三，在遇到问题时，能够以积极方式帮助解决问题，而不

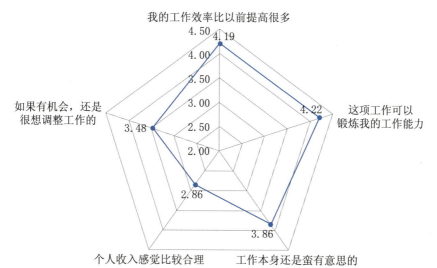

图 4-4 "一网通办"窗口工作人员的工作效能和满意度

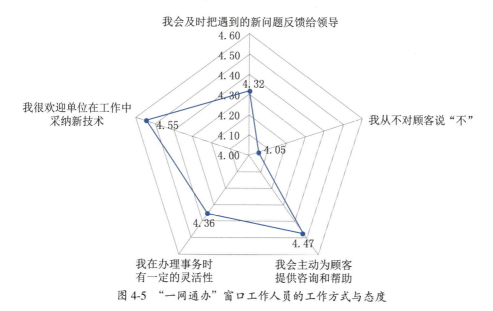

图 4-5 "一网通办"窗口工作人员的工作方式与态度

是说"不"（4.05）；这个选项的分值与其他选项比略低，可能说明工作人员对办事情形有自我判断，对办事人员提出不合理不正确诉求的，也会提出不同意见；但是遇到新问题会及时反馈给领导（4.32），及时沟通处理。

工作环境和氛围。供给侧的共同生产行为存在于个体和集体层面，与组织文化和支撑能力关系密切。如图 4-6 所示，调研发现同辈文化相当积极。接受调研的 965 个工作人员中，年龄在 40 岁及以下的占 78%，相对年轻。工作人员对群体工作努力程度认可很高（4.69），同时也相处愉快（4.62）。从上下级关系看，工作人员认为单位领导提供了有效支持（4.32），但在单位决策的个人参与度上认可度略低（3.8）。

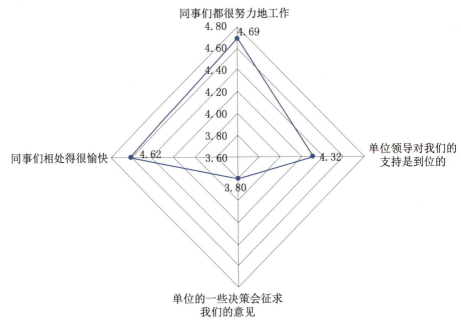

图 4-6 "一网通办"窗口工作人员的工作环境和氛围

以上的分析在总体上显示出，"一网通办"体系的一线工作人员在公共服务共同生产中扮演了较为积极主动的角色。他们在工作压力较大、工作内容比较枯燥和收入较低的情况下，保持了积极的工作方法和态度，形成了良好的组织文化氛围，致力于用户价值的实现。但是在这个过程中，工作人员自身的价值实现存在较多约束，这成为进一步完善"一网通办"体系所需要解决的问题之一。

三、走向更高水平的共同生产与价值共创

上海"一网通办"改革在顶层设计中采纳了"用户导向"的服务设计思维，因此在"一网通办"公共服务体系的建设和运营上，自然而然地体现了共同生产的理念。前文的分析显示出，在"一网通办"的服务规划、设计、递送和评价等公共服务的重要阶段和方面，都存在共同生产的活动和内容，对"一网通办"的服务效果起到了提升作用。

尽管如此，当前的公共服务共同生产还处在早期发展阶段。这主要体现在几个方面：第一，共同生产还缺乏系统采纳。共同生产是对服务供给者与消费者角色与关系的哲学思考和系统调整，需要反映在改革的基础理念和主要政策上。第二，当前共同生产的实施深度有限，制度化水平还不高。生产者主导的公共服务关系格局还没有根本改变，消费者的参与仍然相对被动和有限。第三，当前共同生产最有效发挥作用的阶段是评价阶段，即"好差评"阶段；而在源头阶段如规划和设计阶段，这种共同性的效果有待加强。第四，共同生产主要在个体层面发挥作用，即朝向的是对个人或单个企业的事务处理；而在群体的层面，比如用户之间的关系和群体意识上，尚缺乏建构的机制和效果。最后，与以上情况相对应的，是在供给侧与需求侧存在的能力缺乏和相互信任的不足。比如，需求侧消费者的共同生产意识和能力还很不完善，缺乏高素质的消费者、活跃的市民专家、公允的意见领袖和具有公信力的自主公共空间等。本节的研究也展示了，当前所强调的价值创造过于强调消费者的价值，而在一定程度上忽略了生产者的价值，因此可能会一定程度上造成价值冲突而非共创。

　　共同生产的理念对我国服务型政府建设有着重要启示意义。我国服务型政府建设的目标不仅是实现充分、均衡和普惠的公共服务供给，还要实现政府与人民的关系调整，使得政府运行在宏观上体现人民主权，在微观上回应个人偏好。政府如果可以在具体的约束条件下，作出反映人民意志的、审慎的、公正的和有效率的公共服务配置，这就是与这个发展阶段相适应的理想的服务型政府。一个假想的图景是，公共服务供给完全回应了所有个人的需求，并且所有服务决策都是高度智能化的政府做出的，那么这种状态仍然是不完美的，因为它是不稳定的和可能走向反面的——这种图景在复杂社会中也实际是不可能的。服务型政府是人民与政府之间相互尊重、平等互动、承担各自责任和共同承担责任的反思和调适过程，它的逻辑与共同生产和价值共创的逻辑是一致的。

第五章 "一网通办"改革推动法治政府建设

数字化转型与发展营造了新的数字空间，正在深刻改变国家与社会的关系。数字空间的主体、行为和权利义务关系，既是对实体空间的延伸，又存在属性和规则的演变，是21世纪公共治理的前沿阵地和关键领域。数字空间的法治化和法治的数字化同步发展，为法治政府建设提供了契机，也带来了挑战。

"一网通办"改革是数字政府、服务型政府和法治政府的统一。以数字化驱动为基础的"一网通办"改革不仅要遵循法治原则，而且要促进法治建设。同样，法治不仅仅规范和保障"一网通办"，而且要提高其效能。数字时代的规则社会形成，是法治建设最高境界。

第一节　面向虚拟世界的法治发展

虚拟世界的出现对包括法治在内的所有人类治理制度都产生了挑战。从人类的第一台计算机诞生开始，对数字空间的理解在各国利用数字技术兴利除弊的实践中不断深化。数字化在把人类生产生活活动不断向虚拟空间映射的同时，也实现了对人类社会关系的数字覆盖，而数字空间去中心、平等、开放、匿名和符号化等特点也开始反向塑造人类社会关系。随着数字空间智能化的发展，单向的数字传输和结构复制逐渐转变为双向，数字孪生世界正反过来全面重塑物理世界，以前所未有的革命性的方式改变人类的经济、社会乃至政治生活。

虚拟世界的发展除了在哲学层面引发对本体论和认识论的讨论外，也直接带来现实的治理需要。已有人类治理体系向虚拟世界的传递是有限度的。在虚拟的数字空间中，应该有什么样的规则？谁（应该）是规则的供给者？如何来实施规则？对这些问题的回答将必然影响未来社会的形态以及政府与社会的关系。

"一网通办"改革将政府公共服务过程映射到数字空间，用数字和网络的形式重新表达了政府与企业和市民的权利义务关系，并在这个过程中推动效能政府和服务型政府建设。"一网通办"改革对政府与人民关系及其规则化的影响，反映了数字时代法治建设的重要发展方向。

一、数字空间的公共性与治理体系

数字化正在加速和深化物理世界向虚拟世界的映射，形成数字对真实世界的全覆盖。在政府高调提出要对市民和企业画像和主动提供服务时，数字领域的龙头企业早已经实现了对亿万用户的精准画像和定向信息输送。在数字化发展较快的领域，例如网约车领域，算法已经牢牢地掌控了对需求和供给的配置权。

虚拟世界的公共性决定了政府介入的必要性和合法性。所谓公共性即与公共利益相关的属性，通常意味着公权力介入的必要性与合法性。[①] 对公共利益的最早表述出现在英国普通法对"公共事业"（Common callings）的界定中，这些事业需要公众的惠顾与庇护，由此生长出一些特别的权利和义务。

---

① 公共性并不必然导致公权力参与，政府参与仍然遵循最后保障或最好效率等原则。相关事项也可以通过社会参与以及合作治理等方式解决。参见李友梅、肖瑛、黄晓春：《当代中国社会建设的公共性困境及其超越》，《中国社会科学》2012 年第 4 期。

17 世纪英国高等法院的王座庭庭长黑尔在一篇论文中指出，"由于码头、起重机以及其他便利设施关系到公共利益（Affected with a public interest），它们不再仅仅是私人的领域；正如当一个人在自有土地上的建筑物内开设了街道之后，则该街道不再仅仅纯属私人利益；相反，它与公共利益相关"。① 公共利益的概念为国家采取积极性或禁止性的行为创造了合法性基础。

公共利益常常与个体利益联系在一起，甚至就是个体利益的总和。在对公共利益的判断上，既存在一些相对明确的标准，也经常依据推断和权衡，因此公共性也更多表现为一个程度的概念——这为国家介入提供了宽阔的开口。② 比如 20 世纪 70 年代末克莱斯勒汽车公司濒临破产，但考虑到公司破产将造成的连锁反应，美国联邦政府接管了该企业并进行了管理改革，最终让该企业起死回生；如出一辙的是，2008 年全球金融风暴中美国联邦政府接管了房利美和房地美两家住房抵押贷款融资机构，理由同样是避免经济与金融体系的系统性危机。

数字空间在发展过程中已经展现广泛的公共性特征，使国家介入成为一般性共识。尽管数字空间可以承载大量的非公共行为，例如两个人的、家庭的、朋友的、社团的或企业的交流与活动，但是数字空间已经被普遍视为现代社会的一个公共基础设施；甚至被视为第五大主权领域空间。③ 在对数字空间的介入上，正如在第三章所指出的，政府有产业促进、市场监管和业务发展等多重目标，这些目标之间可能会存在竞争，比如在互联网经济的迅速

---

① Charles Phillips, *The Regulation of Public Utilities*：*Theory and Practice*. Arlington, Va：Public Utilities Reports, 1993.

② 有关公共性的深入探讨，参见 Barry Bozeman, *All Organizations are Public*：*Bridging Public and Private Organizational Theories*，San Francisco：Jossey-Bass, 1987。

③ 2014 年 5 月 22 日，在中国通信学会通信安全技术委员会主办的"2014 年中国通信安全大会"上，中国工程院沈昌祥院士在会上指出，网络空间已经成为陆、海、空、天之后的第五大主权领域空间。

发展与适度监管之间的矛盾。2016 年 10 月 9 日，中共中央政治局就实施网络强国战略进行第三十六次集体学习，习近平总书记提出"六个加快"，即加快推进网络信息技术自主创新、加快数字经济对经济发展的推动、加快提高网络管理水平、加快增强网络空间安全防御能力、加快用网络信息技术推进社会治理、加快提升我国对网络空间的国际话语权和规则制定权。"六个加快"体现了当前中国国家介入数字空间的多个取向。

但是政府绝非数字空间的唯一治理者。以网络空间为代表的数字空间是典型的多元行动者的场域，涉及复杂的经济与社会事务，其善治也需要多元治理资源的注入。企业、社会组织和个人是最通常的国家之外的治理者。企业尤其是互联网企业作为数字技术的供给者和诸多网络平台的管理者，在很大程度上是互联网运作规则的制定者，其行业和技术规范对信息的传播和使用具有重要的影响；同时企业掌握了海量的消费者数据，是网络空间资源的重要控制者。关注网络治理以及利用网络实现其组织使命的社会组织在不断增长，社会资本在数字空间的映射也在悄然发生。此外公民个人在数字空间对新媒介的使用，也使其比在物理空间具有更大的影响力，可以更好更快地就公共事务进行表达和倡导。

以国家为主导的，企业、社会组织和个人参与的数字空间治理体系是多元协作的复合体系。国家运用法律与政策手段，保障数字空间的基本法治格局和健康秩序，提供数字基础设施并保障数字公平，同时防范和抑制各种负外部性的行为。企业运用行业和技术规范，发挥行业协会作用，实现行业和平台自律。社会组织充分发挥社会服务、监督和倡导的功能，在数字空间开展福利增进、失范干预和民主促进。个人作为最大数量的数字行动者，应该作为负责任的、有公共道德的数字公民，参加到数字空间的建设中。

二、法治政府与数字法治

法治是人类文明的成果，也是管理复杂社会的客观需要。党在十五大报告中首次提出"依法治国"基本方略，在十七大报告中提出了建设"法治政府"，并在十八届三中全会提出要"坚持法治国家、法治政府、法治社会一体建设"。在习近平法治思想中，要求将依法治国、依法执政、依法行政作为一个有机整体，实现三者各有侧重、相辅相成，其中法治国家是法治建设的目标，法治政府是建设法治国家的主体，法治社会是构筑法治国家的基础。法治政府建设是重点任务和主体工程，要重点推进，率先突破。

法治政府是对政府职能及履职方式的规范，存在两个基本取向。一是通过全面依法行政建设，提高政府职能与履职方式的规范化、科学化和法治化，提高其效能；二是通过加强规范、监督、约束和问责，推进有限政府、透明政府和问责政府建设。法治政府并不限制积极有为的政府，这是现代社会条件下所需要的；但是反对传统的"政府中心"或"政府本位"观念，实际就是反对传统的"人治"实践。

在数字化时代，法治政府同样要坚持这两个基本取向，即为数字社会走向法治社会提供优质的法治公共产品供给；同时坚持有限政府原则，在建设数字政府同时强化数字条件下的自我限权，避免由于采纳高新科技产生自我膨胀感。

当前中国法治政府建设从两个方面在推进数字时代的法治建设，包括数字空间的法治化和数字政府的法治化。数字空间的法治化体现在对数字空间的各种行为的立法跟进和政策规制上。在2014年2月中央网络安全和信息化领导小组成立后的第一次会议上，习近平指出网络空间要呈久安之势、成长治之业，其关键在于建章立制、依法治理。此后相关法律与政策制定的速度加快。表5-1

汇集了自 20 世纪 90 年代以来全国人大、国务院和网信综合管理等部门针对信息化和互联网发布的相关立法与政策。这些法律和政策初步构建了覆盖信息网络建设、信息应用管理、信息安全保障和信息权利保护的网络安全和信息化法律体系。尤其是 2017 年 6 月 1 日起实施的《网络安全法》，结束了我国在网络安全事务上没有基本法的历史，标志着网络社会的法治化进程大大加快。

表 5-1　中国信息化和互联网领域的部分法律与政策

	制订机构	生效时间
《关于维护互联网安全的决定》	第九届全国人大常委会	2000 年 12 月 28 日
《中华人民共和国电子签名法》	第十届全国人大常委会	2005 年 4 月 1 日
《关于加强网络信息保护的决定》	第十一届全国人大常委会	2012 年 12 月 28 日
《中华人民共和国网络安全法》	第十二届全国人大常委会	2017 年 6 月 1 日
《中华人民共和国电子商务法》	第十三届全国人大常委会	2019 年 1 月 1 日
《中华人民共和国计算机信息系统安全保护条例》	国务院	1994 年 2 月 18 日
《中华人民共和国计算机信息网络国际联网管理暂行规定》	国务院	1996 年 2 月 1 日
《中华人民共和国电信条例》	国务院	2000 年 9 月 25 日
《计算机软件保护条例》	国务院	2002 年 1 月 1 日
《互联网上网服务营业场所管理条例》	国务院	2002 年 11 月 15 日
《信息网络传播权保护条例》	国务院	2006 年 7 月 1 日
《关于加强互联网领域侵权假冒行为治理的意见》	国务院办公厅	2015 年 11 月 7 日
《互联网金融风险专项整治工作实施方案》	国务院办公厅	2016 年 10 月 13 日
《关于促进移动互联网健康有序发展的意见》	中共中央办公厅、国务院办公厅	2017 年 1 月 15 日
《关于加强党政机关网站安全管理的通知》	中央网信办	2014 年 5 月 10 日
《关于加强国家网络安全标准化工作的若干意见》	中央网信办等	2016 年 8 月 22 日
《国家网络安全事件应急预案》	中央网信办	2017 年 6 月 27 日
《互联网用户账号名称管理规定》	国家网信办	2015 年 3 月 1 日
《国家网络空间安全战略》	国家网信办	2016 年 12 月 27 日
《互联网新闻信息服务管理规定》	国家网信办	2017 年 6 月 1 日
《网络产品和服务安全审查办法（试行）》	国家网信办	2017 年 6 月 1 日
《互联网信息内容管理行政执法程序规定》	国家网信办	2017 年 6 月 1 日

除了专门立法和政策制定外,在现有法律中进行数字空间治理的条款植入或增加相应法律解释,也是数字空间法治化扩容的有效办法。例如,2021年施行的《民法典》,其第一百二十七条增加了对数据和网络虚拟财产的保护规定。新修订的《反不正当竞争法》增加了互联网领域的不正当竞争行为。《〈反垄断法〉修订草案(公开征求意见稿)》首次将互联网新业态列入。在法律解释方面,《关于办理利用信息网络实施诽谤等刑事案件适用法律若干问题的解释》《关于审理利用信息网络侵害人身权益民事纠纷案件适用法律若干问题的规定》等,将原法律适用针对数字社会新形态进行了扩展。

数字空间的法治化发展存在一些特征。其一,数字空间的立法发展与其功能实现重点相互呼应。数字立法的早期工作主要是推进经济数字化和网络安全,即发展和保障的方面。随着数字空间对社会关系与活动的覆盖越来越多,法治化发展要逐步在增值社会资本、化解社会矛盾和解决社会问题上发挥作用;要更好地对数字空间中的公共空间和私密空间进行区分界定。再进一步的,数字空间也是政治空间,如何在这个空间里面形成民主、公正、自由、和谐的氛围和秩序,如何在其中处理好国家、市场与社会的关系,还需要法治的介入。从国外的实践看,经济技术资本已经在利用其数字能力影响政治,通过对选民画像和精准信息干预,影响选举结果。比如"剑桥分析"公司(Cambridge Analytica)为2016年特朗普竞选美国总统提供的信息服务;而2021年1月8日,推特公司(Twitter)永久移除约有8900万粉丝的特朗普个人账户(@realDonald Trump),结束了这位不到两周即将卸任的美国总统的"推特治国"。

其二是目前还缺乏对数据和个人信息的专门立法。所有立法活动的前提之一是所面临对象尤其稀缺资源的权属,以及由此衍生的权利义务关系。对数字空间核心要素即数据在全生命周期中的权属及其流通、交易和获益等情形下的侵权认定,目前的法律框架缺乏足够规范。除了数据与信息本身与传统资源或资产的物权差异外，相关规定对数字经济发展的潜在制约性也是一个主要考量。欧盟较早地对公民个人隐私和数据进行严格监管和保护，其在2018年5月25日正式生效的《一般数据保护法案》（GDPR），堪称史上最严格的数据保护法案。对可以通过某个标识直接或间接识别某一自然人的信息，尤其是种族、政治观点、宗教信仰等敏感个人数据，设置了严格的排他性数据权利，包括知情权、访问权、反对权、可携带权、纠正权、删除权和被遗忘权、限制处理权、免受数据画像影响等。这些严格规定一定程度制约了数字经济在欧盟的快速发展。

近年来，我国数字经济高速增长，在国民经济占比急剧扩大；[1]出现了逐步与美国的谷歌、亚马逊、脸书、苹果和微软等比肩的百度、阿里巴巴、腾讯和华为等先进数字科技企业；2020年中国在全球独角兽企业500强内的企业数量和估值居世界第一，分别为217家和9376.90亿美元。[2]在数据管理上的宽松法律环境是以上快速增长的原因之一。但从长远看，数字时代的人权保护将越来越聚焦在对个人信息的数字权利上，而数字弱势群体的划分和规模都迥异于传统的社会弱势群体。

数字政府的法治化是另外一个发展方向，是对政府走向数字化的法治规范。政府是社会各行动主体中公共属性最强的部门，在数字空间中也自然是受到最多公法和公共规范约束的部门。数字政府法治化的发展，从法律与政策角度与一般的数字空间法治化是类似的，即出台针对数字政府的专门法律与政策规定，以及在已有的法律政策体系中进行不同方式的对数字政府的延伸涵盖。表5-2对当前中央政府通过的有关法规与政策进行了整理。

---

① 2019年我国数字经济规模达35.8万亿元（约为2005年2.6万亿元的14倍），占GDP的比例为36.2%。数据参见中国信息通信研究院：《中国数字经济发展白皮书（2020年）》，2020年。

② 有关独角兽企业数据见：中国人民大学中国民营企业研究中心和北京隐形独角兽信息科技院联合发布的《数字经济先锋：全球独角兽企业500强报告（2020）》。

表 5-2 中央政府有关数字政府的法规与政策

序号	名 称	制订机构	生效日期
1	《国家信息化领导小组关于我国电子政务建设指导意见》	国家信息化领导小组	2002 年 8 月 5 日
2	《关于促进电子政务协调发展的指导意见》	国务院办公厅	2014 年 11 月 26 日
3	《关于加快推进"互联网＋政务服务"工作的指导意见》	国务院	2016 年 9 月 25 日
4	《"互联网＋政务服务"技术体系建设指南》	国务院办公厅	2017 年 1 月 12 日
5	《政务信息系统整合共享实施方案》	国务院办公厅	2017 年 5 月 18 日
6	《进一步深化"互联网＋政务服务"推进政务服务"一网、一门、一次"改革实施方案》	国务院办公厅	2018 年 6 月 22 日
7	《关于加快推进全国一体化在线政务服务平台建设的指导意见》	国务院	2018 年 7 月 31 日
8	《关于在线政务服务的若干规定》	国务院	2019 年 4 月 30 日
9	《关于加快推进政务服务"跨省通办"的指导意见》	国务院办公厅	2020 年 9 月 29 日

从已有的法律与政策发展来看，当前仍然处在实践探索阶段，尚没有针对数字政府建设与发展的专门立法。专门针对数字政府的规范性文件主要表现为有关电子政务、政务信息系统和"互联网＋政务服务"方面的指导意见、实施方案和规定。有关对数字政府发展进行规范的内容很多分散在一些涉及全社会的或产业发展的规划和意见里，比如国务院制订的《促进大数据发展行动纲要》《新一代人工智能发展规划》；国务院办公厅印发的《关于促进平台经济规范健康发展的指导意见》；中共中央办公厅、国务院办公厅印发的《国家信息化发展战略纲要》等。这些文件通常是从产业发展和政府管理秩序角度思考和界定问题。

与数字时代的法治建设相关但不一样的是当前法制领域的数字化发展，尤其在执法（公安）与司法（法院、检察院）领域的数字化发展。2018 年 1 月，公安部成立全国公安大数据工作领导小组，实施公安大数据战略。在地方，

2019 年 7 月，上海市公安局数据处成立，是全国省级公安机关中首家独立的"数据警察"部门，标志着上海公安进入"数字警务时代"。上海致力于推动建设智慧公安综合管理平台，强化警务流程数字化再造，构建分级预警、分类处理和动态调度的城市公共安全防控体系；加强公共安全领域感知体系建设，加强公安大数据分析应用，提升关系研判、轨迹探查和自动预警能力，不断提升公安机关打击犯罪和服务人民的能力。数字化发展在审判领域也取得长足进展。2019 年 12 月，最高人民法院发布《中国法院的互联网司法》白皮书，同步发布互联网司法典型案例。这是中国法院发布的首部互联网司法白皮书，也是世界范围内首部介绍互联网时代司法创新发展的白皮书。白皮书认为，司法系统对数字技术的积极应用，推动了审判方式、诉讼制度与互联网技术的深度融合，初步构建了网络多元解纷和诉讼服务体系，完善了网络治理的司法裁判规则。[1]

公安与司法领域的数字化建设不仅仅是数字技术的业务嵌入，也同时是利用数字技术再造业务和推进法治政府建设的过程。正如在执法与司法领域引入其他高科技一样，数字化发展为执法与司法部门赋能的效果是显而易见的，极大加强对犯罪的打击力和威慑力。[2] 在这种形势下，一系列为保护公民权利而形成的法治规范，如无罪推定、沉默权和非法证据排除等，其在数字执法条件下的落实，将继续考验法治社会在执法效率和公民权利保护之间的审慎平衡。

第二节 "一网通办"助推法治政府

中国社会全方位数字化转型使得数字政府建设的法治化无可回避。中国利用后发优势取得数字经济的领先地位，数字政府也随之跟上，但也因此缺

---

[1] 中华人民共和国最高人民法院编：《中国法院的互联网司法》，人民法院出版社 2019 年版。
[2] 典型案例如公安部门利用大数据实现对"甘肃白银连环杀人案"和南京"3·24"案件等利用传统方法已经无法侦破的恶性悬案的最终告破。

乏前例可循，必须在前沿领域自主探索法治化的目标和路径。从这个角度看，地方的创新和发展成为积累经验和形成共识的最关键来源。

"一网通办"改革作为城市治理的重大创新，其变革模式和运行方式都沿着法治化的轨道推进，对政府部门的思想方法和行为方式发挥重塑作用，依法、规范、透明和问责的行政文化氛围逐步形成。

一、立法先行：用法治来引入改革

在法治化程度较高的城市社会如何引入改革？数字政府改革的未知风险如何化解？改革者通常面临的法治问题在于：

> 改革无法可依。数字政府作为崭新的发展领域，在推进相关改革时，往往缺乏现成的法律和政策依据，或者仅仅有鼓励性的政策精神。按照"民众法无禁止即可为；政府法无授权不可为"的思想，无法可依下的改革往往存在政府滥权的隐患。

> 改革有违法风险。由于行政体系已有的法治化发展，大量的制度和实践都有其法律依据。改革在破解现有体制中的不合理不完善的方面时，也可能形成与其支持性法律与政策的冲突，而这些法律与政策对地方改革来说可能构成了上位法。

> 改革带来法律风险。改革是结果驱动的有意识改变，但是鉴于改革者的有限理性，以及改革过程的不可控性，往往发生没有预期的后果。没有预期的后果中的消极部分可能导致社会的负面反馈，形成对改革的合法性挑战。与形式上的违法风险相比，这是实质上的法律风险。

"一网通办"改革由于涉及面广、触及度深，改革的法治质量对改革成功具有关键的决定作用。从这个角度看，上海推进"一网通办"改革存在有利的法治环境，即一个相对理性化和法治化的社会，政府和市民有较好的法治观念和较强的规则意识。在改革过程中，上海从长期的集成创新实践中积累的法治经验和意识出发，较好地平衡了改革开放排头兵和依法治理示范者的双重角色。

第一是通过地方立法活动解决无法可依的困境。"一网通办"改革的技术基础是政府内和政府与社会之间的数据整理、汇集、交换、共享和开放等数据治理工作。根据本章第一节的分析，在当前数字经济和数字政府发展阶段，国家层面针对数据包括公共数据的立法在谨慎推进，"一网通办"改革中的数据治理只能在中央的法治精神下推进。地方的立法活动在数字政府建设中由此可以扮演积极角色。事实上，国家对地方立法权存在放权趋势。2015年3月15日，第十二届全国人民代表大会第三次会议对《中华人民共和国立法法》作出修改，将地方立法权扩至所有设区的市。广义上的地方立法活动除了制定地方性法规外，还包含地方颁布的其他具有约束力的规范性文件，包括各种决定、规定、通告、办法、命令等。

针对"一网通办"改革涉及法治事务的复杂性，上海采取了全面营造地方数字政府改革法治生态的策略，内容包括：第一，在地方政府权限内顶格赋权或授权。这包含两层含义，一是改革仍然在地方权限范围内，不越权；二是把体制内赋予的权限最大化。第二，全面动员，即党委、人大、政府等全面协调配合，形成地方改革配套的一体化。表5-3显示出，在上海市委领导下和市政府主要负责下，上海在"一网通办"整体工作部署、领导体系、技术体系、管理体系、评价体系等多个方面制定了内在一致的各项规则和办法，形成全面推进的合力。上海市人大也从地方立法角度提供积极法治保障，尤其体现在对"一业一证"改革的立法实践中。第三，对数据生命周期推行全覆盖，即针对数据汇集、整理、共享、开放等多阶段和网上办事基础数据库要求，制定具体办法。

表 5-3 上海市推进"一网通办"的主要规章与政策文件

文件主题	制订单位	发布时间	文件名
总体部署	中共上海市委、上海市人民政府	2018.3	全面推进"一网通办"加快建设智慧政府工作方案
	上海市人民政府办公厅	2019.3	2019 年上海市推进"一网通办"工作要点
	中共上海市委办公厅、上海市人民政府办公厅	2020.2	2020 年上海市深化"一网通办"改革工作要点
领导体系	上海市人民政府	2019.6	上海市人民政府办公厅关于成立上海市推进"一网通办"改革和政务公开领导小组的通知
	上海市人民政府	2020.4	上海市人民政府办公厅关于成立上海市推进"一网通办""一网统管"工作和政务公开领导小组的通知
技术体系	上海市人民政府	2018.9	上海市公共数据和"一网通办"管理办法
	上海市质量技术监督局	2018.9	政务服务"一网通办"全流程一体化在线服务平台技术规范
	中共上海市委办公厅、上海市人民政府办公厅	2019.3	上海市加快推进数据治理促进公共数据应用实施方案
	上海市人民政府	2019.8	上海市公共数据开放暂行办法
管理体系	上海市档案局	2018.10	上海市"一网通办"电子档案管理暂行办法
	上海市经济和信息化委员会	2018.10	上海市电子印章管理暂行办法
	上海市人民政府办公厅	2018.10	上海市电子证照管理暂行办法
	上海市经济和信息化委员会、发展和改革委员会	2019.4	上海市政务信息系统整合实施方案
	上海市人民政府办公厅	2019.8	上海市"互联网+监管"工作实施方案
	上海市人民政府办公厅	2020.1	上海市人民政府办公厅关于以企业和群众高效办成"一件事"为目标全面推进业务流程革命性再造的指导意见
	上海市人民政府办公厅	2020.1	关于深入推进"一网通办"进一步加强本市政务服务中心标准化建设与管理的意见（试行）
	上海市人民政府办公厅	2020.5	上海市电子政务外网管理办法
	上海市人民政府办公厅	2020.9	上海市"一网通办"平台运行管理暂行办法
评价体系	上海市人民政府办公厅	2019.7	建立"一网通办"政务服务"好差评"制度工作方案
长三角合作	国务院办公厅秘书局	2019.3	长三角地区政务服务"一网通办"试点工作方案
	上海、江苏、浙江、安徽（共同制定）	2019.5	长三角地区政务服务"一网通办"技术标准

第二是通过法治协商与合作治理解决形式违法的困境。技术发展远快于规则变化，"一网通办"改革内容涵盖广泛，改革可能会超出上位法的允许范围。在这种情况出现时，如果简单地认为必须修法才能解决问题，就可能陷入无法改革的死结。比如在改革中的各种电子凭证替代纸质凭证的做法，包括电子身份证在旅游业住宿登记、网吧上网登记、现场盘查等，以及电子驾驶证、行驶证在路面查验、违法处理、事故处理等场景的应用。一些现有国家部委的规定或实践导致无法通过调用电子证照、数据共享或网络核验来办理事项。

已有规则的全面性清理和调整，往往从像"一网通办"这样的前沿性改革中获得灵感、知识和动力，但时机的成熟往往又要滞后，因为这些规则是全国性的。具有改革激情的地方在与国家部委的博弈中必须采取法治协商和合作博弈的方式，必须坚持"解放思想、实事求是"的原则和方法，通过展示改革的必要性、迫切性和可行性，通过抓住改革窗口，促使上级部门通过对上位法的不同形式调整来获得改革空间，包括允许地方在某些改革领域先行先试、在特定时机出台新政策、以及适时进行法律法规的微调等。与国家部委在制度变革上形成合作创新的格局，是化解上位法限制的关键。

第三是通过局部改革化解实质性法律风险。改革难以推动的一个重要原因是不确定性的存在和风险的不可控性。在可控范围内试验，在试验中揭示风险来源和防控办法，将不可知领域压缩到最小，是改革升级的关键。上海"一网通办"改革中始终将风险防范作为重点方面，一方面表现在改革方案和法律政策文件中，"法律责任"始终是一个不可或缺的保障性条款；另一方面表现在快速的学习与调整过程，在业务流程再造、用户体验优化和数据整合共享不断推陈出新，不断在过程中让民众和企业获得切实的利益。因此在后续改革的推进中，上海可以提供的不仅是前卫的蓝图，而且是经过了实践初步验证的方案，大大减少了改革的阻力，加快了改革进程。

上海在引入"一网通办"中，通过营造地方层面的数字政府法治生态，实现内源激活和外源接入。"一网通办"改革在图 3-1 所示的公共数字生态圈内，形成了一个非封闭的生态子系统，在保持与大系统的交换同时，在内部实现创新的发生和初步成熟，进而以其更高效率及正面溢出获得外部系统的认可和采纳。这从另外一个角度反映了上海集成创新的发展模式及其在国家制度创新体系中的角色。

二、技以载道：用科技来规范运行

"一网通办"改革依赖数字技术来再造"以人民为中心"的服务体系。数字技术与其他科学技术一样具有两面性，正确地运用数字技术，可以发挥其民主赋能和法治增效的潜力，确保"一网通办"体系运行的公正性和平等性。在这一点上，数字技术有特别的优势。在数字技术创造的符号世界里，以"标准为正道、算法为王道"，通过代码支配下的技术刚性，可以较大程度避免传统行政过程中随处可见的"人治"空间，减少不必要的自由裁量权，让系统在公开、公平、公正和透明的状态下运营。上海"一网通办"通过科技应用规范体系运转主要表现在：

体系与业务的标准化发展。标准化是"一网通办"体系得以运行的基本要求。通过标准建设，在线下大厅实现只进一扇门、最多跑一次；在线上平台实现一个总门户、一次登录、全网通办；同时实现线上与线下服务流程和标准的一致化。全体系的标准化是系统效率和便利性的保障，也是上海"一网通办"建设的核心要求之一。其中，在线政务服务平台以"中国上海"门户网站为总门户，政务服务事项全部纳入在线政务服务平台办理，逐步实现申请、受理、审查、决定、证照制作、决定公开、收费、咨询等全流程在线办理。在线政务服务平台实行统一身份认证，为申请人提供多源实名认证渠道，实现一次认证，全网通办；实行统一总客服，处理各类政务服务咨询、投诉和建议。

自动化、智能化的发展。通过运用电子证照等数据库支撑和人工智能进行数据核验等，"一网通办"体系的智能化标准审批正在逐步扩大应用，替代传统的依赖审批工作人员判断的经验审批。2018年，浦东线上327项区级涉企审批事项100%实现了"不见面审批"。"通办"走向"智能办"，在浦东新区企业服务中心，窗口工作人员在受理企业经营范围变更业务时，使用智能服务当场生成申报材料，并通过人工智能辅助审批系统对申报材料进行智能预审，整个过程仅用时10分钟。在2020年11月浦东新区成立三十周年之际，浦东行政服务中心正式推出"超级智能服务窗口"，在智能服务新模式下，办事企业既不用提前咨询，也不需要耗时准备材料。办事流程的自动化与智能化发展使得办事的规范化程度不断提高，极大地提高了不按规则办事的交易成本。

技术留痕。"一网通办"体系是一个再造的业务流程体系，业务流程可实时追踪、可完整记录和可后期追溯是系统的基本属性。在标准流程之外的干预、调整和变动，都有迹可寻，也有案可查。区块链技术还具有防篡改的特性。这种留痕功能极大地提高了系统"把权力关进制度的笼子里"的能力，即违规调整和法外施恩等现象很难在系统中被抹除，而异常情况也很容易在大数据校验中被发觉。像临港特斯拉这样的超大项目，其所有材料都在"一网通办"平台上流转，审批流程和路径有迹可寻、有据可查，形成了审批合规性的强大压力。

透明化运行。"一网通办"服务体系是一个信息高度公开的体系。针对个人与法人的开办事项、受理条件、申请材料、办理流程、法定办结时限、常见问题等,均提供了详细的指南信息,办事人员可以据此主张权力,也可以在办事过程中随时查询进度。在"一网通办"好差评栏目中,用户评价随时上网;用户也可随时进入"我要建议"或"我要找茬"栏目发表意见。透明化的运行体系为自上、自下与自外的监督提供了条件。

通过对技术的合理采纳,"一网通办"平台正成为上海市公共服务体系规范理性运行的大熔炉。在课题组组织的上海"一网通办"实施情况调研中,"办事规范"是办事人员满意度最高的选项之一。其中,在市民对"一网通办"服务体系的 10 个服务效能指标的评价中,对"办事规范"的满意度是最高的,均值为 4.55(参见图 2-13);企业对"办事规范"的满意度在 10 个指标中居第二,为 4.52(参见图 2-16)。

尽管如此,当前"一网通办"体系的规范化建设还有较大提升空间。尤其体现在体系的标准化建设上面。从实体大厅看,区行政服务中心自身不提供政务服务事项,事项审批权和人员由部门进驻,中心负责组织协调、指导和监督部门窗口服务,形成了双重管理体制,人权与事权脱离,存在管理漏洞。全市 28 家中心(含分中心)之间的事项标准化还有待提高。相对来看,街镇下属的社区事务受理服务中心自 2006 年在上海普遍设立以来,标准化建设程度较高,统一采用了市民政局开发的社区事务管理系统,窗口人员也实现了标准化管理,社区事务办理不受群众户籍地或居住地限制,实现全市通办。此外,在市、区、街镇还存在部门政务服务中心。在 2019 年,上海市未设立市(省)级政务大厅,46 个市级部门中有 36 家对外设有政务服务中心,其中有8家入驻上海市政府办事大厅（世博村路300号）集中办公。在这些部门设立在不同政府层级的中心中，垂直管理部门的办事标准化水平相对更高。当前在标准化上的问题，主要反映在部分事项办事指南、业务标准和办事流程不统一，导致同一业务在不同窗口办理或不同窗口人员办理存在差异。同时，窗口存在多套系统、多个流程、反复登录和重复录入等问题。

线上系统标准化也有待加强。在不同入口之间，包括总门户、"随申办"APP、支付宝小程序、微信小程序和自助服务终端等，目前入驻事项数还有差异。尤其是自助服务终端，多为部门设置，部分使用条线专网，与"一网通办"互联互通性较差；办理功能和服务范围单一，外形、功能各不相同；操作界面和人性化设计程度不高等，造成查询事项多、办理事项少和使用率不高。此外，线上线下办事业务口径不一致、办理情形颗粒度不同、线上预约申请与线下办理衔接联动等方面还有不足，线上部分事项已实现电子证照归集和数据共享，但线下窗口办理还需要提交纸质证明。线上"一件事、一次办""主题式服务"等创新举措没有线下承接窗口；而线下"综合窗口"缺乏线上系统支撑等。

此外，数字政府规范化运行的一个重大支撑条件，即数据权属的法律界定，这是影响当前数字政府运行规范性的一个深层次问题。当前政府通过各种渠道获得大量的公民个人数据，包括利用非传统渠道如通信大数据、网络大数据、金融大数据、健康大数据、摄像头和人脸识别等，这些数据的公共性与公民权益之间的界限如何厘清，将影响政府在数据采集、整理、分析、使用、共享和开放所有环节中的行为，也将重新界定公共数据的安全保护内涵和办法。鉴于此，上海市人大常委会在2020年已经将《关于加强"一网通办"法制保障的决定》列入市人大常委会当年的立法调研项目，当年同时启动涵盖整个信息安全、包括个人信息保护方面的政府规章的立法活动。

第三节 "一网通办"助推规则文化

法治政府与规则社会是一个硬币的两面，由规则意识和文化铸合在一起。一个懂规则、用规则和守规则的社会，是法治政府的社会基础；推高全社会的规则意识和文化，将最小化法治成本，提高法治政府的效率和效益。在多元化、开放、匿名、去中心化和去等级化的数字时代，规则文化在政府和全社会的畅行，将铺设法治施行的道德与认知基础，在根本上托起法治政府和规则社会的质量。规则意识和文化本质上是人的问题，是一个规则化体系中的能动要素。

"一网通办"体系是一个新的规则体系。该体系中最重要的两个群体是公共服务人员和服务需求者。这两个群体对新的规则体系是否有正确的理解和共识，规则是否易于实施和遵守，合规行为是否带来积极后果，违反规则的行为是否会带来个人的心灵反感和群体的逆向注视，这些情况会深刻影响"一网通办"服务体系的运行质量。

一、规则文化与法治

法治不仅是自上而下的依赖国家权力的强制和约束。即便所依据的是良规善法，以强制—服从为基本逻辑的法治也将是高成本和难以持续的。法治的精髓是社会的合意，其所依据的规则融入社会的精神认知之中，获得了自动实施和主动响应的条件，成为公权力机关和社会所共同捍卫的对象。

因此法治的完备性除了规则体系本身的完备性外，还极大取决于体系中的人的规则意识及其群体的规则文化。公共服务人员是否依规办事，克己自制，将捍卫公民利益作为职务行为的最高准则，会影响公共部门法治供给的质量。公民是否照章办事，在规则范围内追求和主张个人利益，会在法治需求角度形成积极或消极的激励和约束。公共部门与社会的规则文化是相通的，有什么样的政府，就有什么样的人民，反之亦然。

规则文化作为一种文化性的存在，其所指向规则的涵盖范围要超出法治范围。在社会治理的诸多方面，法都是难以触及或无法有效触及的。作为社会契约的法及其附属规范，由于其一般、稳定和严肃的特征，在对社会进行规范的时候天然存在"不完全性"，而需要"法"外规则的补充。正式的法律契约、非正式的关系契约，乃至心理层面的心灵契约，共同塑造了社会中的人与组织，带来行为的可预期性和共识性、共益性的行为。在这些不同的规则体系之间，并不存在必然的高下之分。通常所讲的"道德是最高的法律，法律是道德的底线"，反映了道德与法律规范之间的部分关系和转化路径，但道德法律化或法律道德化对道德与法律两者本身的影响，仍然是人类文明发展需要衡量的议题。没有异议的是，规则文化既为法治建设提供了的良好外部条件，也是法治建设的重要目标之一。这从这两个词语之间的关系也隐约可以看到。[①]

邓穗欣教授提出了规则社会的十项原则，这些原则涉及各种形态的规则，是设计规则并使其发挥效果所需要注意的方面，包括：降低遵守规则的难度；制定明确和容易理解的规则；让非正式规则强化正式规则；广泛建立遵循规则的社会期望；执法公平合理，始终如一；规则要对症下药，量体裁衣；规

---

① 规则的英语是 rule。法律的英语是 law，即规律的意思。

则和公共决策应在最接近于受影响人的层级制定；备以辅助机制，以便在现行规则失效时解决冲突；具备可靠约束，以确保规则制定者和执行者能够负责；运用规则促进"正确理解的自我利益"。① 这些原则对建立规则文化无疑具有启发意义。

规则文化在不同人群、地域存在差异。在普特南对意大利南北部的发展差距的研究中，发现其南北地区的规则文化存在重大差异。北部地区的社会组织发达，人民遵纪守法、相互信任，政府相对清廉，商业秩序良好；而南部地区缺乏公共精神，官员腐败丛生，经济交易的风险高。② 普特南从社会资本角度解释了意大利的南北地区发展差异。规则文化是社会资本的重要方面，良性社会资本会促进好的规则文化；而缺乏社会资本或恶性社会资本集聚会导致无规则或恶规泛滥。由于文化的惯性，其形成后将很难改变。

上海是一个传统上崇尚规则的城市。上海人的规则意识肇始于开埠后的商业文明。在经历了早期的远东国际大都市发展后，上海转型成为计划经济的核心城市。高水平的计划体系既是一个等级体系，也是一个规则体系。在改革开放以后，上海的经济和社会条件发生巨大变化，在城市历史上形成的规则意识和文化经过了转型和弘扬，成为上海再次走进全球规则体系乃至参与全球规则制定的重要资产。长期以来形成的海派文化具有开放、多元、理性和契约精神的内核。在 2011 年 11 月，上海市委结合上海历史文化积淀和发展实际，提出了"公正""包容""责任""诚信"的城市价值取向，反映了规则文化在上海城市生活中的核心价值定位。

---

① 参见邓穗欣：《规则社会的十项原则——提升中国的治理能力》，中国经济出版社 2012 年版。

② 参见 Robert D. Putnam, Robert Leonardi, and Raffaella Y. Nanetti, *Making Democracy Work: Civic Traditions in Modern Italy*, Princeton, N.J.: Princeton University Press, 1993。

二、"一网通办"对政府供给侧的规则塑造

上海在城市治理中始终保持规则驱动的大方向。在 2010 年，上海在全国率先发布《上海市依法行政状况白皮书（2004—2009）》，反映上海市依法行政状况和法治政府建设进展情况。在 2013 年，上海市发布《关于 2013 年至 2017 年本市进一步推进法治政府建设的意见》，提出力争在 5 年内率先基本建成法治政府，使上海成为制度健全度、信息透明度、公众参与度、行政规范度和人民满意度最高的行政区之一。在中国社科院所发布的《中国地方人大立法指数报告（2015）》中，上海以 76.43 的立法指数总分排名第一，并在四个指标中的两个即"立法工作信息公开"和"立法公开和参与"指标上排名第一。①

为推进法治建设，上海首创性提出了"法治 GDP"指标体系，即"法治政府依法行政状况测评指标"，对上海的法治政府建设进行纵向比较。"法治GDP"包含"制度健全度、公众参与度、信息透明度、行为规范度、高效便民度、行为可问责度"六个二级指标，每个二级指标由 3—5 个包含客观数据和社会满意度数据的三级指标构成。在该指标体系下，上海市 2010 年初次测评结果为 78.1 分，2015 年为 83.74 分，增加了 5.64 分，整体处在较高水平。②从测评的六个二级指标来看，制度健全度、公众参与度、信息透明度、行为规范度、行为可问责度等五个指标的评分上升，仅高效便民度指标因提高了

---

① 数据参见中国社会科学院法学研究所：《中国地方人大立法指数报告（2015）——基于省级人大常委会网站的考察》，载《2016 年中国地方法治蓝皮书》，社会科学文献出版社 2016 年版。李林、田禾主编：《中国地方法治发展报告 No.1（2014）》，社会科学文献出版社 2015 年版。

② 数据参见上海市人民政府法制办公室编：《上海市依法行政状况白皮书（2010—2014）》，上海人民出版社 2016 年版。

测评标准而微弱下降。特别的,行为规范度的主客观统计结果差异较大,表现在公众、企业和律师对该指标下的三级指标如行政执法的规范、公正和文明程度,反应最大,给分最低。

"一网通办"改革为上海"法治GDP"的增长提供了新动能,进一步塑造公共服务体系的规则意识和文化。在上一节已经提到,"一网通办"平台正成为上海市公共服务体系规范理性运行的大熔炉,"办事规范"是市民和企业办事人员满意度最高的选项之一。为了调查公共服务供给侧的规则文化状况,课题组在2020年底的问卷调研中请所有受访人评价,"政府部门严格依法办事"对"一网通办"体系的重要性。该问题采取主观认同度测量,采用了5阶莱克尔特尺度,5代表特别重要,4代表重要,3代表有点重要,2代表不太重要,1代表不重要。结果如图5-1所示。

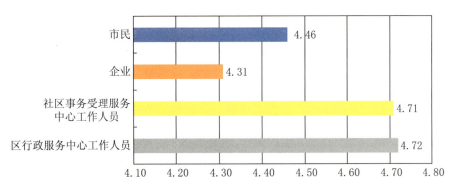

图5-1 办事人员和工作人员对"一网通办"供给侧规则文化的看法

图5-1显示了几方面信息。第一,办事人员和工作人员整体上认为政府的规则文化对"一网通办"十分重要。相比来看,工作人员的重视程度更高,均值均在4.7以上,比市民和企业显著要高,说明经过政府部门内工作的社会化过程,工作人员对依规办事有更深刻的认同。第二,市民和企业在认识上有轻微差别,即市民认为更加重要一些。这可能反映了在上海市营商环境

大幅改善的情况下，政府严格依法办事在企业事务上相对更加落实，而市民在获得信息和办理事项以及在面临政府时的个体能力上有限，因此对政府依规办事的认可度更高。第三，在两类大厅的工作人员的认知惊人一致，均值为 4.71（社区事务受理服务中心）和 4.72（区行政服务中心）。这反映了当前"一网通办"体系下公共服务人员中系统性的规则意识强化。与之对应的是，在图 3-5 所反映的工作人员对政务服务中心 3 年来的服务效果改进情况的评价中，"办事更加规范"是区行政服务中心工作人员评价最高的指标，也是社区事务受理服务中心工作人员评价第二高的指标。

三、"一网通办"对社会需求侧的规则塑造

在"一网通办"规则体系的运行中，规则文化在公共服务需求方的成熟程度，也会很大程度影响用户使用"一网通办"体系时的感受，影响用户与公共服务人员的互动方式和效果，并最后影响"一网通办"体系的服务结果和用户满意度。懂规则、用规则和守规则的用户才能最好地与公共服务人员完成公共服务的共同生产，实现需求侧与供给侧的价值共创。

在"一网通办"体系的用户中，越来越多的人具有使用网络的经验和能力，但是数字空间中的行为与传统的社会空间中的行为有很大不同。依据中国互联网络信息中心发布的《第 46 次中国互联网络发展状况统计报告》，当前中国网民数量庞大且增长较快，截至 2020 年 6 月总数达 9.4 亿，互联网普及率达 67%。同时，我国在线政务服务用户规模达 7.73 亿，较 2020 年 3 月增长 7889 万，占网民整体的 82.2%。[1] 我国网民除总量巨大外，其结构也基

---

① 中国互联网络信息中心：《第 46 次中国互联网络发展状况统计报告》，2020 年。

本反映了当前人口的结构特征（如表 5-4 所示）。

表 5-4　中国网民的数量与结构，截至 2020 年 6 月

网民群体 （9.4 亿）	收入结构	月收入 2001—5000 元	占比 32.6%
		月收入 5000 元以上	占比 24.2%
		月收入在 1000 元及以下	占比 21.0%
	最高学历	初中学历	占比 40.5%
		高中（中专、技校）学历	占比 21.5%
		大学专科及以上教育	占比 18.8%
		大学本科及以上	占比 8.8%
非网民群体 （4.63 亿）	地区分布	城镇地区	占比 43.8%
		农村地区	占比 56.2%

来源：根据《第 46 次中国互联网络发展状况统计报告》整理

　　上海的互联网普及率更高。2017 年上海市互联网网民规模达 1857.3 万人，普及率达 76.8%。[①] 在本书课题组的调研中，受调研的市民对"一网通办"在线平台的使用率达到 97.67%。正如表 5-4 所揭示的，在如此多元和差异性大的政务服务用户群内，要形成群体认同的规则意识和文化，不论在全国还是在一个地方的层面，都不是自动的和容易的。

　　网上或数字空间的规则文化首先是现实世界规则文化的映射。上海人讲诚信守规矩的传统对以规则为基础的"一网通办"体系无疑是一个重要的支持。但是这种社会支持随着时代发展也存在减弱的风险。改革开放以来，随着全国性的社会结构转型和人口流动，上海城市共同体意识也因为居民的地域文化、户籍、受教育水平、收入与职业等的多元化而受到挑战，出现规则

----

① 见 iiMedia Research（艾媒咨询）发布的《2018 上半年上海市互联网发展报告》。

混乱和冲突的现象。进一步推进和谐上海建设，提高上海社会的开放性和包容性，才能维护规则社会赖以存在的社会信任基础。

同时，以"一网通办"为代表的数字化城市治理也为在新的发展条件下重塑城市共同体和构建网上城市共同体创造了一个机会。"一网通办"体系建设在提供更高效、更便捷、更精准和更主动的公共服务同时，客观上为人与人之间、人与政府之间乃至政府机构与政府机构之间的网上信任或数字信任创造了条件。

麦肯锡咨询公司在1999年提出网上信任的"金字塔"模型，从网上商业服务角度，确定影响网上信任的六大要素。[①] 处于金字塔下层的信息安全和商户合法性，以及第二层的用户需求实现，是网上信任的三个基础因素。风格和用户控制力是区分在线服务品质的关键，而最高端的因素是用户协作，是以有效用户参与为基础的用户间协作，即本书所提的共同生产和价值共创。该金字塔中的供给者改为政府的公共服务机构之后（如图5-2），则这六项要

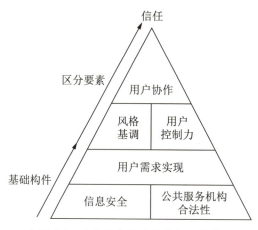

图 5-2 公共服务的网上信任六要素

来源：根据 Dayal 等（1999）翻译和调整

---

① Sandeep Dayal, Helene Landesberg, and Michael Zeisser, "How to build trust online," *Marketing Management*, Vol.8, No.3, 1999, pp.64—69.

素既可以用来分析针对不同政府机构的网上信任，也可以用来分析一般的对政府的网上信任。信任金字塔从下往上的要素转移顺序，反映出对用户需求的更加精细和深度的回应；当公共服务据此等级进行设计时，越面向更高等级的因素，提供服务的成本也越高。

为了调查公共服务需求侧的规则文化状况，课题组在 2020 年底的问卷调研中请所有受访人评价，"群众／企业严格依法办事"对"一网通办"体系的重要性。该问题采取主观认同度测量，采用了 5 阶莱克尔特尺度，5 代表特别重要，4 代表重要，3 代表有点重要，2 代表不太重要，1 代表不重要。结果如图 5-3 所示。

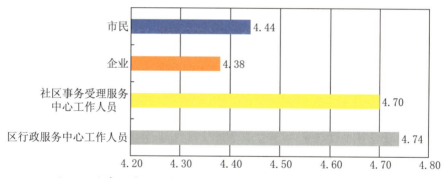

图 5-3　办事人员和工作人员对"一网通办"需求侧规则文化的看法

图 5-3 显示信息与图 5-1 十分相似。第一，办事人员和工作人员整体上均认可市民和企业的规则文化对"一网通办"十分重要。同样，工作人员的重视程度更高，比市民和企业显著要高，说明工作人员对其服务相对人依规办事有更高的期待。第二，市民和企业在认识上有轻微差别，市民要认为更加重要一些。这可能反映了市民对其他市民办事的文明程度有更高的期望。第三，也是同样的，两类大厅的工作人员的认知非常一致，均值为 4.70（社区

服务中心）和 4.74（行政服务中心）。这一方面反映了当前"一网通办"体系的工作人员养成了一般性的规则意识和期望，另一方面反映了服务对象依规办事也是提高"一网通办"服务效能的关键因素。

第六章　新时代的城市治理

上海"一网通办"改革是实现国家治理现代化的一个城市样板，是城市政府全面深化改革的成功创新。与浙江省"最多跑一次"等地方改革相比，上海"一网通办"改革更展示了城市治理的特点和需要，也体现了上海的发展特色和愿景。①在激烈的全球城市竞争中，上海秉持"追求卓越"的城市精神，创造了新时代城市治理现代化的上海模式。"一网通办"改革为中国国家治理现代化提供了有益的地方探索和城市经验，彰显了处在世界前沿探索领域的中国城市治理实践所具备的新高度和面临的新挑战。

一、上海"一网通办"改革经验的总结

"一网通办"改革发生在 21 世纪的第二个十年，该阶段中国发生了几个重大变化。第一是中国经济总量跃居世界第二，成为全球第一贸易大国，并有望在 21 世纪第三个十年成为全球第一大经济体。②第二是中国经济社会发展进入新常态，人口红利逐渐转为人口负债，传统的外延式增长难以为继，亟待引入和巩固高质量内涵发展的模式。第三是中国的先进科技力量崛起，

---

① 有关浙江"最多跑一次"改革，参见郁建兴等：《"最多跑一次"改革：浙江经验，中国方案》，中国人民大学出版社 2019 年版。

② 日本经济研究机构根据世界货币基金组织等部门的经济数据，预测中国的国内生产总值有望在 2028 年跃居世界第一。参见 Japan Center for Economic Research（JCER），*Asia in the coronavirus disaster*：*Which countries are emerging?—China overtakes U.S. in 2028—2029*，Dec.2020。

在第四次产业革命中获得重要的一席之地。与此同时，中国的城市化发展也进入新阶段，城市人口首度超越农村人口，城市治理的重要性越发凸显。

在这些中国发展的大趋势下，城市治理必须精于"顺势"、善于"借势"和勇于"造势"，反映时代发展的客观需要和规律性，用更高质量的创新来推进世界一流城市建设。上海"一网通办"改革能够迅速上升为国家政策并在全国各地得到采纳，取得显著的改革效果，其经验至少包含了以下方面：

价值、制度与技术变革的统一。从全球到中国、从中央到地方的政府改革经验看，改革几乎无一例外要触及价值、制度和技术的层面。其中，价值引领创造改革的合法性，树立改革共识，激发革新动力和克服改革梗阻；制度改革对政府的职能和体系进行调整，改变政府、市场与社会的关系及其行为方式，获得直接改革效果；技术改革体现为机制的创新，通过运用新的治理工具与技术工具，充分发挥公共治理的工具理性。改革在这三个层面结合得越紧密，相互支撑和放大的力度越强，成效就越明显。在 20 世纪末全球范围内形成最大影响的新公共管理改革，其市场导向的价值取向、反官僚制的制度变革核心以及民营化与竞争的基本治理技术，形成了连贯一致的一揽子改革设计，为取得改革成效打出了有力的组合拳。

在 20 世纪 80 年代以来的中国公共管理改革中，制度变革的主要支撑力来自价值倡导。在国家的公共治理价值库里面，服务、绩效、民主、透明、法治、责任、协调、回应等价值被不断树立，为各阶段重点改革事项的推进提供了价值支撑。相对来看，技术层面的支撑比较有限，而且主要局限在治理工具而非技术工具上。上海"一网通办"改革在已有改革经验基础上，充分实现了在价值、制度和技术三个层面的一致性推进。"一网通办"改革在价值层面用"人民城市"理念来强化城市公共管理体系的服务意识，让公务员甘于谦卑地做"店小二","用我们的辛苦指数换取群众的幸福指数";在制度层面用"用户导向"设计来重塑政府的部门间关系,形成业务流程再造和制度革新,形成"一网""一窗"的整体性政府单一服务界面;在技术层面采用现代互联网、大数据和人工智能等技术,推进整体性政府的数据治理,用集中、共享和开放数据来重塑业务。依托价值和技术层面的双重赋权和挤压,城市治理层面的制度改革和创新得以快速推进。

正确处理政府、市场与社会关系。所有重要政府改革的实质都是改变政府与人民的关系。在传统公共行政模式下,人民被建构成"行政相对人";在公共治理模式下,人民同时还具有"服务相对人"和"治理性对人"的属性和身份。在当代政府改革中,主要趋势是淡化行政相对权力维度上的政企与政社关系,突出政府作为服务者和治理者(之一)的角色和责任。政府要平衡其经济社会发展的推动者、公共秩序的管理者和政企政社合作者的不同身份,全面统筹,柔性介入,走向多元协作和智慧治理。因此现代政府改革不是单纯追求"小政府",而是"有效政府",在实现善政的过程中走向善治。

上海"一网通办"改革的直接目标是优化营商环境和提升民生服务。通过政府过程的优化和创新,在已有法律和政策无须重大调整情况下,企业与市民的权利得到更好保障。上海的改革充分反映了在公共政策与管理实践中的一个普遍情况,即法律与政策等文件,以及其所规范的公民权利,本质上是书面概念的存在,其实现的效果和程度取决于在公共治理实践中对这些规范的再生产。尤其在中国幅员辽阔和政府层级多的情况下,国家层面的法律与政策经常反映了"精神"而未指定具体实施细节,这为实施过程的创新提供了空间。

从"用户"角度出发对其合法权利进行再生产的最核心举措就是按图 2-1

所示构建一个公共服务单一界面，这个界面体现了几个公共管理的重要转型，即从以政府为中心转向以人民为中心，以部门为中心转向整体性政府，这是公共服务单一界面得以顺畅运行的基础。在这个过程中，"一网通办"公共服务体系也自然走向了共同生产和价值共创。

引入改革创新的方式创新。一个好的创新理念如何引入？一个好的改革思路如何落实？这是所有公共部门管理者必须认真思考的问题。在当前制度交错、利益格局复杂、政策风险难以预知的情况下，改革者在引入创新的方式上要尤其注重策略和方法。"一网通办"改革发生在全球大都市上海，改革具有"牵一发而动全身"的敏感性。"一网通办"改革在上海多年形成的集成创新实践和经验基础上，其引入方式上的特点可以归纳为：

合适的改革顺序和节奏。要实现改革由易到难、由浅及深、逐步扩展和升级的发展顺序和节奏，领导力是关键。改革者要有改革时间策略，[①]在改革过程中学习，在适度时机对改革进行评价和干预，始终保持改革动力。

预备性的因果知识。在制度性否决者（veto player）数量增加且参与方式不确定的决策情形下，改革的预备性因果知识是获得社会共识和取得上级信任的关键。在正式改革推开以前，如果有关试验已经展开，改革成功的核心逻辑以及主要风险有所揭示，则改革可控性大幅提高。这说明改革者需要站在改革最前沿，营造了有利的改革小生态，具有厚积薄发的优势。

有效的改革激励。破解改革的阻力，关键是要创造改革红利，树立对改革的信念。"一网通办"改革一方面直接给企业和市民带来实惠，获得社会支

---

① 有关时间策略文献，参见曹佳：《从政策公布到生效：政策实施的时间差分析》，《公共行政评论》2020年第5期，第144—159、208—209页。Sarah B. Pralle, "Timing and sequence in agenda-setting and policy change: a comparative study of lawn care pesticide politics in Canada and the US," *Journal of European Public Policy*, Vol.13, No.7, 2006, pp.987—1005.

持；另一方面通过"好差评"制度，通过调查评估等多种方法，将来自用户的和专业人员的评价带入政府的正式评价体系，将自上而下的压力转化为自下、自外的压力，形成长效激励机制。

法治精神与规则意识。在"把权力关进制度的笼子里"的新时代法治要求下，改革在形式上和实质上都应该是合法合规的。"一网通办"改革通过地方立法创新、央地法治协调和局部改革试验等方法，坚持依法行政，并且对改革创新者采取了"容错"态度和政策，鼓励依法依规创新。"一网通办"本身作为一个规则体系，其持续运行正在不断强化公共服务人员和办事人员的规则意识和文化。

对政府数字化转型的正确理解和有效运用。为回应第四次产业革命给公共治理带来的新机遇和新挑战，政府数字化转型是关键。公共数据治理是基础，其关键在于实现数据的可流动性和可增值性，以数据优化来驱动业务流程优化。数字治理是政府数字化转型的目标，即一方面要利用数字技术最大程度实现善治的目标，另一方面要解决社会的数字化发展带来的新治理困难和问题。"一网通办"改革建立起数字公共服务所必需的"云、网、数、端"，显著消减了政府内部的"数据烟囱"和"信息孤岛"现象，数据的后向归集和前向供给正在克服各部门对信息的垄断，为民众和高层领导提供了更充分的信息供给。"一网通办"改革同时展现了数字政府建设中的几个关键方面：

数字政府建设中的政企关系。政府对体制外数字科技企业的技术依赖是数字政府建设中不可避免的现象，政府必须解决这种数字依赖背后潜藏的数据安全风险、公共安全风险和公共利益风险。上海"一网通办"改革中的政企合作模式是相对多元化的，这一定程度会牺牲平台的整体系统性和建设速度，但有利于保持开放和自主性的运作。

跨部门跨区域的政府间合作。传统上解决政府间条块分割的基本方法是建立或依赖共同的更高级权威。近二十年的主要改革方式是采取大部制的组织兼并方式。随着公共事务复杂化发展，任何一种传统的组织调整方式都面临其效用极限。"一网通办"改革在组织体系结构基本不变的情况下，在网络和大数据等技术支撑下，实现了以事项为核心的流程再造，开辟了部门间和区域间协调合作的新路径。

数字政府的有限性。数字政府仍然是有限政府，仍然应该是数字化时代的公共产品提供者。由于数字平台的天然垄断性特征，数字监管是数字政府核心职能之一，在这方面常常中央政府才具有足够的行动能力。

数字技术的两面性。数据资源化可以带来广泛的社会福利，但其不均衡和不公平分布也可能加剧社会分配的失衡；正如既可以利用数字技术扶贫，又可以因为数字鸿沟而加剧贫富分化。在兴利与除弊之间的平衡将始终影响数字政府建设中的政策选择。

二、"一网通办"改革对未来城市治理与政府建设的启示

未来的城市治理是什么样的？未来的政府是什么样的？"一网通办"改革为这些有关未来的问题提供了丰富的启示。如前所述，"一网通办"改革具有丰富的时代背景和驱动力量，如果用最粗的线条描绘，它代表了数字化时代中国城市的服务型政府建设，为未来城市治理和政府建设提供了有益的启示：

政民与政企关系走向新形态。数字化发展改变了信息流动和权威构建的方式，在信息来源越来越多元化和分散化、信息的意义建构越来越自主化、同时信息技术越来越为企业所掌控的发展趋势下，政府在社会中的角色及其发挥职能的方式必然经历深刻调整。一方面政府必须为更加具有自主性的社

会和市场让出更大空间，让新技术革命带来的创新潜力最大限度服务于人类的自由发展；一方面政府必须要为数字化转型后社会所潜藏的更大更系统的风险隐患做好准备。这似乎创造了一个在更有限和更无限的政府之间的无法弥合的张力，但这又仅仅反映了人类发展史上政府的实际演化——政府从来没有真正变得更小，因为对公共治理的需求一直在随着经济社会的发展及其复杂性和相互依赖的增长而增长，而不是相反。在政民与政企关系上，有效政府才是一个终极目标，而政府形态可以因历史、观念和技术等因素而不同。

在政民关系上的一个重要决定因素是政府工作人员与社会大众之间的素质对比。传统中国的政府及其官员是一个受教育水平相对高的精英群体，与普罗大众之间存在严重的知识差距。这种情况随着我国人民整体受教育水平的上升，以及高素质人才择业的越发多元化而正在改变，数字化更助推了这一趋势。这同样带来了政府存在内在张力的两个行为走向，一方面政府要更多地与民协商，在直接民主中形成共识性政策；一方面政府的自由裁量又会被大幅压缩，必须依规行事。这些内在张力的缓解和矛盾的化解，需要有远见和有原则的社会共同体和政府，需要信息的极大透明和共享，需要人民与政府之间的高度信任。

公共服务体系全面重构。现有的公共服务体系，包括资源与责任的配置，均受制于传统的技术条件。数字化发展为公共服务体系的重构提供了几方面基础条件，这包括：1）公共服务本身的可递送性发生了重大变化，这反映在服务的数字化发展上；2）公共服务提供者的信息能力迅速扩展，公共管理理论中传统的"控制矩"（Span of Control）极大延伸和扩大；3）数据资源化带来政府内部服务能力的重新布局和组合，形成了以前没有的政府间协作可能；4）数字化条件下政府与企业和社会组织的联合服务提供的形式越来越多样和灵活；5）公共服务的共同生产和价值共创的机会和形式也越来越多。在图 2-1 中，这些基础条件的变化都蕴含其中。

这些变化为公共服务体系重构提供了多个方向。首先，公共服务将更加具备互动性和反思性。数字技术提供了更好的公共服务决策和提供过程中的民众参与，公共服务设计是一个双向的过程。其二，公共服务的供给责任确定将更多基于信息能力而非政府机构与服务受众的物理距离。高低层级政府具备不同的信息优势，则高层级政府更应提供基础性的、一致的服务，而低层级政府提供基于地方特征的服务。总的趋势是服务供给出现责任往上传递，在大数据支撑下，更高级政府可以在更大区域内提供更多直接及于个人的服务。其三，公共服务提供更多走向多层级治理，即不同层级、系统和领域的公私部门共同参与的混合服务提供，形成对纵向政府间关系与横向跨部门合作的整合。

政府组织结构的再造方式。当前的政府部门结构反映了传统的专业化分工，用组织边界维护专业知识的权力边界。当专业知识与行政权力的配置主要依靠组织边界的调整时，后者往往顾此失彼，带来行政改革领域的分分合合现象。在数字政府转型打破政府内部的"数据烟囱"后，这种以专业化割据为基础的行政改革逻辑将逐渐淡出，数字化平台将实现对各专业部门能力的快速有效协调，形成回应复杂治理需求的能力组合。这就像市场上的平台企业调动无数生产商实现对每一个消费者的个性化需求的回应一样，其结果是迫使生产商真正将注意力投入到其专业能力上，而不再可以透支消费者的信息局限和消费惯性。

如何建设政府数字化平台是下一步政府改革的重点内容之一。当前在各省的相关平台建设中存在各种模式，在各国的发展中也存在不同模式。在中央政府层面，是否要设立一个数据部，数字能力从哪里来，数字化平台与其他各部委的相互关系如何摆正，是下一步改革的主要看点之一。这样的平台在衔接不同的专业化部门的同时，将最大限度迫使后者走向更加专业化的发展。

有温度的数字政府。数字冷漠是数字化发展中的一个典型的消极现象，即在公共管理过程中的人情、人性和人文的内容被 1 和 0 所组成的符号和相关的代码和算法所替代，出现公共服务中的"麦当劳化"现象。[①] 这个过程中，工具理性替代价值理性，数字判断挤压经验判断，基于证据的公共决策沦为数据主导的公共决策，则最终带来数字异化的现象，把人类从数据的驾驭者变成数据的仆役。

因此"有温度"将是数字政府建设的一个核心要求，是弘扬马克思主义对人类社会发展的终极关怀即人的自由与解放，也恰如其分地反映了中国共产党"不忘初心"的哲学立场。"有温度"的数字政府要求在追求效率和理性化的同时，随时保持反思的姿态，让技术始终处在人民可以理解和控制的范围，它反映的是在数字时代的"人民主权"。

三、"一网通办"改革对中国公共管理理论发展的启示

中国的公共管理理论发展处在一个承前启后的关键时期。作为一个与西方发达资本主义国家显著不同的体量庞大、历史悠久和有自身使命感的实践体系，中国公共管理需要有足够的解释力、指导力和承载力的现代理论知识体系。该理论体系得以成立和可持续的关键，是其在公共管理的价值、制度

---

① 美国社会学家乔治·瑞茨提出"麦当劳化"现象，即对效率、可计算性、可预测性和可控制性等理性标准的追求所导致的社会非理性发展，使得快乐也成为一种理性计算的对象。参见 George Ritzer, *The McDonaldization of Society*, Pine Forge Press, 1992。

和技术层面的充分与均衡发展，以及在不同层面之间的贯通和支撑，形成一个稳定的、内在一致的兼具功能性与合法性的系统，可以参与到世界范围内的公共管理知识体系的交流、竞争和融合中。

在 1978 年以来，中国公共管理理论在重整的同时也出现理论体系的碎片化发展。[1] 改革开放的实践，不论是内部的创新与转型，还是从外部引入的变革，都超越了已有理论范畴。对中国"发展中国家"和"转型国家"的定位和由此带来的实践取向，塑造了理论领域的"西方中心"格局。公共管理理论的发展主要表现为一个对外学习、消化、吸收和提高的过程，公共管理知识的生产、流通、评价、竞争和消费的学术生态也极大地依附在西方主导的公共管理核心知识圈上。这为公共管理学学科发展和人才培养带来了机遇，也造成了中国公共管理学的理论、知识和话语体系的碎片化现象，但仍然不失为一个"创造性破坏"的过程。[2] 但是如果沉浸在理论学习与依附发展的道路上，中国公共管理学将无法在世界范围内提供原创性理论贡献，而这绝非一个有使命感大国的长期可持续发展可以依靠的[3]。在全球经济社会发展的诸多领域，中国都已经成为一个具备超凡实力又明显展现不同发展模式的国家，公共管理领域也越来越需要更贴合自身发展实际的理论体系，在问题意识、理论取向和研究方法等方面更好反映和推动公共管理实践与发展。[4]

---

[1] 夏书章教授 1982 年发表在《人民日报》上的一篇文章被认为是中国公共行政学在中断后得以重新开始的起点。参见夏书章：《把行政学的研究提上日程是时候了》，《人民日报》1982 年 1 月 29 日。

[2] 经济学家熊彼特提出企业家通过创新来"创造性破坏"原有的（低水平）市场均衡，参见 Joseph A. Schumpeter, *The Theory of Economic Development: An Inquiry into Profits, Capital, Credit, Interest, and the Business Cycle*, Cambridge, MA: Harvard University Press, 1934。

[3] 杨立华、常多粉：《中国行政学三十年的范式变迁：从行政管理到公共治理》，《中国行政管理》2019 年第 6 期。

[4] 陈振明、薛澜：《中国公共管理理论研究的重点领域和主题》，《中国社会科学》2007 年第 3 期。

中国公共管理的实践及其成就为理论重整提供了源动力。这个实践在宏观上展现为国家顶层治理实践的有序推进，近期尤其体现在中国在协调抗击新冠肺炎疫情和推动经济社会发展上的卓越成就；中观上体现为"一网通办"这样的地方和城市治理实践；微观上体现为基层与社区治理的发展。国家治理体系和治理能力现代化是对 1978 年以来中国全面改革与开放实践中的公共治理发展的总结，是一个不断创新和生长的演化中的理论体系。国家治理理论体系并不是一个孤立的理论生态，它包含了中国的传统治理智慧，反映了新中国成立后的社会主义建设实践，吸纳了改革开放以来的全球学习和自我创新，因此体现了人类理论与知识的普遍联系，在自我否定中实现发展和升级。

以"一网通办"改革为代表的中国公共管理领先实践将改变中国在全球公共管理知识社区的叙事方式。在以往中国与国际公共管理学界的知识交换中，存在诸多的不均衡性，体现在以知识输入为主而缺乏输出，在输出中以技术层为主而缺乏制度层尤其价值层的内容，同时经常局限于个别案例而非系统经验。这反映了公共管理学的碎片化发展特征，也预示了中国治理知识在国际公共管理知识社区的未来成长次序，即从技术层面向制度和价值层面扩展，从实用问题向价值问题扩展；从个别的零散的经验向系统性知识拓展；从可直接验证的经验问题向价值认同的领域扩展；以及从向发展中国家扩散到向发达国家扩散。中国将逐渐从治理知识的净输入国转变为一个输出国，这个过程可能不是一个线性的逐渐变化过程，从量变到质变的转化时机可能会由一些不可预期的事件引发。但是这必然将是一个长期的过程，更取决于中国治理绩效在公民个体而非国家总量上的展现，取决于社会科学与其他学科的发展对公共管理学科的支持性作用，也取决于中国公共管理学者进行系统性知识建构的成效。中国理论学界要提供一个有别于西方的有竞争力的治理知识体系，还要付出艰辛的和创造性的努力。

参考文献

Adam Jabłoński, "Public Service Design and Public Trust: Conceptualizing the Sustainability," *Managing Public Trust*, Palgrave Macmillan, Cham, 2018, pp.153—171.

Alexandru V.Roman, Montgomery Van Wart, Xiaohu Wang, Cheol Liu, Soonhee Kim, and Alma McCarthy, "Defining E-leadership as competence in ICT-Mediated communications: An Exploratory Assessment," *Public Administration Review*, Vol.79, No.6, 2018, pp.853—866.

Anne larason Schneider and Helen Ingram, "Behavioral assumptions of policy tools," *The Journal of Politics*, Vol.52, No.2, 1990, pp.510—529.

Barbara Ubaldi, "Open Government Data: Towards Empirical Analysis of Open Government Data Initiatives", *OECD Working Papers on Public Governance*, No.22, Paris: OECD Publishing, 2013.

Barry Bozeman, *All Organizations are Public: Bridging Public and Private Organizational Theories*, San Francisco: Jossey-Bass, 1987.

Bianca C. Reisdorf and Darja Groselj, "Internet (non-) use types and motivational access: Implications for digital inequalities research," *New media & society*, Vol.19, No.8, 2017, pp.1157—1176.

Bill De Blasio, et al., *One NYC 2050: The Strategy*, Vol.1 of 9, April 2019.

Bruce J. Avolio, Jogn J. Sosik, Surinder S. Kahai S, and Bradford Baker, "E-leadership: Re-examining transformations in leadership source and transmission," *The Leadership Quarterly*, Vol.25, No.1, 2014, pp.105—131.

Bruce J. Avolio, Surinder Kahai, and George E. Dodge, "E-leadership: Implications for theory, research, and practice," *The Leadership Quarterly*, Vol.11, No.4, 2000, pp.615—668.

Busayawan Lam, Yuping Chen, Jon Whittle, Jane Binner, and Therese Lawlor-Wright, "Better service design for greater civic engagement," *The Design Journal*, Vol.18, No.1, 2015, pp.31—56.

Charles M. Tiebout, "A Pure Theory of Local Expenditures," *Journal of Political Economy*, Vol.64, No.5, 1956, pp.416—424.

Charles Phillips, *The Regulation of Public Utilities: Theory and Practice.* Arlington, Va: Public Utilities Reports, 1993.

Christopher Hood, "A public management for all seasons?" *Public administration*, Vol.69, No.1, 1991, pp.3—19.

Commission on Global Governance, *Our Global Neighborhood*. Oxford, UK: Oxford University Press, 1995.

Daniel A. Bell and Pei Wang, *Just Hierarchy: Why Social Hierarchies Matter in China and the Rest of the World*, Princeton, New Jersey: Princeton University Press, 2020.

David Rosenbloom, "Public Administrative Theory and the Separation of Powers," *Public Administration Review*, Vol.43, No.3, May-Jun.1983, pp.219—227.

Dwight Waldo, *The administrative state: A study of the political theory of American public administration*, New York: Ronald, 1948.

Edward J. Luca E and Yulia Ulyannikova, "Towards a User-Centred Systematic Review Service: The Transformative Power of Service Design Thinking," *Journal of the Australian Library and Information Association*, Vol.69, No.3, 2020, pp.357—374.

Gabriella Montinola, Yingyi Qian, and Barry R. Weingast, "Federalism, Chinese Style: The Political Basis for Economic Success in China," *World Politics*, Vol.48, No.1, 1995, pp.50—81.

George Ritzer, *The McDonaldization of Society*, Pine Forge Press, 1992.

Jae M. Moon and Stuart Bretschneider, "Does the perception of red tape constrain IT innovativeness in organizations? Unexpected results from a simultaneous equation model and implications," *Journal of Public Administration Research and Theory*, Vol.12, No.2, 2002, pp.273—291.

Jakob Trischler, Timo Dietric, and Sharyn Rundle-Thiele, "Co-design: from expert-to user-driven ideas in public service design," *Public Management Review*, Vol.21, No.11, 2019, pp.1595—1619.

Jan A.G.M. Van Dijk, "Digital divide research, achievements and shortcomings," *Poetics*, Vol.34, No.4—5, 2006, pp.221—235.

Jan A.G.M. Van Dijk, "The evolution of the digital divide: The digital divide turns to inequality ofskills and usage," *Digital enlightenment yearbook*, 2012, pp.57—75.

Japan Center for Economic Research (JCER), *Asia in the coronavirus disaster: Which countries are emerging?—China overtakes U.S. in 2028—2029*, Dec.2020.

Jean Oi, "Fiscal Reform and the Economic Foundations of Local State Corporatism in China," *World Politics*, Vol.45, No.1, 1992, pp.99—126.

Jeffrey L. Brudney, "Rethinking coproduction: amplifying involvement and effectiveness," *Journal of Chinese Governance*, Vol.5, No.1, 2020, pp. 8—27.

John Kingdon, *Agendas, Alternatives, and Public Policies*. Boston: Little Brown, 1984.

Joseph A. Schumpeter, *The Theory of Economic Development: An Inquiry into Profits, Capital, Credit, Interest, and the Business Cycle*, Cambridge, MA: Harvard University Press, 1934.

Kelli Wolfe, "Service design in higher education: a literature review," *Perspectives: Policy and Practice in Higher Education*, Vol.24, No.4, 2020, pp.121—125.

Michael E. Milakovich, Digital Governance: New Technologies for Improving Public Service and Participation, Taylor & Francis, 2012.

Michael R. Bloomberg, et al., *Road Map for the Digital City: Achieving New York City's Digital Future*, New York: NYC Digital, 2011.

Nancy S. Hayward, "The Productivity Challenge," *Public Administration Review*, Vol.36, No.5, 1976, pp.544—550.

Paula Linna, Sanna Pekkola, Juhani Ukko, and Helinä Melkas. "Defining and measuring productivity in the public sector：managerial perceptions," *International Journal of Public Sector Management*, Vol.23, No.5, 2010, pp.300—320.

Pelle Ehn, "Participation in design things", *Tenth Anniversary Conference on Participatory Design 2008*, Bloomington：Indiana University, 2008, pp.92—101.

Perry 6, Diana Leat, Kimberly Seltzer, and Gerry Stoker, *Towards Holistic Governance：The New Reform Agenda*, New York：Palgrave, 2002.

Qian Sun, "Towards a New Agenda for Service Design Research," *The Design Journal*, Vol.23, No.1, 2020, pp.49—70.

Richard Heeks, *Reinventing Government in the Information Age：International Practice in IT-Enabled Public Sector Reform*, Routledge, 1999.

Rob van der Meulen, "5 Levels of Digital Government Maturity," *Gartner*, Nov. 2017, retrieved from https：//www.gartner.com/smarterwithgartner/5-levels-of-digital-government-maturity/, 2020-12-24.

Robert Behn, "The Big Questions of Public Management," *Public Administration Review*, Vol.55, No.4, 1995, pp.313—324.

Robert D. Putnam, Robert Leonardi, and Raffaella Y. Nanetti, *Making Democracy Work：Civic Traditions in Modern Italy*, Princeton, N.J.：Princeton University Press, 1993.

Roger B. Parks, Paula C. Baker, Larry Kiser, Ronald Oakerson, Elinor Ostrom, Vincent Ostrom, Stephen L. Percy, Martha B. Vandivort, Gordon P. Whitaker, and Rick Wilson. "Consumers as Coproducers of Public Services：Some Economic and Institutional Considerations," *Policy Studies Journal*, Vol.9, No.7, 1981, pp.1001—1011.

Rutgers University, "Rutgers SPAA Global E-Governance Survey Highlights Innovative Practices," Oct. 2016.

Sandeep Dayal, Helene Landesberg, and Michael Zeisser, "How to build trust online," *Marketing Management*, Vol.8, No.3, 1999, pp.64—69.

Sarah B. Pralle, "Timing and sequence in agenda-setting and policy change: a comparative study of lawn care pesticide politics in Canada and the US," *Journal of European Public Policy*, Vol.13, No.7, 2006, pp.987—1005.

Stephen P, Osborne, "The new public governance?" *Public Management Review*, Vol.8, No.3, 2006, pp.377—388.

Stephen P. Osborne. *Public Service Logic: Creating Value for Public Service Users, Citizens, and Society Through Public Service Delivery*, Routledge, 2020.

The World Bank, *China's Doing Business Success: Drivers of Reforms and Opportunities for the Future*, 2020.

The World Bank, *Sub-Sahara Africa from Crisis to Sustainable Growth: A Long-Term Perspective Study*, Washington DC: The World Bank, 1989, p.60.

U.N. Division for Public Economics and Public Administration and American Society for Public Administration, *Benchmarking E-government: A Global Perspective（UNDESA/ASPA）2001*, 2002.

Wilson Wong and Eric Welch, "Does e-government promote accountability? A comparative analysis of website openness and government accountability," *Governance*, Vol.17, No.2, 2004, pp.275—297.

Yijia Jing, "The Transformation of Chinese Governance: Pragmatism and Incremental Adaption," *Governance*, Vol.30, No.1, 2017, pp.37—43.

鲍静、范梓腾、贾开：《数字政府治理形态研究：概念辨析与层次框架》，《电子政务》2020 年第 11 期。

贝淡宁（Daniel A. Bell）：《贤能政治》，中信出版社 2016 年版。

曹佳：《从政策公布到生效：政策实施的时间差分析》，《公共行政评论》2020 年第 5 期。

陈振明、薛澜：《中国公共管理理论研究的重点领域和主题》，《中国社会科学》2007 年第 3 期。

大卫·罗森布鲁姆著、敬乂嘉译：《论非基于使命的公共价值在当代绩效导向的公共行政中的地位》，《复旦公共行政评论》2012 年第 2 期。

邓穗欣：《规则社会的十项原则——提升中国的治理能力》，左晓燕译，中国经济出版社 2012 年版。

复旦大学数字与移动治理实验室：《中国地方政府数据开放报告（2020 年上半年）》。

顾平安：《面向公共服务的电子政务流程再造》，《中国行政管理》2008 年第 9 期。

观研天下（北京）信息咨询有限公司：《2019 年中国互联网行业分析报告·市场运营态势与发展动向预测》，2020 年。

国家统计局：《中国统计年鉴 1980》，中国统计出版社 1980 年版。

国家统计局：《中国统计年鉴 1981》，中国统计出版社 1981 年版。

国家统计局：《中国统计年鉴 2006》，中国统计出版社 2006 年版。

胡税根、盛禹正、胡旭：《公共生产力的界定、分析框架及改进》，《浙江大学学报（人文社会科学版）》2012 年第 2 期。

黄璜、孙学智：《中国地方政府数据治理机构的初步研究：现状与模式》，《中国行政管理》2018 年第 12 期。

敬乂嘉、崔杨杨、李丹瑶：《中国绩效测量的政治学》，《学海》2017 年第 2 期。

敬乂嘉、胡业飞：《政府购买服务：公共性的视角》，《公共行政评论》2018 年第 3 期。

敬乂嘉、胡业飞：《中国公共行政学科价值：对罗森布鲁姆价值框架的借鉴》，《江苏行政学院学报》2014 年第 1 期。

敬乂嘉、刘春荣：《居委会直选与城市基层治理：对 2006 年上海市居委会直接选举的分析》，《复旦学报》2007 年第 1 期。

敬乂嘉：《合作治理：历史与现实的路径》，《南京社会科学》2015 年第 5 期。

卡尔·波兰尼：《大转型：我们时代的政治与经济起源》，浙江人民出版社 2007 年版。

克劳斯·施瓦布：《第四次工业革命》，中信出版社 2016 年版。

李友梅、肖瑛、黄晓春：《当代中国社会建设的公共性困境及其超越》，《中国社会科学》2012 年第 4 期。

厉以宁、孟晓苏、李源潮、李克强：《走向繁荣的战略选择》，经济日报出版社 1991 年版。

联合国经济和社会事务部：《2020 联合国电子政务调查报告》，载联合国经济和社会事务部官网。

林尚立：《社区民主与治理：案例研究》，中国社会科学出版社 2002 年版。

林尚立：《有序民主化：论政党在中国政治发展中的重要作用》，《吉林大学社会科学学报》2004 年第 6 期。

林尚立：《政党、政党制度与现代国家——对中国政党制度的理论反思》，《中国延安干部学院学报》2009 年第 5 期。

刘慈欣：《三体 2：黑暗森林》，重庆出版社 2008 年版。

马骏：《实现政治问责的三条道路》，《中国社会科学》2010 年第 5 期。

孟庆国、林彤、乔元波、王理达：《中国地方政府大数据管理机构建设与演变——基于第八次机构改革的对比分析》，《电子政务》2020 年第 10 期。

宁骚：《政策试验的制度因素——中西比较的视角》，《新视野》2014 年第 2 期。

彭波：《论数字领导力：数字科技时代的国家治理》，《人民论坛·学术前沿》2020 年第 15 期。

彭勃：《"人民城市"重要理念引领中国特色城市发展道路》，《文汇报》2020 年 11 月 11 日。

清华大学数据治理研究中心：《2020 数字政府发展指数报告》。

上海市科委：《2019 年上海科技进步报告》，访问于 http：//stcsm.sh.gov.cn/newspecial/2019jb/pdf/zs.pdf，2021 年 1 月 10 日。

上海市人民政府法制办公室编：《上海市依法行政状况白皮书（2010—2014）》，上海人民出版社 2016 年版。

上海市税务局：《上海市 2019 年税收收入统计情况》。

上海市统计局：《2019 年上海统计年鉴》，中国统计出版社 2019 年版。

上海市统计局：《2019 年上海市国民经济和社会发展统计公报》。

苏竣、魏钰明、黄萃：《社会实验：人工智能社会影响研究的新路径》，《中国软科学》2020 年第 9 期。

汪玉凯：《数字政府的到来与智慧政务发展新趋势——5G 时代政务信息化前瞻》，《人民论坛》2019 年第 11 期。

王绍光、胡鞍钢：《中国国家能力报告》，辽宁人民出版社 1993 年版。

王晓丹：《从战略到应用：国外"智慧城市"概览》，《上海信息化》2012 年第 1 期。

王新才、黄兰：《数字城市背景下纽约市政务信息服务模式及其借鉴研究》，《电子政务》2014 年第 6 期。

王新奎：《长三角一体化深入发展的战略思考》，《浦东时报》2018 年 2 月 2 日。

吴敬琏：《当代中国经济改革》，上海远东出版社 2003 年版。

夏书章：《把行政学的研究提上日程是时候了》，《人民日报》1982 年 1 月 29 日。

徐晓林、刘勇：《数字治理对城市政府善治的影响研究》，《公共管理学报》2006 年第 1 期。

徐晓林、周立新：《数字治理在城市政府善治中的体系构建》，《管理世界》2004 年第 11 期。

薛澜：《顶层设计与泥泞前行：中国国家治理现代化之路》，《公共管理学报》2014 年第 4 期。

杨立华、常多粉：《中国行政学三十年的范式变迁：从行政管理到公共治理》，《中国行政管理》2019 年第 6 期。

杨宏山：《双轨制政策试验：政策创新的中国经验》，《中国行政管理》2013 年第 6 期。

俞可平：《民主与陀螺》，北京大学出版社 2006 年版。

俞可平主编：《治理与善治》，社会科学文献出版社 2000 年版。

郁建兴、黄飚：《当代中国地方政府创新的新进展——兼论纵向政府间关系的重构》，《政治学研究》2017 年第 5 期。

郁建兴等：《"最多跑一次"改革：浙江经验，中国方案》，中国人民大学出版社 2019 年版。

詹姆斯·汤普森：《行动中的组织：行政理论的社会科学基础》，敬乂嘉译，上海人民出版社 2007 年版。

詹姆斯·N. 罗西瑙：《没有政府的治理》，江西人民出版社 2001 年版。

张勇进、章美林：《政务信息系统整合共享：历程、经验与方向》，《中国行政管理》2018 年第 3 期。

赵勇、叶岚、李平：《"一网通办"的上海实践》，上海人民出版社 2020 年版。

中国互联网络信息中心：《第 46 次中国互联网络发展状况统计报告》，2020 年。

中国人民大学中国民营企业研究中心、北京隐形独角兽信息科技院：《数字经济先锋：全球独角兽企业 500 强报告（2020）》。

中国社会科学院法学研究所：《中国地方人大立法指数报告（2015）——基于省级人大常委会网站的考察》，载《2016 年中国地方法治蓝皮书》，社会科学文献出版社 2016 年版。李林、田禾主编：《中国地方法治发展报告 No.1（2014）》，社会科学文献出版社 2015 年版。

中国信息通信研究院：《中国数字经济发展白皮书（2020 年）》，2020 年。

中华人民共和国最高人民法院编：《中国法院的互联网司法》，人民法院出版社 2019 年版。

中央党校（国家行政学院）电子政务研究中心：《2019 年上海市"一网通办"调查评估结果》，2020 年。

中央党校（国家行政学院）电子政务研究中心：《省级政府和重点城市网上政务服务能力（政务服务"好差评"）调查评估报告（2020）》，2020 年，访问于 http：//zwpg.egovernment.gov.cn，2020 年 12 月 29 日。

周黎安：《中国地方官员的晋升锦标赛模式研究》，《经济研究》2007 年第 7 期。

竺乾威：《从新公共管理到整体性治理》，《中国行政管理》2008 年第 10 期。

竺乾威：《官僚化、去官僚化及其平衡：对西方公共行政改革的一种解读》，

《中国行政管理》2010 年第 4 期。

朱旭峰、张友浪：《创新与扩散：新型行政审批制度在中国城市的兴起》，《管理世界》2015 年第 10 期。

诸大建、何芳、霍震佳：《中国城市可持续发展绿皮书》，同济大学出版社 2013 年版。

朱亚鹏、丁淑娟：《政策属性与中国社会政策创新的扩散研究》，《社会学研究》2016 年第 5 期。

附录一

上海"一网通办"改革大事记

2018年	3月1日	上海市主要领导专题听取关于本市推进"互联网＋政务服务"改革方案和组建大数据管理中心有关情况的汇报
	3月20日	李克强总理在中外记者会上，指出"一网办通"是本年深化"放管服"改革的"六个一"之一
	3月30日	印发《全面推进"一网通办" 加快建设智慧政府工作方案》
	4月12日	上海市大数据中心揭牌成立
	7月1日	"一网通办"总门户上线试运行
	8月2日	《人民日报》头版头条刊发长篇报道《上海：办事创业"一网通办"》
	8月27日	打造全国第一个支持银联、支付宝、微信三家支付渠道的公共支付平台
	9月21日	与市邮政管理局签署合作框架协议，开通统一物流平台
	10月11日	"一网通办"总门户接入服务事项突破 1000 项
	10月17日	"一网通办"总门户正式上线
	11月1日	《上海市公共数据和"一网通办"管理办法》正式施行
	11月7日	习近平总书记考察上海时指出"上海要优化政务服务，推进'一网通办'，在全市通办、全网通办、只跑一次、一次办成上取得实实在在的成效"
2019年	1月15日	全国一体化在线政务服务平台全面对接暨现场交流会
	1月22日	"一网通办"累计服务总量超过 1000 万件
	2月1日	"随申办"APP 成为全国首个用户突破 1000 万的政务服务移动应用
	3月1日	上海法院诉讼服务平台入驻"一网通办"试运行启动
	3月31日	《人民日报》头版头条刊发《上海"一网通办"再升级》
	4月3日	市委、市政府召开全市"一网通办"工作推进会议
	4月19日	国家行政学院发布《省级政府和重点城市网上政务服务能力调查评估报告（2019）》，上海排名全国第五
	5月13日	"水电气"公用事业服务纳入"一网通办"范围
	5月22日	长三角地区政务服务"一网通办"正式开通运行
	6月10日	上海市推进"一网通办"改革和政务公开领导小组成立

续表

	7 月 3 日	"一网通办"累计服务总量超过 2000 万件
	7 月 23 日	李克强总理考察市大数据中心
2019 年	9 月 1 日	本市行政区域内遇有交警路面查验，对于上海市公安局交通警察总队核发的驾驶证、行驶证，当事人可使用"随申办"APP、"上海交警"APP 等移动端的电子证照"亮证"功能处理交通违法和事故。
	9 月 29 日	接入服务事项突破 2000 项
	10 月 9 日	电子证照调用量突破 4000 万次
	10 月 29 日	"一网通办"标志（LOGO）正式发布、"好差评"制度正式上线运行
	11 月 3 日	习近平总书记考察上海时指出："要抓一些'牛鼻子'工作，抓好'政务服务一网通办'、'城市运行一网统管'，坚持从群众需求和城市治理突出问题出发，把分散式信息系统整合起来，做到实战中管用、基层干部爱用、群众感到受用。"
2020 年	1 月 8 日	市公共数据标准化技术委员会成立
	1 月 9 日	"随申办"超级应用（APP、微信、支付宝小程序）正式发布、"一网通办"政银合作签约
	2 月 17 日	"随申码"正式上线
	3 月 23 日	"一网通办"累计办件超过 4000 万
	3 月 28 日	"一网通办"注册用户突破 2000 万
	4 月 12 日	《人民日报》头版刊发《上海从"一网通办"迈向"一网好办"》
	4 月 13 日	市委、市政府召开全市"一网通办""一网统管"工作推进电视电话会议
	4 月 30 日	上海市推进"一网通办""一网统管"工作和政务公开领导小组成立
	5 月 26 日	国家行政学院发布《省级政府和重点城市网上政务服务能力（政务服务"好差评"）调查评估报告（2020）》，上海排名全国第二
	6 月 12 日	医疗费用报销"一件事"上线
	7 月 6 日	医疗付费"一件事"上线
	9 月 1 日	军人退役"一件事"上线
		公民身故"一件事"上线
	9 月 3 日	"随申码"新闻发布会
	9 月 7 日	企业职工退休"一件事"上线
	9 月 8 日	不动产登记与水电气联办过户"一件事"上线
	9 月 15 日	小孩出生"一件事"上线
	9 月 28 日	廉租房申请"一件事"上线
	9 月 29 日	新能源汽车专用牌照申领"一件事"上线
	10 月 10 日	"一网通办"总门户、"随申办"移动端升级改版试运行
	11 月 6 日	"一网通办"国际版（english.shanghai.gov.cn）正式上线运行

附录二

上海市2020年重点推进的"14件事"

序号	"一件事"名称	牵头单位	配合单位	"一件事"主要内容
1	医疗付费"一件事"	上海市卫生健康委员会	上海市医疗保障局、上海市发展和改革委员会、上海市财政局、上海申康医院发展中心、上海市大数据中心等，各试点单位	实现医保参保对象挂号付费、检查付费、取药付费、住院付费等全部诊疗收费环节脱卡支付和在线支付，做到看病"付费不排队"，建立守信激励失信惩戒机制
2	企业纳税缴费"一件事"	上海市税务局	上海市人力资源和社会保障局、上海市医疗保障局、上海市公积金管理中心等	构建统一面对用户的税费缴纳平台，实现相关税费"一表申请、一网通办"
3	创新创业"一件事"	上海市科学技术委员会	上海市市场监督管理局、上海市地方金融监督管理局、上海市税务局等，各区	将涉及创新创业的企业开办、办公场地费用减免、贷款贴息、科技创新券和研发费用加计扣除等环节进行整合优化
4	新能源汽车专用牌照申请"一件事"	上海市经济和信息化委员会	上海市发展和改革委员会、上海市公安局、上海市人力资源和社会保障局、上海市民政局、上海市房屋管理局、国网上海市电力公司等	将充电设施安装许可申请、电表申请、充电设施安装、新能源汽车专用牌照额度申请、机动车额度审核业务办结单申领、临时牌照申请、行驶证申请、新能源汽车专用牌照办理上牌等环节进行整合优化
5	涉外服务"一件事"	上海市商务委员会	上海市公安局、上海市卫生健康委员会、上海市教育委员会、上海海关、上海市税务局、上海市人力资源和社会保障局、上海市房屋管理局、上海市科学技术委员会、上海市人民政府外事办公室、上海市医疗保障局、上海市大数据中心等	打造"涉外服务专窗"，完善外籍人士及企业认证体系，汇聚发布相关政策信息，提供涉外企业、人员服务事项

续表

序号	"一件事"名称	牵头单位	配合单位	"一件事"主要内容
6	企业职工退休"一件事"	上海市人力资源和社会保障局	上海市卫生健康委员会、上海市医疗保障局、上海市公积金管理中心等	将按企业办法计发养老金的到龄人员（含完全丧劳、特种工种提前退休人员）办理养老金（含一次性补充养老金）申领手续，以及医疗保险、公积金、年老一次性计划生育奖励费等相关事项进行整合优化
7	军人退役"一件事"	上海市退役军人事务局	上海市委组织部、团市委、上海市公安局、上海市人力资源和社会保障局、上海市医疗保障局、上海市残疾人联合会等	将退役军人及随调随迁家属办理户口登记、组织关系转接、社保接续、教育培训、伤残抚恤关系转移、悬挂光荣牌等环节进行整合优化
8	扶残助残"一件事"	上海市残疾人联合会	上海市民政局、上海市人力资源和社会保障局、上海市医疗保障局等	将残疾人首次申领、换证、补领、证件迁移，困难残疾人生活补贴，重度残疾人护理补贴，基本医疗保险和基本养老保险补助，低保信息查询等进行整合优化
9	非上海生源应届普通高校毕业生落户"一件事"	上海市教育委员会	上海市发展和改革委员会、上海市人力资源和社会保障局、上海市公安局、上海市民政局、上海市税务局、上海市市场监督管理局等	将高校应届毕业生落户申请、受理、审核，落户证明信、落户办理等环节进行整合优化
10	公民身故"一件事"	上海市公安局	上海市卫生健康委员会、上海市民政局、上海市人力资源和社会保障局、上海市医疗保障局、上海市退役军人事务局、上海市残疾人联合会、各级法院，相关医疗机构	打通死亡证明、死亡推断书、死亡确认书等信息源，将户口注销、社保注销、医保注销、丧葬抚恤金等环节进行整合优化
11	小孩出生"一件事"	上海市卫生健康委员会	上海市人力资源和社会保障局、上海市公安局、上海市医疗保障局等，各社区事务受理服务中心、各社区卫生服务中心、相关医疗机构	将户口登记、出生医学证明、预防接种、医疗保险参保、生育金申领等环节整合优化

续表

序号	"一件事"名称	牵头单位	配合单位	"一件事"主要内容
12	医疗费用报销"一件事"	上海市医疗保障局	上海市卫生健康委员会、上海市民政局、上海市退役军人事务局、上海市财政局、上海银保监局、上海市大数据中心等	将城乡居民医疗保险、大病保险、医疗救助等事项办事环节进行整合优化
13	廉租房申请"一件事"	上海市房屋管理局	上海市民政局、上海市公安局、上海市人力资源和社会保障局、上海市税务局、上海银保监局、上海证监局等	打通户籍、婚姻、住房、收入、财产等信息，将个人申报、资格审查、公示等环节进行整合优化
14	二手房交易登记和水电气等相关业务过户联办"一件事"	上海市规划资源局	上海市房屋管理局、上海市税务局、上海市住房和城乡建设管理委员会、上海市经济和信息化委员会、上海市水务局等，相关公用事业运营单位	将不动产登记与水表过户、电表过户、燃气表过户、有线电视过户、通信过户等环节进行整合优化

附录三

上海市营商便利度各指标得分，2016—2020年

指标名称 \ 年份	2016	2017	2018	2019	2020
开办企业	81.1	84.6	85.6	93.3	93.3
办理建筑许可	37.5	37.8	39.3	67.7	77.0
获得电力	67.2	67.3	67.4	92.0	95.4
登记财产	72.8	72.8	73.6	79.7	79.7
获得信贷	50.0	60.0	60.0	60.0	60.0
保护中小投资者	56.0	56.0	56.0	62.0	72.0
纳税	60.9	60.6	63.3	66.7	68.7
跨境贸易	72.1	72.1	72.1	83.9	87.2
执行合同	78.8	78.8	78.8	78.8	81.6
办理破产	55.4	55.8	55.8	55.8	62.1
营商环境便利度	63.2	64.6	65.2	74.0	77.7

来源：根据世界银行公开数据库整理，见 https://databank.worldbank.org/source/doing-business

后　记

上海是常新的。从近代以来，上海见证了中国近现代的奋斗史和发展史。在实现"两个一百年"奋斗目标和中华民族伟大复兴的中国梦的征途上，携其深厚底蕴，上海以"海纳百川、追求卓越"的气度，以"创新驱动、转型发展"的思路，不断自加压力、自我革命、敢为人先，积极参与全球城市的竞争和全球规则体系的制定，为全国的改革开放事业贡献大量"可复制、可推广"的改革模式和经验。当前上海五大中心建设稳步推进，各项指标已经在全球主要城市中名列前茅（参见本书表 1-2），并且长期保持社会稳定，人民的满意度和幸福感不断提升，正在成为令人向往的创新之城、人文之城和生态之城。上海提供了我国经济社会转型升级和建设"人民城市"的一个发展样板。

上海为什么能够历经时代变迁而始终立于改革潮头？这既是城市治理也是国家发展所需要解释的现象。党的十九大宣布中国特色社会主义进入新时代。新时代需要新理论，为中国城市治理和政府改革提供更有力的学理解释和实践指导。

新的理论生长点在哪里，可持续性如何确保，系统性如何建立，都成为富有使命感的中国公共管理学者夙兴夜寐思考的问题。2017 年 6 月，《人民日报》理论版编辑何民捷邀请我就此问题发表了《国家治理实践为行政学发展带来机遇》一文。我提出要改变中国行政学的复制者和追随者角色，可以首先尝试系统观察和提炼中国发达城市的治理实践。2020 年新冠肺炎疫情突如其来，年初我在困守穷庐之际，也作为上海市民接触到"随申办"APP 和"健康码"；恰巧这段时间在上海参加了几个与"一网通办"相关的讨论，一时茅塞顿开，有"骑驴觅驴"的感觉。

尽管上海底子不薄，但是守成不易，在百舸争流的时代保持领先更难。习近平总书记曾经深刻指出，上海之所以发展得这么好，同其开放品格、开放优势和开放作为紧密相连。2018 年初由中共上海市委书记李强策划和领导开展的"一网通办"改革，是上海作为全国改革开放排头兵的又一次发力，集中展示了中国特色的超大城市治理集成创新。上海城市治理一贯注重价值、制度和技术层面的协同创新，凸显以人为本的发展理念和将城市作为社会生态体系的观点，这些发展理念和逻辑在"一网通办"改革中得到全面贯彻，也激发起我浓厚的研究兴趣。

在对上海"一网通办"改革进行研究时，我从价值—制度—技术的分析视角进行了多角度多层次挖掘和分析，力图折射出这样一个改革案例所蕴藏的多重光谱和魅力，以及其所体现的上海精神和时代品格。从中国治理改革的普适性和前沿性角度看，"一网通办"改革展示了当前城市治理乃至国家治理的多元智慧来源，即传统经验、社会主义实践和外部学习；同时也表明在改革进入"深水区"后，借第四次产业革命和数字政府发展的机遇，可以通过全面融合科技赋能与体制再造来实现自主创新。这个研究印证了一个道理，即新时代改革开放和社会主义现代化建设的丰富实践是理论和政策研究的"富矿"。为丰富与发展"国家治理体系和治理能力的现代化"这个基本理论命题，学者必须时不时走出象牙塔，呼吸新鲜的实践空气，激活理论思维和创意。

本书在研究过程中得到很多专家学者的真知灼见，在此表达诚挚谢意。上海大学李友梅教授和黄晓春教授、复旦大学彭希哲教授和郑磊教授、同济大学诸大建教授、中共上海市委党校赵勇教授和李琪教授、上海交通大学彭勃教授和程金华教授、华东政法大学高奇琦教授等学界同仁，上海社科院原党委书记潘世伟先生、市社联党组权衡书记和市委研究室沈立新副主任等党政部门专家，均参加了相关研讨会或接受了我的专程拜访，为研究提供了中肯的意见。

感谢复旦大学全球公共政策研究院范梓腾老师和柳美君老师、国际关系与公共事务学院周凌一老师和中共上海市委党校崔杨杨老师，这几位年轻学者参加了调研和资料整理。感谢国际关系与公共事务学院周霓羽、任媛媛、曹佳、章子娟等十几位研究生和本科生同学参加调研工作和资料分析。同学们早出晚归，提着厚重的问卷和易拉宝赶赴上海20个政务服务中心，收集到2268份有效问卷，为本书获取了核心数据。同时，感谢接受调研的区行政服务中心和社区事务受理服务中心的工作人员，他们热情接待我们，协助完成问卷发放和回收工作，并且让我们亲身看到"一网通办"的一线窗口工作人员甘做"店小二"、"用我们的辛苦指数换取群众的幸福指数"的感人场景。

本书的调研和写作得到中共上海市委宣传部和上海市人民政府办公厅的大力支持。市委宣传部徐炯副部长、市政府办公厅朱宗尧副主任和二级巡视员盛强多次参加相关讨论。市委宣传部理论处陈殿华处长和俞厚未副处长帮助组织专家研讨和协调本书的出版；市政府办公厅电子政务办公室、行政审批制度改革处、政务服务处、政务公开办公室和市大数据中心等部门的同志帮助安排专家研讨、问卷调研和实地访谈，提供大量第一手资料。本书出版过程中也得到以上部门同志的细致意见。

感谢北京大学俞可平教授、浙江大学与浙江工商大学郁建兴教授、清华大学苏竣教授、美国南加州大学邓穗欣教授和山东大学贝淡宁教授在百忙之中为本书撰写精辟的评语。他们是作者的良师益友，本书从他们的研究和著述中受益匪浅。

感谢上海人民出版社罗俊编辑。他克服困难协调本书的设计、编辑和出版工作，使本书得以在面临很强时间约束的情况下按期出版。

本研究得到国家社科基金重大项目"合作治理：国家治理体系现代化与国家责任研究"（编号：15ZDA031）的资助，在此对全国哲学社会科学规划办公室致谢。

书中观点除引用外均来自作者本人。疏漏与不当处，敬请读者不吝指正。

敬乂嘉

2021 年 2 月 20 日于复旦大学文科楼

图书在版编目(CIP)数据

"一网通办"：新时代的城市治理创新/敬乂嘉著
.—上海：上海人民出版社，2021
ISBN 978 - 7 - 208 - 16973 - 9

Ⅰ.①一⋯　Ⅱ.①敬⋯　Ⅲ.①城市管理-研究-上海
Ⅳ.①F299.275.1

中国版本图书馆 CIP 数据核字(2021)第 040280 号

责任编辑　罗　俊
封面设计　零创意文化

"一网通办"：新时代的城市治理创新
敬乂嘉 著

出　　版　上海人民出版社
　　　　　（200001　上海福建中路 193 号）
发　　行　上海人民出版社发行中心
印　　刷　常熟市新骅印刷有限公司
开　　本　720×1000　1/16
印　　张　18
字　　数　210,000
版　　次　2021 年 3 月第 1 版
印　　次　2021 年 3 月第 1 次印刷
ISBN 978 - 7 - 208 - 16973 - 9/D • 3722
定　　价　90.00 元